Peter Schnieders
Fred Sellin

Im Spiegel des Bösen

GOLDMANN
Lesen erleben

Peter Schnieders
Fred Sellin

Im Spiegel des Bösen

Ein Kriminalkommissar erzählt

GOLDMANN

Originalausgabe

Das vorangestellte Motto ist zitiert nach:
Christa Wolf, Nachdenken über Christa T., Werkausgabe Band 2,
Luchterhand Literaturverlag 1999.

MIX
Papier aus verantwortungsvollen Quellen
FSC® C014496
FSC
www.fsc.org

Verlagsgruppe Random House FSC-DEU-0100
Das für dieses Buch verwendete
FSC®-zertifizierte Papier *Munken Premium*
liefert Arctic Paper Munkedals AB, Schweden.

1. Auflage

Satz: Buch-Werkstatt GmbH, Bad Aibling
Druck und Einband: GGP Media GmbH, Pößneck
Umschlaggestaltung: UNO Werbeagentur, München
Umschlagmotiv: FinePic; Plainpicture/Millennium
Printed in Germany
ISBN 978-3-442-31314-3

www.goldmann-verlag.de

Die geschilderten Fälle beruhen auf wahren Begebenheiten. Aus persönlichkeitsrechtlichen Gründen wurden – mit Ausnahme eines Falls – alle Personen anonymisiert, Handlungen an andere Orte verlegt und bestimmte Details, sowohl der Taten als auch der Ermittlungen, verändert.

Das Paradies kann sich rar machen,
das ist so seine Art.

Christa Wolf

Inhalt

Elf Uhr neunzehn 11
Die Radarfalle 46
Schüsse 85
Das Phantom 108
Vermisst 136
Die Frau 169
Ostern 199
Das Messer 227
Marek 258
Lauter Lügen 291

Elf Uhr neunzehn

Wie viele Jahre lebte sie nun schon allein? Marianne Schellner hätte es auf Anhieb nicht sagen können. Es gab mal jemanden, einen Mann, den sie geliebt hatte, ihren Horst, doch das schien eine Ewigkeit her zu sein. So lange, dass es ihr manchmal, wenn sie daran dachte, vorkam, als gehöre diese Erinnerung gar nicht zu ihrem Leben. Als habe ihr bloß jemand davon erzählt. Vielleicht hätte sie sich, nachdem das mit Horst vorbei war, in einen anderen verlieben können. Sie war damals noch jung. Obwohl, wenn sie ehrlich zu sich war … sie wusste es nicht. Vermutlich hätte sie es als Betrug empfunden, sich selbst gegenüber. Die große Liebe – daran hatte sie fest geglaubt, bis der Gedanke ein Teil von ihr geworden war – erfährt man nur einmal im Leben.

Jetzt war Marianne Schellner neunundsechzig Jahre alt. Gut zwei Monate, und sie würde siebzig werden. Sie sehnte sich diesen Tag nicht herbei, wie sie das früher als Kind getan hatte, aber es war auch kein Datum, das ihr schlaflose Nächte bereitete. Es war eben so. Vieles in ihrem Leben war eben so. Und sollte sie nicht dankbar sein? Es ging ihr gut. Ihre Rente fiel bescheiden aus, aber sie brauchte nicht viel. Die kleine Eigentumswohnung, aus deren Wohnzimmerfenster sie den Rhein sehen konnte, war abbezahlt. Sonst hatte sie sich kaum etwas gegönnt, mal einen Urlaub in der Eifel oder eine Busreise an die Ostsee; sie hatte ihr Geld lieber gespart.

Nur einmal war sie schwach geworden. Für eine Schweizer Armbanduhr mit mechanischem Uhrwerk hatte sie fast dreitausend Mark ausgegeben, was ihr hinterher selbst wie pure Verschwendung vorgekommen war. Anfangs hatte sie die Uhr nur zu besonderen Anlässen getragen, doch das war ihr bald unsinnig erschienen. Wenn sie schon das viele Geld ausgegeben hatte, sollte sie sich auch jeden Tag daran erfreuen.

Dabei war es nicht einmal so, dass Marianne Schellner mit dieser Ausgabe ihr finanzielles Limit überschritten hätte. Auf ihrem Konto hatten sich beträchtliche Ersparnisse angehäuft, hundertfünfzigtausend Mark oder sogar noch etwas mehr. Den größten Teil ihres Vermögens hatte sie konservativ angelegt, mit unterschiedlichen Laufzeiten, aber ohne Risiko. Für den Rest bekam sie normale Sparzinsen und konnte jederzeit darüber verfügen. Wenn sie weiter so bescheiden lebte, hatte sie einmal ausgerechnet, würde an ihrem letzten Tag, wann immer der sein mochte, auf jeden Fall ein stattlicher Betrag übrig sein. Da sie keine Verwandten hatte, es demnach keine regulären Erben geben würde, sollte das Geld nach ihrem Tod einem katholischen Kinderhospiz im Bergischen Land überwiesen werden. So stand es in ihrem Testament. Von dem Hospiz hatte sie in der Zeitung gelesen. Die sterbenskranken Kinder waren ihr nicht aus dem Kopf gegangen. Sie hatte den Artikel ausgeschnitten, noch zwei- oder dreimal gelesen und dann den Entschluss gefasst. Das Original des Testaments lag bei einem Notar. Sie selbst besaß eine notariell beurkundete Kopie, die sie in der mittleren Schublade einer Kommode aus poliertem Kirschbaumholz aufbewahrte, die in ihrem Schlafzimmer stand, gleich rechts neben der Tür. Gezeigt hatte sie das Schriftstück bisher niemandem.

Die Einsamkeit machte der Rentnerin nichts aus. Sie war ja nicht wirklich einsam, obwohl das auf andere, die sie nur flüchtig kannten, mitunter so gewirkt haben könnte. Etwa, wenn sie mutterseelenallein oberhalb des Rheinufers auf einer der Holzbänke saß, versonnen aufs Wasser blickte und aussah, als warte sie, dass endlich jemand kam und sie abholte. Dabei genoss sie gerade diese Momente. Sie konnte gut mit sich allein sein. Und sollte da jemals eine Lücke in ihrem Leben gewesen sein, so hatte sie diese ausgefüllt: Marianne Schellner kümmerte sich.

Zweimal die Woche, meistens montags und freitags, erledigte sie Einkäufe für eine Nachbarin, die ein Stockwerk unter ihr wohnte. Die Frau war zwar jünger als sie, traute sich aber nach einem Oberschenkelhalsbruch, den sie letzten Winter bei einem Sturz vorm Haus erlitten hatte – der Gehweg war an einer Stelle unterm Schnee vereist –, nur noch selten vor die Tür. Daneben gab es eine Reihe älterer Frauen, die meisten von ihnen Witwen, die im selben Viertel wohnten und sie anriefen, sobald ein Arztbesuch erforderlich wurde oder ein Gang zur Behörde anstand, um sie zu bitten, sie zu begleiten. Ihre Gutmütigkeit hatte sich herumgesprochen. Die jungen Leute aus der Gegend mochten achtlos an ihr vorübergegangen sein. Unter den älteren jedoch fand sich kaum jemand, der sie nicht grüßte, wenn er ihr begegnete. Meistens war sie mit ihrem Fahrrad unterwegs, nur im Winter nicht, bei Frost und Schnee ging sie zu Fuß. Sie hätte sich ein Auto zulegen können, nur wollte ihr so recht kein Grund einfallen, wozu das nötig sein sollte.

Marianne Schellner mochte das Gefühl, gebraucht zu werden. Obwohl ihr das womöglich gar nicht bewusst war. Ihre

Hilfsbereitschaft war eher instinktiver Natur. Sie dachte nicht groß darüber nach. Ihr Leben fühlte sich so einfach am besten an. Man könnte auch sagen: Auf diese Weise bekam es einen Sinn. Solange sie als Sekretärin gearbeitet hatte, waren ihre Tage ohnehin ausgefüllt gewesen. Und als sie dann Rentnerin geworden war, vor fast zehn Jahren, hatte sie gleich eine neue Aufgabe übernommen. Seitdem war sie die gute Seele im Haushalt des Architekten-Ehepaars Gisela und Heribert Schmitz.

Die Schmitz' wohnten keinen Kilometer von ihr entfernt, in einem Zweifamilienhaus mit kleinem Garten, das sie sich mit einer anderen Familie teilten, die bewohnte das Erdgeschoss. Während Gisela Schmitz als Selbstständige ein eigenes Architekturbüro betrieb, lehrte ihr Mann als Professor an der Fachhochschule Düsseldorf. Beide waren beruflich sehr eingespannt und verbrachten wenig Zeit miteinander, zumindest in den letzten zwei, drei Jahren. Nicht einmal das gemeinsame Frühstück, das ihnen einst heilig gewesen war, hatten sie beibehalten. Dass es so gekommen war, lag allerdings weniger am täglichen Arbeitspensum, als vielmehr am Zustand ihrer ehelichen Gemeinschaft, die genau genommen keine mehr war.

Heribert Schmitz war ein stattlicher Mann mit markanten Gesichtszügen. Wenn er mit Marianne Schellner sprach, was nicht häufig geschah, da sie sich nur tagsüber und meistens nur für wenige Stunden bei den Schmitz' aufhielt, erschien es ihr, als würde er sie kaum wahrnehmen. Im Alter, dachte sie deswegen, wird man für andere Menschen offenbar durchsichtig. Dass die Ehe der Schmitz' nur noch auf dem Papier bestand, war ihr nicht verborgen geblieben. Sie konnte sich durchaus vorstellen, dass der Professor eine Geliebte hatte. Ob es wirklich so war, wusste sie nicht. Sie kannte aber auch die Gerüchte, die über Gisela Schmitz kursierten. Den Teil des Stadtviertels, in dem sie lebte, muss man sich wie ein Dorf vorstellen. Den neuesten Tratsch erfuhr man entweder beim Friseur oder in einem Café, das seit drei Generationen von derselben Familie bewirtschaftet wurde. Oder einfach auf der Straße, sobald man jemanden traf, der gerade wieder etwas aufgeschnappt hatte. Über Gisela Schmitz tuschelten die Leute seit Längerem, sie führe heimlich eine lesbische Beziehung.

Marianne Schellner beteiligte sich an derlei Mutmaßungen nicht. Selbst wenn sie zutrafen – sie fand, das gehe sie nichts an. Dabei hätte sie die Gerüchteküche kräftig anheizen können. Sie kannte nämlich nicht nur die Frau, mit der Gisela Schmitz angeblich liiert sein sollte. Sie wusste auch, dass diese einen Schlüssel für die Wohnung besaß, in der sie beinahe täglich ein und aus ging und gelegentlich sogar übernachtete. Aber das war natürlich kein Beweis. Denn sie selbst besaß ebenfalls einen solchen Schlüssel. Genau wie Almuth Benner – das war die Frau, die dreimal die Woche zum Putzen kam.

Marianne Schellner dagegen sah jeden Tag nach dem Rechten, außer an den Wochenenden. Für gewöhnlich verließ Gisela Schmitz gegen acht Uhr die Wohnung. Ihr Mann war dann schon weg. Die beiden Frauen hatten vereinbart, dass Marianne Schellner am späten Vormittag die Post aus dem Briefkasten nahm, anschließend die drei Katzen versorgte, die Blumen goss – das natürlich nicht täglich – und in der Küche das benutzte Geschirr aufwusch, falls welches in der

Spüle stand. Außerdem kümmerte sie sich um die Wäsche, die sie nach dem Trocknen – je nachdem – entweder bügelte oder nur zusammenlegte und im Kleiderschrank verstaute. Dadurch war ihr auch nicht entgangen, dass die Eheleute das Schlafzimmer nicht mehr gemeinsam nutzten. Überhaupt schien die Wohnung seit geraumer Zeit wie durch eine unsichtbare Mauer in zwei Bereiche geteilt. Heribert Schmitz schlief im Gästezimmer. Seine Zahnbürste und das Rasierzeug standen auf der Ablage über dem Waschbecken im Gäste-WC. Die wenigen Stunden, die er tagsüber zu Hause zubrachte, zog er sich in sein Arbeitszimmer zurück; das war vorher schon sein eigenes Reich gewesen. Nur in der Küche konnte es passieren, dass sie sich begegneten.

Es war also keine Überraschung für Marianne Schellner, als Gisela Schmitz sie eines Tages bat, zusammen mit Almuth Benner, der Putzfrau, sämtliche Sachen aus den Schränken ihres Mannes in Pappkartons zu verstauen, um dessen Auszug vorzubereiten. Der sollte demnächst über die Bühne gehen, die Möbelpacker waren bereits bestellt. Den zusätzlichen Arbeitsaufwand würde sie ihnen selbstverständlich extra vergüten.

Marianne Schellner kannte Almuth Benner nicht sonderlich gut. Obwohl die beiden Frauen sich durch ihre Arbeit seit Jahren regelmäßig trafen, hatten sie so recht keinen Draht zueinander gefunden. Ihre Gespräche gerieten meist oberflächlich, selbst dann, wenn sie gemeinsam eine Pause eingelegten, um sich ein Bier zu genehmigen, was sie mitunter bereits am Vormittag taten. So wusste Marianne Schellner kaum mehr, als dass Almuth Benner verheiratet war, einen erwachsenen Sohn hatte, der bei seinen Eltern wohnte, und dass die Familie in einer kleinen Ortschaft außerhalb Kölns lebte, jenseits des anderen Rheinufers. Hätte man sie gefragt, ihr wäre wahrscheinlich noch der dunkelblaue Opel Omega eingefallen, mit dem Almuth Benner zur Arbeit kam. Ein Modell älterer Bauart mit einer auffälligen Beule im Blech der Beifahrertür. Der Lack des Wagens war dermaßen verwittert, dass es immer aussah, als wäre er von einer dichten Staubschicht umhüllt. Damit aber erschöpfte sich, was sie über die Frau hätte erzählen können, die sie weder besonders mochte noch verabscheute.

Durchaus denkbar, dass die beiden Frauen auch deshalb Distanz zueinander hielten, weil jede die andere als Konkurrentin betrachtete, zumindest was die Gunst ihrer Arbeitgeberin betraf. Für Almuth Benner jedoch dürfte es einen weiteren Grund gegeben haben: Scham. Hätte sie Marianne Schellner von ihrem Mann erzählen sollen, der in ihren Augen ein elender Säufer war und auch sonst in jeder Beziehung eine einzige Enttäuschung? Oder dass ihr fünfundzwanzigjähriger Sohn dreimal die Lehre geschmissen hatte und jetzt das Geld, das er mit irgendwelchen Gelegenheitsjobs verdiente, zum größten Teil in Saunaclubs und Bordellen durchbrachte?

Almuth Benner war keine glückliche Frau. Wobei sie sich das ungern eingestand. Lieber verwendete sie ihre Kraft darauf, für die Nachbarn und alle, die sie sonst kannten, die Fassade einer heilen Familie aufrechtzuerhalten. Sich etwas vorzumachen – darin war sie seit Jahren geübt, so sehr, dass man sich fragen konnte, ob sie manchmal selbst noch zu unterscheiden wusste, wann sie sich in der Realität befand und wann in einer Welt, die nur in ihrer Einbildung existierte.

Auch an dem Tag, als sie den Familienurlaub für diesen Sommer gebucht hatte, muss in ihrer Wahrnehmung etwas durcheinandergeraten sein. Ihr Konto war zu diesem Zeitpunkt bereits um mehr als dreitausend Mark überzogen. Das hielt sie jedoch nicht davon ab, einen zehntägigen Aufenthalt in einem Hotel im Schwarzwald zu reservieren, der rund zweitausend Mark kosten würde. In drei Tagen wollten sie losfahren, ihr Mann, der Sohn und sie. Doch so richtig freuen konnte sich Almuth Benner nicht. Irgendwie schien alles verkorkst.

Die *Tagesschau* hatte gerade begonnen, als das Telefon klingelte. Jemand von der Leitstelle im Präsidium. Wenn sie um diese Zeit anriefen, wusste ich sofort: Die Nacht ist gelaufen! Für die nächsten vierundzwanzig Stunden brauchst du gar nicht erst an Schlaf zu denken.

Ich war damals Leiter des KK 11, dem Kriminalkommissariat, das für Tötungsdelikte und ungeklärte Todesfälle zuständig war. Sie gaben mir die groben Fakten durch und eine Adresse. Obwohl ich etwas außerhalb wohnte, benötigte ich keine halbe Stunde. Der Verkehr floss um diese Zeit hauptsächlich in die entgegengesetzte Richtung, stadtauswärts. Wie oft hatte ich das erlebt! Männer mit normalen Berufen waren entweder längst zu Hause oder fuhren spätestens jetzt zu ihren Familien. Aber deswegen hatte ich ja auch keine richtige Familie, nicht mehr. Zwei Versuche – zweimal gescheitert. Irgendwann begreift man, dass es vergebens ist. Oder man wechselt die Dienststelle. Oder gleich den Arbeitgeber.

Die Straße war auf beiden Seiten von wuchtigen Linden gesäumt. Dahinter erhoben sich großzügige Ein- und Zweifamilienhäuser. Ich zuckelte die letzten Meter über Kopfsteinpflaster, das zu den Rändern hin leicht abfiel. Vor dem Grundstück parkte bereits das übliche Aufgebot: zwei Streifenwagen, dazu die beiden Zivilfahrzeuge, mit denen die Kollegen von der Mordkommission und des Erkennungsdienstes angerückt waren. Durch ein Gartentor gelangte man auf eine gepflasterte Einfahrt. Neben der Haustür lehnte ein Fahrrad an der Wand.

Eine Bewohnerin des Hauses, die Diplom-Architektin Gisela Schmitz, hatte die Polizei alarmiert. Ihrer Bekannten sei im Hausflur unangenehmer Geruch aufgefallen, der aus dem Kellergeschoss zu kommen schien. Dort habe sie dann eine Leiche entdeckt, eine ältere Frau. Sie hätten zwar beide nichts angerührt, seien aber ziemlich sicher, dass es sich bei der Toten um ihre Haushaltshilfe handele, die sie am Tag zuvor auf der Polizeiwache als vermisst gemeldet hatten. Eine treue Seele, seit Jahren, stets zuverlässig. Doch ausgerechnet gestern war sie nicht zur Arbeit erschienen. Dabei stand ein Umzug an, bei dem sie helfen sollte. Außerdem war da noch die Sache mit ihrem Fahrrad. Das stellte sie normalerweise nur dort ab, wenn sie auch im Haus zu tun hatte.

Mehr wusste ich zu diesem Zeitpunkt nicht. Im Fernsehkrimi eilen dann blitzschnell Kommissare zum Tatort. Im realen Leben dauert das etwas länger, besonders nach Dienstschluss wie in diesem Fall. Prinzipiell rücken zunächst einmal Schutzpolizisten aus, um die Lage zu eruieren. Gibt es tatsächlich eine Leiche? Erst danach wird der Kriminaldauerdienst verständigt, der zwei Beamte losschickt. Auf diese Weise kann leicht eine halbe Stunde verstreichen oder mehr. Identifizieren auch sie die Leiche als solche, wird der Leiter der Mordkommission mobilisiert, die Bereitschaft hat.

Der wiederum trommelt dann sein Team zusammen. Parallel dazu setzen sich drei Leute vom Erkennungsdienst in Bewegung – zwei Spurensicherer, ein Fotograf –, es wird ein Rechtsmediziner angefordert, und der zuständige Staatsanwalt macht sich ebenfalls auf den Weg.

Irgendwann dazwischen hatten sie mich informiert. Als Kommissariatsleiter hätte ich mir nicht zwangsläufig den Abend – und die Nacht – verderben müssen. Ich hatte schon Vorgesetzte erlebt, die waren zu Hause geblieben und hatten sich lediglich über Telefon auf dem Laufenden halten lassen. Nicht, dass ich meinen Leuten von der Mordkommission nicht vertraut hätte. Ich machte mir nur lieber gern selbst ein Bild. Ein frischer Tatort verrät meist mehr als die niedergeschriebenen Fakten, die sich später in den Ermittlungsunterlagen wiederfinden. Vorausgesetzt natürlich, man ist in der Lage, einen Tatort zu »lesen«. Abgesehen davon war ich derjenige, der am nächsten Morgen dem Leiter der Kriminalpolizei – meinem Vorgesetzten – Bericht zu erstatten hatte. Es war also aus mehreren Gründen besser, gut informiert zu sein.

Die Tote lag im Keller, in einer kleinen Nische hinter den untersten Treppenstufen – auf dem Bauch. Die Beine waren ausgestreckt, der linke Arm steckte unter dem Körper, der rechte war verdreht und leicht angewinkelt, so dass der Handrücken den Boden berührte. Eine natürliche Haltung war das nicht. Wenn jemand von allein umfällt und stirbt, sieht das anders aus. Aber von allein war hier sowieso nichts geschehen, dafür brauchte man kein Hellseher zu sein.

Der Kopf der Leiche war mit mehreren Plastiktüten umwickelt – das Gesicht konnte man nicht sehen. Durch die äußeren Tüten hätte man vielleicht noch etwas erkennen können, die waren halbwegs durchsichtig. Doch darunter befand sich ein blauer Müllsack, der ebenfalls um den Kopf geschlungen und am Hals verknotet worden war. Die Kleidung – schwarze Jeans, schwarze Socken und eine türkisfarbene Baumwollbluse – war völlig durchnässt und über und über mit Blut besudelt. Da äußere Verletzungen am Körper nicht festzustellen waren, zumindest auf den ersten Blick, konnte man sich ungefähr ausmalen, was einen erwartete, würde man die Tüten und den Müllsack entfernen. Damit warteten wir jedoch, bis die Spurensicherung ihre Arbeit an diesem Punkt des Kellers erledigt hatte und der Rechtsmediziner eingetroffen war. Von ihm erhofften wir uns einen ersten Hinweis darauf, seit wann die Frau nicht mehr lebte. Das wäre immerhin schon mal ein Anfang.

Die Leichenstarre begann sich bereits aufzulösen, was dafür sprach, dass der Zeitpunkt ihres Todes mindestens vierundzwanzig Stunden zurücklag, eher noch länger. Um das genauer feststellen zu können, musste man verschiedene Faktoren berücksichtigen, die Witterung zum Beispiel. Wobei hier besonders Feuchtigkeit und Luftzirkulation von Bedeutung waren, aber auch die Bekleidung der Toten, die Beschaffenheit des Bodens, woraus sich dessen Wärmeleitfähigkeit ergab, und nicht zuletzt die Umgebungstemperatur. Die lag im Augenblick bei achtzehn Grad Celsius. Ziemlich genau den gleichen Wert ergab die Messung der Körpertemperatur der Leiche, die der Rechtsmediziner wie üblich rektal vornahm. Das hieß, die Körpertemperatur hatte sich der Umgebungstemperatur angeglichen. Ging man von einer normalen Körpertemperatur von siebenunddreißig Grad aus und berücksichtigte die genannten Faktoren, konnte man nach einer bestimmten Formel errechnen, wie viel Zeit dafür vergangen sein musste. Nach Eintritt des Todes bleibt die Körpertemperatur noch ungefähr zwei Stunden erhalten, danach sinkt sie pro Stunde um etwa ein Grad – zumindest solange keine außergewöhnlichen Witterungsbedingungen herrschen wie in der Antarktis. Diese Formel half hier allerdings nur bedingt, da uns niemand sagen konnte, zu welchem Zeitpunkt die Temperatur der Leiche die der Umgebung erreicht hatte.

Leichenflecken, die sich relativ schnell durch das Absinken des Bluts in den Körpergefäßen bilden – was mit der Erdanziehungskraft zu tun hat – und eine blauviolette Färbung aufweisen, fanden sich hauptsächlich auf der Vorderseite. Allerdings waren sie nur schwach ausgeprägt. Ein sicheres Zeichen dafür, dass die Tote reichlich Blut verloren hatte. Am Unterbauch löste sich an einigen Stellen bereits die oberste Hautschicht ab – eine Folge von Autolyse und Fäulnis, die auch dazu geführt hatten, dass diese Region deutlich grün verfärbt war. Das ließ ebenfalls Rückschlüsse auf den Todeszeitpunkt zu.

Und dennoch, mehr als eine grobe Schätzung war zunächst nicht drin. Und grob bedeutete, dass die Frau irgendwann zwischen vorgestern und heute Morgen gestorben sein musste. Genaueres würde die Obduktion ergeben. Eine Floskel der Rechtsmediziner, für Ermittler nicht unbedingt hilfreich, aber durchaus verständlich. Ich kannte den Rechtsmediziner, der die Leiche untersuchte, seit Jahren. Ein hagerer Typ, lichtes graues Haar, sehr sympathisch. Für mich eine Koryphäe. Wenn er am Tatort war, machte ich mir nie Sorgen, uns könnte etwas Wichtiges an einer Leiche entgehen. Todeszeitermittlung war eines seiner Spezialgebiete.

Konkreter fiel da schon seine Aussage aus, *was* zum Tod der Frau geführt haben dürfte. Die konnte er allerdings erst treffen, nachdem er ihren Kopf freigelegt hatte. Kein schöner Anblick, Leichen sehen niemals schön aus, aber diese hier war besonders übel zugerichtet worden. Am augenscheinlichsten waren die Verletzungen an der Kopfschwarte, aus denen das meiste Blut ausgetreten sein musste. Darüber hinaus entdeckte er Petechialblutungen – das sind winzige punktförmige Blutungen – in den Bindehäuten der Augen. Dazu passten die großflächigen Hautvertrocknungen – wie schrumpeliges Pergament, fühlt sich auch so an – im vorderen Bereich des Halses. Beides zusammen sprach dafür, dass die Frau zusätzlich gewürgt oder gedrosselt wurde, bevor sie ihr Leben aushauchte.

Wie richtig der Rechtsmediziner mit seinen ersten Erkenntnissen lag, offenbarte sich später bei der Obduktion: Die Frau hatte mindestens fünfundzwanzig Schläge mit einem Hammer abbekommen, fast alle hatten ihren Kopf getroffen. Der Rechtsmediziner analysierte jede einzelne Verletzung akribisch, so dass er hinterher mit ziemlicher Sicherheit sagen konnte, dass der Täter einen gewöhnlichen Haushaltshammer benutzt hatte, durchschnittliche Größe, Gewicht ungefähr fünfhundert Gramm. Damit war das knöcherne Schädeldach zertrümmert worden, an einer Stelle auch der Schädel. Das hätte die Frau selbst dann nicht überlebt, wäre ihr zusätzlich nicht noch der Kehlkopf eingedrückt worden – und zwar mit solcher Gewalt, dass dabei die Hörner ihres Schildknorpels gebrochen waren. Mit bloßen Händen schafft man das kaum.

Ich habe nie Buch geführt, mit wie vielen Leichen ich in

den dreiundvierzig Dienstjahren bei der Polizei konfrontiert wurde. Tausend werden es bestimmt gewesen sein, wahrscheinlich mehr. Nicht an alle erinnere ich mich, doch es sind genug, von denen mein Gedächtnis Bilder gespeichert hat. Bei manchen fällt es mir schwer, sie dem entsprechenden Fall zuzuordnen, dafür waren es einfach zu viele. Trotzdem bleiben die Bilder. Einige sind mit der Zeit verblasst, andere dagegen erscheinen so deutlich vor meinem inneren Auge, als hätte ich sie gestern zum ersten Mal gesehen.

Dazu gehören auch jene, die mir von der ersten Leiche in Erinnerung geblieben sind, mit der ich bei der Kripo zu tun bekam. Ich hatte damals gerade beim Kriminaldauerdienst angefangen, als ich eines Tages mit einem Kollegen zu einer ausgebrannten Wohnung geschickt wurde. Die befand sich im zweiten oder dritten Stock eines Mietshauses, nicht die feinste Gegend, irgendwo im Norden der Stadt, linksrheinisch. Am schlimmsten hatten die Flammen in der Küche gewütet, dort war das Feuer allem Anschein nach ausgebrochen. Eine defekte Kochplatte, vermuteten die Brandermittler. Wir waren dorthin beordert worden, weil die Feuerwehrleute in der Küche auf eine tote Frau gestoßen waren. Mit hoher Wahrscheinlichkeit handelte es sich um die Mieterin, aber genau konnte das niemand sagen, da die Gestalt, die vor uns auf dem Boden lag, im Gesicht völlig verkohlt war. Ich weiß bis heute nicht, was mir in diesem Moment mehr zusetzte – der Anblick verschmorten Menschenfleischs oder dessen Geruch? Genauso wenig entsinne ich mich, was uns eigentlich dazu brachte, die Leiche anzufassen. Ich nehme an, wir wollten sie aus den Trümmern befreien, die der Brand hinterlassen hatte, damit der Bestatter sie abtransportieren konnte.

Ich griff ihre Handgelenke, mein Kollege die Fußfesseln. Wir nickten uns kurz zu, als Kommando, dass jeder bereit war, die Leiche anzuheben. Ich sah noch, wie er die beiden Beine hochhievte, wunderte mich im selben Moment aber schon, dass ich so gut wie kein Gewicht spürte. Es knirschte kurz, dann stand ich da und hielt zwei einzelne Arme in den Händen – oder das, was davon übrig geblieben war.

Diese Szene wird mich wohl ewig verfolgen, und das ist nicht die einzige. Ein ganz schwieriges Thema waren für mich immer tote Babys oder Säuglinge, tote Kinder überhaupt. Selbst wenn sie nicht Opfer eines Verbrechens oder eines Unfalls geworden waren, sondern an einer Krankheit oder am plötzlichen Kindstod starben. Was sich oft erst später herausstellte, deswegen mussten wir auch in solchen Fällen ermitteln. Wie oft fehlten mir da die Worte?

Ich wurde schon häufig gefragt, wie ich das ausgehalten habe. Weder bin ich dem Alkohol verfallen, noch habe ich irgendwelche Pillen geschluckt, um schlimme Erinnerungen zu verdrängen. Sagen wir, ich habe es relativ unbeschadet überstanden. Ob das ein besonderes Verdienst ist, weiß ich nicht. Ich weiß ja nicht einmal, ob man den Umgang mit Leichen wirklich lernen, ob man sich daran gewöhnen kann, wie manche behaupten. Vielleicht hatte ich einfach nur Glück. Oder immer, wenn es besonders hart war, die nötige professionelle Distanz – im Kopf, meine ich. Auf jeden Fall hat es damit zu tun, dass man als Mordermittler Tote anders betrachtet.

Wobei dieses *anders* schwierig zu erklären ist. Im Zusammenhang mit Leichen von Faszination zu sprechen – darauf kämen die meisten Menschen wohl eher nicht, zumindest wenn man von der nichtpathologischen Spezies unter ihnen ausgeht. Dabei trifft es das in meinem Fall ziemlich gut – »morbide Faszination«, so nannte ich es immer. Doch, Leichen faszinierten mich. Nicht unbedingt deren Anblick und schon gar nicht der Geruch, den sie verströmten, besonders wenn man sie erst nach Tagen oder gar Wochen fand. Obwohl man beides auch nicht ausklammern konnte – Geruch und Anblick sind in dem Fall so etwas wie siamesische Zwillinge. Für mich rührte ihre Faszination jedoch vor allem daher, dass sie voller Rätsel steckten. Handelte es sich um einen natürlichen Tod oder hatte jemand nachgeholfen? Wenn ja – wer war derjenige? Wann hatte er es getan? Wie? Und schließlich: warum? Ein einziges großes Puzzle lag da vor einem, und oftmals fehlten am Anfang die entscheidenden Teile, ohne die man nicht einmal die Ränder zusammengesetzt bekam.

Zumindest in dem Punkt waren wir diesmal schnell ein Stück weiter. Die Identifizierung der Toten hielt uns nicht lange auf. Zwar fanden wir keine Ausweispapiere, und das Fahrrad vor der Tür allein wäre höchstens ein Hinweis gewesen. Aber da war die Vermutung der beiden Frauen, die uns gerufen hatten. Außerdem steckte an der linken Hand der Toten ein silberner Ring, der innen mit einer Gravur versehen war: »Janne 1966«. Janne konnte gut für Marianne stehen. Noch entscheidender aber war, dass wir unmittelbar neben dem Kopf der Leiche eine goldfarbene Armbanduhr fanden. Zwar fehlten das Glas und der hintere Uhrendeckel, doch das Ziffernblatt und die Zeiger waren heil geblieben. Man konnte erkennen, um welche Marke es sich handelte: ein Schweizer Fabrikat. Durch ihren Beruf kannte Gisela Schmitz viele Menschen, allerdings nur einen, der eine solche Uhr trug – beziehungsweise getragen hatte: Marianne Schellner.

Wenn wir großes Glück hatten, würde uns diese Uhr noch mehr verraten – den Tag nämlich, an dem die Haushaltshilfe getötet worden war, möglicherweise sogar die exakte Uhrzeit. Wenn wir davon ausgingen, dass die Datumsanzeige der Uhr richtig eingestellt gewesen war, als Marianne Schellner sie getragen hatte, dann musste das Laufwerk vor zwei Tagen stehen geblieben sein. Denn auch die Zeiger rührten sich nicht mehr vom Fleck. Sie zeigten genau elf Uhr neunzehn an. Von solchen »Zeugen« träumen Kriminalisten.

Die Stelle, an der Marianne Schellner gefunden wurde, konnte unmöglich zugleich der Ort sein, an dem man sie getötet hatte. Dafür war zu wenig Blut auf dem Boden, fast keins. Der Garten oder ein anderer Platz draußen auf dem Grundstück schienen als Tatort jedoch ebenso unwahrscheinlich. Der Garten war von Nachbarn leicht einzusehen, und auf die Einfahrt neben dem Haus hatte man von der Straße aus freie Sicht. Andererseits hätte es erklärt, warum Marianne Schellners Kleidung dermaßen durchnässt war. An den Tagen zuvor hatte es mehrmals kurze, aber heftige Regenschauer gegeben.

Doch die Lösung wartete woanders – direkt hinter uns. Wir brauchten nur eine Tür zu öffnen, die wenige Schritte entfernt vom Kellerflur abging. Sie war nicht einmal verschlossen, der Schlüssel steckte von außen. Dahinter befand sich ein Raum, in dem links an der Wand zwei Waschmaschinen standen. Daneben war ein Spülbecken befestigt, unter dem ein grün-weiß, längs gestreifter Wasserschlauch lag, den jemand zusammengerollt hatte, nicht besonders sorgfältig. Das obere Ende war mit einem schlichten Messingwasserhahn verbunden, wie sie in vielen Kellern irgendwo aus der Wand ragen. Nichts Auffälliges auf den ersten Blick, aber wann genügte bei dem, was wir machten, schon ein erster Blick?

Bei Ermittlungen wie diesen arbeiteten wir auf mehreren Baustellen gleichzeitig – nicht nur, weil uns die Zeit im Nacken saß. Nach einem Gewaltverbrechen sind oft die ersten vierundzwanzig Stunden entscheidend. Was nicht bedeutet, dass es danach unmöglich wäre, einen Täter zu fassen; die Chancen wachsen aber auch nicht in den Himmel.

Während sich also die Leute von der Spurensicherung den Keller vornahmen, machte sich der Rechtsmediziner in der Gerichtsmedizin mit seinem Sektionsassistenten daran, Marianne Schellners Leiche zu obduzieren.

Es dauerte nicht lange, und wir bekamen die nächsten Puzzleteile in die Hand. Als Erstes bestätigte sich unsere Vermutung, dass der Waschkeller alles andere als clean war. Im Spülbecken, am Gehäuse beider Waschmaschinen, in der Nähe des Abflusses im Boden, selbst an den Wänden fanden sich Rückstände von Blut. Sie waren mit bloßem Auge allerdings nicht zu sehen. Dafür gab es Mittel wie Leukokristallviolett, ein chemischer Kontrastverstärker, der auf die betreffenden Flächen aufgesprüht wurde und durch katalytische Farbreaktionen sogenannte latente Blutspuren sichtbar machte.

Das Zeug wird seit Jahren kaum noch oder gar nicht mehr verwendet, da es hochgradig gesundheitsschädigend sein soll. Und es hatte einen weiteren Nachteil: Blut, das damit in Berührung kam, war für eine DNA-Analyse in der Regel nicht mehr zu gebrauchen, da es die Zellstrukturen schädigt. Schlimmstenfalls entdeckte man auf diese Weise zwar

Blut, konnte dann aber nicht nachweisen, dass es vom Opfer, vom Täter oder überhaupt von einem Menschen stammte. (Es gibt Familien aus bestimmten Kulturkreisen, da schlachtet der Hausherr schon mal ein Huhn im Keller – oder sogar ein Schaf – und lässt es über dem Abfluss ausbluten. Solche Blutspuren sind mir nicht nur einmal untergekommen.)

Wir hatten es mit Menschenblut zu tun. Anscheinend hatte der Täter mit dem Wasserschlauch zunächst das Blut von seinem Opfer abgespült – deshalb die nasse Kleidung – und anschließend den kompletten Waschkeller ausgespritzt. Uns half, dass er dabei nicht übermäßig gründlich vorgegangen war. Auf dem Boden unter einer der Waschmaschinen hatte er eine Blutlache übersehen. Das Blut war mittlerweile zwar eingetrocknet, konnte nach einer DNA-Analyse aber eindeutig Marianne Schellner zugeordnet werden. Spätestens da waren wir uns sicher, den Tatort gefunden zu haben. Dass wir trotzdem noch die Treppe im gesamten Haus, jede einzelne Stufe und jeden Zentimeter des Geländers, unter die Lupe nahmen, war einerseits Routine, andererseits eine Reaktion auf die Ergebnisse, die uns aus der Gerichtsmedizin erreichten.

Brachte man unsere Erkenntnisse mit denen des Rechtsmediziners zusammen, kam nämlich auch der Treppenflur als Tatort in Betracht. Demnach war Marianne Schellner bereits im oberen Geschoss des Hauses mit besagtem Hammer attackiert worden. Dort entdeckten wir Blutspritzer, die ähnlich der im Keller verwischt und verwässert und dadurch kaum auszumachen waren. Jemand muss versucht haben, sie mit einem feuchten Tuch zu beseitigen. Marianne Schellners Kopf hatte der Täter an dieser Stelle vermutlich noch nicht verletzt, dafür schienen die Blutanhaftungen zu spärlich. Eher sah es aus, als hätte sie die Schläge mit ihrer rechten Hand abgewehrt. Das hätte zumindest die Wunde auf ihrem Handrücken erklärt. Auf der Flucht vor den Schlägen muss sie die Treppe hinuntergelaufen sein. Warum sie nicht durch die Haustür auf den Hof hinausrannte, blieb allerdings schleierhaft. Hatte sie gehofft, sich im Waschkeller verbarrikadieren zu können?

Dort unten war sie dann entweder infolge weiterer Schläge gestürzt, oder der Angreifer hatte sie zu Boden gerissen. Und was die massiven Verletzungen ihres Kehlkopfs betraf – die muss der Täter mit seinem Knie angerichtet haben. Vermutlich hatte er sein rechtes Knie auf ihren Hals gestemmt und sein gesamtes Körpergewicht darauf verlagert, während er mit dem Hammer weiter ihren Kopf malträtierte, bis sie sich nicht mehr regte.

Ich schildere das hier natürlich im Zeitraffer. In Wirklichkeit vergingen einige Tage, bis wir an diesem Punkt angelangt waren. In dieser Zeit versuchten wir auch, uns einen Überblick über Marianne Schellners Umfeld zu verschaffen. In dem Viertel schien sie beinahe jeder zu kennen, und niemand verlor ein böses Wort über sie, im Gegenteil. Allerdings waren einige Auskünfte mit Vorsicht zu genießen. Gleich mehrere Leute aus der Nachbarschaft behaupteten, die Rentnerin zu einem Zeitpunkt gesehen, ja sogar mit ihr gesprochen zu haben, als sie nachweislich bereits verschwunden war.

Einer von diesen Zeugen meinte zum Beispiel, beobachtet zu haben, wie Marianne Schellner an dem Morgen, als im Hause Schmitz der Umzug stattfand, mit ihrem Rad auf den

Hof gefahren sei. Sogar an die Uhrzeit wollte er sich erinnern können: zwischen acht Uhr fünfzig und neun Uhr. Das wusste er angeblich deshalb so genau, weil es kurz darauf heftig zu regnen begonnen habe. Abgesehen davon, dass niemand von denen, die am Umzug beteiligt waren, diese Aussage bestätigte, bewies eine Nachfrage beim Deutschen Wetterdienst in Essen, dass sich der Zeuge vertan hatte. Anhand ihrer Aufzeichnungen konnten die Meteorologen exakt nachvollziehen, wann es in dem betreffenden Gebiet von Köln geregnet hatte – nämlich genau einen Tag davor. Und da war Marianne Schellner tatsächlich noch am Leben.

Ähnlich verhielt es sich mit den Angaben eines achtundsiebzigjährigen Mannes, der Marianne Schellner auf der Straße getroffen und mit ihr wie üblich ein paar Worte gewechselt haben wollte. Darauf konnte man schon deshalb nichts geben, weil derselbe Mann zuvor seiner Frau erzählt hatte, Marianne Schellner sei auf dem Wochenmarkt herumspaziert – und zwar an jenem Nachmittag, als ihre Leiche gefunden wurde.

Aber das war kein neues Phänomen, zumal es sich bei den vermeintlichen Zeugen durch die Bank um Frauen und Männer jenseits der siebzig handelte. Aus Erfahrung wussten wir, dass das Erinnerungsvermögen Menschen in diesem Alter schon mal einen Streich spielte. Besonders bei der zeitlichen Einordnung von Begegnungen mit Leuten, die ihnen häufiger, vielleicht sogar regelmäßig über den Weg liefen.

Inzwischen hatten auch die Zeitungen über den Fall berichtet und dabei nicht unerwähnt gelassen, dass wir – soweit es um eine Spur vom Täter ging – noch im Dunkeln tappten. Auf solche Veröffentlichungen meldeten sich immer welche, manchmal mehr, als uns lieb waren, schließlich musste jeder Hinweis abgearbeitet werden, selbst wenn er einem völlig unbrauchbar erschien. Einige Informationen waren aber tatsächlich hilfreich. So erfuhren wir, dass Marianne Schellner kurz vor ihrem Verschwinden in einem Supermarkt eingekauft hatte. Dabei soll sie von einer Frau begleitet worden sein, bei der es sich der Beschreibung nach um Almuth Benner gehandelt haben könnte. Anschließend müssen sich die beiden zumindest kurz getrennt haben, denn in der Bankfiliale, die sich direkt gegenüber auf der anderen Straßenseite befand, erschien Marianne Schellner allein.

Ohne dass sie ihr Anliegen vorher telefonisch angekündigt hatte, ließ sie sich fünfzehntausend Mark von ihrem Konto auszahlen. Eine Summe, die mehr als ungewöhnlich für sie war, weshalb die Bankangestellte, die sie seit Jahren kannte, leicht verdutzt reagierte. Während die üblichen Formalitäten abgewickelt wurden, entspann sich zwischen den beiden ein kurzer Dialog. Marianne Schellner erklärte, sie brauche das Geld nicht für sich, sie wolle es jemandem leihen. Daraufhin riet ihr die Frau am Schalter, nur gut darauf zu achten, dass sie die Summe auch ja zurückbekäme. Da müsse sie sich gewiss keine Sorgen machen, erwiderte Marianne Schellner, das Geld sei schließlich für Frau Schmitz, sie wisse schon, die Architektin.

Damit hatten wir zumindest die erste Information, aus der sich ein mögliches Motiv für die Tat ableiten ließ. Wobei uns die Sache nicht unbedingt logisch erschien. Warum sollte sich eine erfolgreiche Architektin von jemandem Geld leihen, vor allem ausgerechnet von ihrer Hausangestellten? Aber vielleicht hatte sich die Bankangestellte nur beim Namen verhört, oder sie brachte etwas durcheinander. Bei den vielen Kunden, mit denen sie täglich zu tun bekam, hätte mich das nicht gewundert. Andererseits: Das Ganze lag nicht einmal eine Woche zurück. Und die Bankangestellte schien eine patente Frau zu sein. Sie machte keineswegs den Eindruck, als wäre sie an irgendeinem Punkt unsicher bei dem, was sie uns erzählte.

Da wir von dem Geld weder in Marianne Schellners Wohnung noch woanders etwas fanden, nicht einen einzigen Schein, mussten wir davon ausgehen, dass ihr Tod damit im Zusammenhang stand. Fragte sich also: Wer wusste, dass sie an diesem Vormittag mit fünfzehntausend Mark in der Tasche herumlief? Sicher, es konnte sie jemand in der Bank beobachtet haben, ein Fremder, der ihr dann bis ins Haus gefolgt war oder sich durch einen Trick Zutritt verschafft hatte. Aber hätte sich ein Fremder die Mühe gemacht, nach der Tat den Waschkeller zu reinigen? Wäre er mit einem Lappen von Treppenabsatz zu Treppenabsatz gelaufen, um zu sehen, ob irgendwo Blutspritzer waren, um diese wegzuwischen? Wohl kaum. So würde höchstens jemand vorgehen, der wusste, dass sich niemand sonst im Haus aufhielt. Das wiederum konnte nur einer sein, der auch darüber informiert war, dass die Familie, die im Erdgeschoss wohnte, verreist war. Und dass deren Putzfrau in dieser Zeit lediglich an zwei bestimmten Tagen in der Woche kam, um ihre Arbeit zu erledigen und die Post aus dem Briefkasten zu nehmen.

Aber würde jemand, der im Haus wohnte oder hier regelmäßig verkehrte, die Leiche einfach so im Keller liegen lassen?

Sich Gisela Schmitz als Mörderin vorzustellen, fiel schwer. Sie hatte Marianne Schellner an dem betreffenden Tag angeblich nicht einmal gesehen, danach auch nicht mehr. Und: Sie schien vom Tod ihrer Haushaltshilfe ehrlich betroffen. Ihre Empörung, nachdem wir sie mit der Aussage der Bankangestellten konfrontiert hatten, wirkte echt. Das müsse ein Missverständnis sein, nur so könne sie sich das erklären. Zu keinem Zeitpunkt habe sie mit Marianne Schellner über ein Darlehen gesprochen.

Fünfzehntausend Mark waren eine stattliche Summe, sie hätten die Architektin aber auch nicht gerettet. Gisela Schmitz steckte viel tiefer im Schlamassel – finanziell gesehen. Die Auftragslage für ihr Büro sah zwar gar nicht so übel aus, doch sie hatte sich mit einem Kredit von drei Millionen Mark völlig übernommen. Ihr Mann steuerte schon länger nichts mehr bei. Er schien trotz seiner guten Stellung chronisch klamm zu sein, jedenfalls gab er das vor.

Ihre Misere offenbarte uns Gisela Schmitz allerdings erst, nachdem wir schon allein darauf gestoßen waren. Bei Fällen wie diesem gehörte es zur Routine, dass man sich von den Personen aus dem näheren Umfeld des Opfers alle greifbaren Informationen über deren finanzielle Verhältnisse beschaffte. Wer von ihnen steckte in der Klemme? Bei wem könnte Geldnot als Motiv infrage kommen?

Gisela Schmitz brachte sich aber auch selbst in Verdacht. Sie konnte uns für die Tatzeit kein wasserdichtes Alibi präsentieren. Außerdem stellten sich einige ihrer Zeitangaben – also wann sie wo gewesen sein wollte – als falsch beziehungsweise auffällig ungenau heraus, als hätte sie etwas zu verbergen. Vielleicht hing das damit zusammen, dass sie wirklich eine lesbische Beziehung führte und diese vor uns geheim halten wollte. Aber zu dem Preis, dass sie sich dadurch verdächtig machte? Kam noch hinzu, dass wir bei der Durchsuchung ihrer Wohnung im Küchenschrank auf den Rest einer Rolle blauer Müllsäcke stießen, die mit dem Müllsack am Kopf der Leiche identisch waren. Nur, das wussten wir selbst, vor Gericht würde das alles nicht reichen.

Was hatten wir übersehen? Oder wen? Heribert Schmitz schied als Tatverdächtiger aus, sein Alibi war wie in Stein gemeißelt. Auch die Freundin seiner Frau – ganz gleich, wie nah sich die beiden standen – konnten wir mit einiger Sicherheit ausschließen. Als Täterin wäre sie wohl kaum in den Keller gegangen, um die Leiche der Frau zu finden, die sie vorher umgebracht hatte.

Von denen, die zuletzt Kontakt zu Marianne Schellner hatten, blieb also nur Almuth Benner. Die Putzfrau dürfte am ehesten von dem Geld gewusst haben. Möglicherweise hatte sie nicht die genaue Summe gekannt, dass Marianne Schellner auf der Bank gewesen war, dürfte ihr dagegen kaum entgangen sein. Hatte sie doch selbst erzählt, Frau Schellner in ihrem Auto zum Einkaufen mitgenommen zu haben. Allerdings war auch sie es, die am nächsten Tag, während der Umzug lief, Gisela Schmitz in deren Büro angerufen und darüber informiert hatte, dass Marianne Schellner nicht wie vereinbart zum Helfen erschienen war. Und überhaupt: Besaß eine Frau von sechzig Jahren, mit durchschnittlichen Körpermaßen, genügend Kraft, ein solches Blutbad anzurichten? Und selbst wenn: Konnte man sich vorstellen, dass jemand einen Menschen tötete und danach einfach zur Tagesordnung überging, seine Arbeit wie üblich erledigte, während einen Hauch entfernt das Opfer lag und anfing zu verwesen?

Ich meine, Kriminalisten müssen sich prinzipiell alles vorstellen können. Wenn mir der Beruf eine Illusion genommen hat, dann sicher die, dass es in zwischenmenschlichen Beziehungen nichts gibt, was es nicht doch gibt. Trotzdem weigert man sich manchmal, bestimmte Fakten so zu sehen, wie sie sind. Das liegt vermutlich an dem, was man einen gesunden Menschenverstand nennt. Die Zahl der Frauen, die jemanden töten – vor allem auf dermaßen brutale Weise –, ist äußerst gering. Um diese Tatsache zu ignorieren, müssen Ermittler erst einmal eine gewisse Barriere im Kopf niederreißen. Wir sind auch bloß Menschen.

Das erste Mal hatte jemand von uns kurz nach dem Auffinden der Leiche mit Almuth Benner gesprochen. Dabei wirkte sie vielleicht ein wenig emotionslos angesichts der Situation, ansonsten aber völlig ruhig – unauffällig. Ihre Beziehung zu Marianne Schellner beschrieb sie als normales Arbeitsverhältnis unter Kolleginnen. Sie hätten sich gemocht, seien aber nicht befreundet gewesen. Wohl wegen des Altersunterschieds. Marianne Schellner habe ja auch keine Familie gehabt wie sie, weshalb es manchmal schwierig gewesen sei, ein gemeinsames Gesprächsthema zu finden. Unmittelbar nach der Vernehmung, noch am selben Abend, war Almuth Benner mit ihrer Familie in den Urlaub aufgebrochen. Wir sahen keinen Grund, sie daran zu hindern, hätten auch nichts in der Hand gehabt, um eine solche Maßnahme zu rechtfertigen.

Die Lage änderte sich in dem Augenblick, als Gisela Schmitz uns ihre vermaledeite Finanzsituation eingestand. Ihr Versuch, die Sackgasse zu beschreiben, in die sie geraten war, endete mit einer Bemerkung, die uns hellhörig machte: Sie habe ihrer Putzfrau nicht einmal mit fünftausend Mark aushelfen können, worum diese sie gebeten habe.

Bevor sich ein Team von uns auf den Weg in den Schwarzwald machte, beschafften wir uns einen Durchsuchungsbeschluss für die Wohnung der Benners. Die Ausbeute war nicht umwerfend, aber immerhin entdeckten wir in der Küche im Mülleimer ein benutztes Papiertaschentuch mit dunkelroten Flecken, bei denen es sich – wie sich herausstellte – um Blut handelte. Und im Schrank unter der Spüle lagen durchsichtige Plastiktüten, die in Art und Größe exakt jenen Exemplaren glichen, mit denen Marianne Schellners Kopf umwickelt worden war.

Ein anderes Beweisstück wäre uns um ein Haar durch die Lappen gegangen. Irgendwie erfuhren wir, dass Almuth Benner ihren alten Opel einen Tag vorm Urlaub beim Straßenverkehrsamt abgemeldet und umgehend zu einem Schrotthändler verfrachtet hatte. Einige Stunden später und er wäre in der Schrottpresse gelandet. So aber konnten sich die Kollegen von der Kriminaltechnischen Untersuchung (KTU) an die Arbeit machen. Einen blutverschmierten Hammer entdeckten sie zwar nirgends, aber damit hatten wir sowieso nicht gerechnet. Haare oder Hautschuppen hätten uns allerdings ebenso wenig weitergeholfen, hatte Almuth Benner doch keinen Hehl daraus gemacht, dass Marianne Schellner in ihrem Auto mitgefahren war, und vermutlich nicht nur einmal. Wir setzten unsere Hoffnung eher darauf, dass sich irgendwo im Inneren des Wagens Blutrückstände finden ließen.

So war es dann auch – auf dem Fahrersitz wurden die Kriminaltechniker fündig. Sie nahmen Proben davon und schickten sie, wie alle anderen zuvor, zum Landeskriminalamt in Düsseldorf, wo sie im Labor von Spezialisten ausgewertet wurden.

Noch bevor wir die Ergebnisse bekamen, statteten zwei Beamte der Mordkommission Almuth Benner an ihrem Urlaubsort einen Besuch ab. Mittlerweile waren wir ziemlich sicher, auf der richtigen Spur zu sein, obwohl uns Beweise, die sie überführt hätten, bislang fehlten. Manchmal ist das ja erst einmal nur so eine Bauchgeschichte. Insgeheim hofften wir, die beiden Kollegen würden mit einem Geständnis zurückkehren. Doch Almuth Benner dachte nicht daran, auch nur irgendetwas einzuräumen. Die Verschrottung ihres Autos sei lange geplant gewesen, erklärte sie. Und das Geld, das ihr Gisela Schmitz für den Urlaub nicht habe leihen können, habe ihr Sohn herangeschafft – ganz legal. Er sei in einem Wettbüro gewesen und habe eben ein glückliches Händchen gehabt. Ansonsten wiederholte sie nur, was sie bei ihrer ersten Vernehmung erzählt hatte – als hätte sie es auswendig gelernt.

Es schien sie nicht einmal aus dem Konzept zu bringen, dass man ihr offenbarte, ab sofort gelte sie nicht mehr als Zeugin, sondern als Beschuldigte. Als Beschuldigte hätte sie eigentlich gar nichts sagen müssen. Während man als Zeuge zur Aussage verpflichtet ist und sich dabei auch an die Wahrheit zu halten hat, es sei denn, man würde sich selbst oder nahe Angehörige dadurch belasten, dürfen sich Beschuldigte auf ihr Schweigerecht berufen, abgesehen von Angaben zur eigenen Person. Ich habe einige Anwälte erlebt, die ihren Mandanten prinzipiell dazu rieten, den Mund zu halten – nach dem Motto: »Wer schweigt, kann auch nichts Falsches sagen.«

Die angebliche Glückssträhne von Almuth Benners Sohn schien für jemanden, der für gewöhnlich mehr Geld in einem Wettbüro verzockte, als er von dort mit nach Hause nahm, überaus beachtlich. Dennoch: Es konnte tatsächlich purer Zufall gewesen sein, dass Almuth Benner ausgerechnet an dem Tag, als Marianne Schellner auf der Bank Geld abgehoben hatte und dann später nicht mehr gesehen wurde, von ihm fünftausend Mark erhielt. Die zahlte sie am selben Nachmittag auf das Konto ihres Bruders ein, bei dem sie offenbar Schulden hatte. Ebenso konnte es Zufall gewesen sein, dass sie die nächste Geldspritze in Höhe von zweitausend Mark passend zu Beginn ihres Urlaubs bekommen hatte, womit sie das Minus auf ihrem eigenen Konto reduzierte. Und selbst der Umstand, dass ihr direkt nach dem Urlaub erneut Geld zufloss, dieselbe Summe, mit der sie ihren Kontostand weiter aufbesserte, bewies gar nichts. Überhaupt schien es bei ihr gerade aufwärtszugehen. Seit beinahe einem Jahr hatte sie nichts als Miese auf ihrem Konto gehabt, und nun waren auf einmal sogar zweieinhalbtausend Mark übrig, von denen sie sich nach ihrer Rückkehr aus dem Schwarzwald ein neues Auto kaufte, natürlich gebraucht – bei dem Preis. Zählte man jedoch all das Geld zusammen, über das Almuth Benner so plötzlich verfügen konnte, landete man bei einem Betrag, der dem ziemlich nahekam, den die Bankangestellte an Marianne Schellner ausgezahlt hatte. Für meinen Geschmack war das ein bisschen viel Zufall auf einmal.

Mir sind Mörder begegnet, die konnten ihre Tat hinterher vollständig ausblenden. Ihr Gehirn verleugnete das Geschehene derart konsequent, bis ihnen tatsächlich nicht mehr bewusst war, jemandem etwas angetan zu haben. In ihrer Welt existierte die Tat schlichtweg nicht, und sie selbst hielten sich für unbescholtene Bürger. Mir war zwar immer ein Rätsel, wie das funktionierte, aber anscheinend gibt es im menschlichen

Gehirn einen Schutzmechanismus, der so etwas in Extremsituationen fertigbringt. Wir fragten uns, ob wir es bei Almuth Benner womöglich mit einem solchen Fall zu tun hatten.

Nach allem, was wir an Fakten bis dahin zusammengetragen hatten, konnte nur sie Marianne Schellner dazu gebracht haben, das Geld von ihrem Konto abzuheben. Klar schien aber genauso, dass sie sich dafür einen Vorwand ausgedacht haben musste. Dass Marianne Schellner ihr von sich aus ein Darlehen angeboten hätte, zumal in dieser Höhe, lag für uns außerhalb des Vorstellbaren. Dafür standen sich die beiden Frauen nicht nah genug. Und auch die Aussage der Bankangestellten sprach dagegen, deren Glaubwürdigkeit wir nach wie vor nicht bezweifelten. Hatte Gisela Schmitz ebenfalls die Wahrheit gesagt, nämlich dass sie weder Marianne Schellner noch Almuth Benner um Geld gebeten hatte, blieb nur eine Erklärung: Almuth Benner musste Marianne Schellner erzählt haben, ihre Arbeitgeberin sei knapp bei Kasse, brauche dringend fünfzehntausend Mark, gräme sich aber, anderen gegenüber ihre Not einzugestehen. Nur sie, Almuth Benner, sei eingeweiht. Daraufhin hatte Marianne Schellner die entsprechende Summe abgehoben, nach dem fürsorglichen Rat der Bankangestellten wohl aber darauf bestanden, der Architektin das Geld persönlich auszuhändigen. Damit sie auch gewusst hätte, von wem es kam. Das allerdings hätte Almuth Benners Plan zunichtegemacht – sie musste also handeln.

Nur so konnte es gewesen sein. Doch für einen Haftbefehl gegen Almuth Benner würde das nicht reichen, das war uns klar.

Unsere Hoffnungen ruhten auf den Laborbefunden der Blutproben. Fast ein Monat verging, dann endlich hielten wir sie in den Händen. Das Blut, das wir an der Treppe im Obergeschoss sichergestellt hatten, stammte von Almuth Benner, aber das sagte nicht viel aus. Sie konnte sich bei der Arbeit verletzt haben. Interessanter war, dass es sich bei dem Blut im Erdgeschoss um eine sogenannte Mischspur handelte. Mischspuren enthalten DNA-Material von zwei oder mehr Personen. In diesem Fall stammten die genetischen Informationen von Marianne Schellner und Almuth Benner. Die Blutrückstände im Waschkeller hingegen wurden allein dem Opfer zugeordnet, ebenso wie die auf dem Fahrersitz in Almuth Benners Opel. Was weiterhin aufschlussreich war: In keiner dieser Blutproben fanden sich DNA-Spuren von anderen Personen.

Damit hatten wir sie. Auf Antrag der Staatsanwaltschaft erließ der zuständige Richter Haftbefehl gegen die Verdächtige. Alles andere wäre reine Formsache, dachten wir. Jetzt würde sie ihre Lage erkennen und die Tat gestehen.

Wir sollten uns irren.

Was wir ihr auch vorhielten – für alles präsentierte sie uns eine Ausrede.

Die Blutspuren im Treppenhaus?

In Vorbereitung des Auszugs von Herrn Schmitz habe sie unzählige blaue Müllsäcke hinuntergetragen und sich einmal dabei die Haut an ihrer Hand aufgerissen. Keine große Wunde sei das gewesen, sie sei längst verheilt, habe an dem Tag aber ziemlich stark geblutet.

Die Mischspur, ihr Blut und das von Marianne Schellner an derselben Stelle?

Stimmt, jetzt erinnere sie sich. Unten, vor der Haustür, hätten Frau Schellner und sie einmal gleichzeitig nach demselben Müllsack gegriffen, dabei habe sie der Rentnerin aus Versehen am Unterarm einen Kratzer zugefügt. Davon müsse wohl auch ein bisschen Blut heruntergetropft sein.

Und das Blut von Marianne Schellner in ihrem Wagen?

Dafür gäbe es nun wirklich eine einfache Erklärung: Sie habe die Bluttropfen im Treppenhaus mit einem Papiertaschentuch weggewischt und dieses dann ins Auto geworfen, um sich den Weg zur Mülltonne zu sparen.

Nicht, dass uns ihre Ausflüchte besonders glaubwürdig erschienen wären. Aber was sie vorbrachte, war nicht ganz ungeschickt. Es konnte tatsächlich so gewesen sein, wie sie behauptete – zumindest theoretisch. Sie musste für ihre Erklärungen auch nie lange nachdenken, als hätte sie in Gedanken bereits jeden einzelnen Punkt durchgespielt.

In einer Vernehmungspause redete ich ihr ins Gewissen. Sie solle endlich reinen Tisch machen, danach würde sie sich besser fühlen. Doch sie beharrte darauf, mit Marianne Schellners Tod nichts zu tun zu haben. Sie verstünde schon, all diese Zufälle, sie seien seltsam, aber das ändere schließlich nichts an ihrer Unschuld.

Ich weiß nicht, wie oft wir Almuth Benner in den folgenden Monaten vernahmen. Sie machte es uns wirklich nicht leicht. Mehr als einmal fragten wir uns, ob sie ihre Situation nur falsch einschätzte oder unter einer gewissen Form von Realitätsverlust litt. Aus der Untersuchungshaftanstalt schrieb sie mehrere Briefe an ihren Mann. In einem stand:

Ich hoffe, dass es euch gut geht und dass ihr ohne mich zurechtkommt. Mittlerweile haben sie mir eine Arbeit in der Küche zugewiesen. Das ist eine gute Ablenkung. Dadurch vergehen die Tage schneller. Aber ich hoffe, dass ich bald wieder bei euch zu Hause sein kann. Du weißt, dass ich mit der ganzen Sache nichts zu tun habe. Ich habe noch nie etwas Böses gewollt und nichts von dem, was sie mir vorwerfen, getan. Kannst Du mir bitte bei Deinem nächsten Besuch ein paar Decken mitbringen, mir ist immer so kalt hier …

Da sich Almuth Benner partout nicht zu einem Geständnis durchringen konnte, lief alles auf einen Indizienprozess hinaus. Zu einem Indizienprozess kommt es – vereinfacht gesagt – jedes Mal dann, wenn ein Angeklagter seine Unschuld beteuert. Oder wenn er sich zu den Anschuldigungen gar nicht äußert, sich aber auch niemand auftreiben lässt, der die Tat mit eigenen Augen gesehen hat. In solchen Fällen muss das Gericht anhand von Indizien ein Urteil über Schuld oder Unschuld fällen. Zwar werden während der Verhandlung dann trotzdem Zeugen vernommen. Deren Aussagen wird jedoch eine geringere Beweiskraft zugeschrieben als den Indizien. Ein Indiz ist mehr als eine bloße Behauptung, aber weniger als ein Beweis. Vor Gericht gilt ein Indiz als erwiesene Tatsache. Allerdings genügt für eine Verurteilung nie ein einzelnes Indiz. Dem Staatsanwalt muss es schon gelingen, anhand einer Vielzahl von Indizien gewissermaßen einen Beweis zu schaffen. Anders gesagt: Er braucht so viele Indizien, bis kein anderer Schluss möglich ist, als dass nur der Angeklagte die Tat verübt haben kann.

Für uns bedeutete das, jedes einzelne Indiz akribisch auszuermitteln. Um den Arbeitsaufwand in etwa zu verdeutlichen, ein Beispiel: Da Almuth Benner den plötzlichen

Geldsegen mit den erfolgreichen Wettbürobesuchen ihres Sohns erklärt hatte, mussten wir nicht nur versuchen, von ihm die Wahrheit zu erfahren. Uns fiel auch die Aufgabe zu, in den Zockerstuben selbst herauszufinden, ob der bisher chronisch erfolglose Junior nicht doch irgendwo einen Jackpot geknackt hatte. Dass diese generell nicht unbedingt Auskunftsbüros gleichen, kann man sich denken – weder in Deutschland noch in Luxemburg oder in Holland, wo der Sohnemann ebenfalls gespielt haben wollte. Ich will nicht sagen, dass wir gar nichts ermitteln konnten, doch gemessen am Aufwand war das Resultat eher bescheiden. Die Geschichte von der plötzlichen Glückssträhne schien uns wenig glaubwürdig. Aber um sie als Lüge zu entlarven, kriegten wir zu wenig zusammen.

Fast ein halbes Jahr benötigten wir, um den Fall so wasserdicht zu bekommen, wie das unter diesen Umständen möglich war. Und irgendwann stand die Anklageschrift. Doch noch ehe ein Termin für die Hauptverhandlung bekanntgegeben wurde, versuchte Almuth Benners Rechtsanwalt, unsere Bemühungen zu torpedieren. Eines seiner Hauptargumente, mit dem er die Anklage erschüttern wollte, bestand darin, den genauen Zeitpunkt des Todes von Marianne Schellner infrage zu stellen. Dabei stützte er sich auf das Obduktionsprotokoll, auf dessen Titelblatt als mögliche Todeszeit ein Zeitraum von nicht ganz zwei Tagen vermerkt war. Dieser Fakt deckte sich zwar mit der Aussage des Rechtsmediziners. Allerdings mit der, die er direkt nach der ersten Untersuchung der Leiche getroffen hatte, noch am Fundort. Und nicht mit seiner Schlussfolgerung nach der Obduktion. Das hatte der Anwalt offenbar übersehen.

Vor allem aber wusste er nicht, dass wir in der Zwischenzeit einen Sachverständigen beauftragt hatten, Marianne Schellners Armbanduhr, von der wir auch die restlichen Teile gefunden hatten, genauestens zu untersuchen. Der erfahrene Uhrmachermeister sollte vor allem klären, wodurch das empfindliche mechanische Uhrwerk zum Stillstand gebracht worden war. Seine Expertise fiel unmissverständlich aus. Demnach war die Uhr »mit hoher Wahrscheinlichkeit durch das Eintreten eines Blut-Wasser-Gemischs« – also beim Abspritzen der Leiche mit Wasser – stehen geblieben. Und das ohne Verzögerung, exakt um elf Uhr neunzehn.

Ein knappes Jahr nach dem Mord an Marianne Schellner begann vor der Großen Strafkammer des Landgerichts der Prozess gegen Almuth Benner. Der Sechsundfünfzigjährigen wurde Mord aus Habgier vorgeworfen. Auch während der Verhandlung, die sich über mehrere Wochen hinzog, räumte sie ihre Schuld nicht ein. Bis zuletzt verweigerte sie die Aussage. Deshalb erfuhren wir nicht, ob wir mit unserer Tatrekonstruktion bis ins letzte Detail richtiggelegen hatten. Das blieb ihr Geheimnis, bis heute. Daran, dass sie diejenige war, die Marianne Schellner tötete, hatten die Richter allerdings nicht den geringsten Zweifel. Die Indizien, die wir zusammengetragen hatten, überzeugten sie. Almuth Benner wurde zu lebenslanger Haft verurteilt. Ihr Verteidiger ging anschließend in Revision, was bei Indizienprozessen relativ häufig vorkommt. Doch der Bundesgerichtshof hatte am Urteil der Kölner Richter nichts auszusetzen und bestätigte es. Damit wurde es rechtskräftig.

Die Radarfalle

»Schnapp dir das Geld und komm her, wir machen uns ein paar schöne Wochen damit!«

Martina Fehnlein musste selbst über ihre Worte schmunzeln. Von wegen eine Million! Jetzt übertrieb Susanne aber. Es war Freitagnachmittag Viertel nach drei. Die Vierundvierzigjährige saß an ihrem Schreibtisch in der Röntgenabteilung eines Krankenhauses in Frankfurt am Main. Während sie mit ihrer Freundin telefonierte, guckte sie auf den Bildschirm ihres Computers. Gerade hatte sie den linken Arm eines kleinen Jungen geröntgt, der von einem Trampolin gefallen war und sich dabei die Speiche gebrochen hatte, was auf dem Röntgenbild deutlich zu erkennen war. Bestimmt hatte sie Susanne nur falsch verstanden, weil sie sich auf ihre Arbeit konzentrieren musste. Doch die Freundin meinte, sie säße tatsächlich mit einer Tasche voller Geldscheine in einem Café in Köln. Martina Fehnlein hörte im Hintergrund Geschirrklirren und dann das krächzende Mahlgeräusch einer automatischen Kaffeemaschine.

Martina Fehnlein und Susanne Leichsenbrinck übten denselben Beruf aus. Als medizinisch-technische Assistentinnen hatten beide die Fachrichtung Radiologie gewählt und sich auf diese Weise auch kennengelernt – in einer Mannheimer Klinik, acht Jahre war das inzwischen her. Sie waren sich auf Anhieb sympathisch gewesen, so dass sich schnell eine innige

Freundschaft zwischen ihnen entwickelt hatte. Selbst nachdem Martina Fehnlein vor fünf Jahren eine Arbeit in einer anderen Klinik annahm, hielten sie nicht nur Kontakt zueinander, sondern trafen sich weiterhin beinahe täglich, jetzt nur eben nach Feierabend. Während Martina Fehnlein verheiratet war und zwei kleine Töchter hatte, lebte ihre Freundin nach einer kurzen Ehe, die gescheitert war, seit elf Jahren allein.

Die beiden Frauen hatten keine Geheimnisse voreinander. Es war auch nicht ungewöhnlich, dass sie an einem Tag mehrmals miteinander telefonierten, besonders dann nicht, wenn sie sich aus irgendeinem Grund nicht sehen konnten – wie an diesem Freitag. Das Gespräch jedoch, das sie im Moment führten, war eindeutig anders als sonst.

So ziemlich alles, was Susanne Leichsenbrinck sagte, klang in den Ohren ihrer Freundin kryptisch. Nicht nur die abenteuerlich hohe Geldsumme erwähnte sie, was rätselhaft genug gewesen wäre. Sie sprach auch von einem fremden Mann, dem sie nicht über den Weg zu trauen schien. Warum hatte sie ihn dann überhaupt getroffen, fragte sich Martina Fehnlein. Und weshalb war es Susanne so wichtig, dass sie seinen Namen aufschrieb? Sie konnte sich keinen Reim darauf machen.

Den Namen hörte sie zum ersten Mal. Und da sie auf ihrem Schreibtisch so rasch keinen Zettel fand, notierte sie die Buchstaben, die ihr Susanne Leichsenbrinck nun einzeln durchgab, auf ein graues Papierhandtuch: *Wertstädter*. Kaum hatte sie den Stift wieder beiseitegelegt, hörte sie noch, wie ihre Freundin meinte, sie müsse jetzt Schluss machen. Dann war es plötzlich still in der Leitung, nicht einmal verabschiedet hatten sie sich.

Martina Fehnlein wusste, dass ihre Freundin am Morgen mit Wolfgang Weber nach Köln gefahren war. Der Zweiundfünfzigjährige, der aus der Nähe von Hannover stammte, hatte sie extra abgeholt, was noch nie vorgekommen war. Weber verdiente sein Geld mit Immobilien und hatte es zu einigem Reichtum gebracht. Susanne Leichsenbrinck und er waren sich vor sieben Jahren im Urlaub begegnet, auf Ibiza, wo Wolfgang Weber im abgeschiedenen Hinterland ein weitläufiges Anwesen mit beheizbarem Pool und eigener Tennisanlage besaß. Im Hafen von Santa Eulalia lag eine Yacht, die ihm gehörte und die aufgrund ihrer Größe und der exquisiten Ausstattung selbst unter all den Luxusteilen, die dort ankerten, noch herausstach. Der Unternehmer machte von Anfang an kein Geheimnis daraus, dass er verheiratet war und auch nicht beabsichtigte, sich von seiner Frau scheiden zu lassen. Ebenso wenig vermittelte er den Eindruck, Susanne Leichsenbrinck sei die erste Liebschaft, mit der er sie betrog. Zwar behauptete er immer, seine Frau wisse nichts von ihr. Das mag zu Beginn ihrer Affäre sogar gestimmt haben. Doch wie wahrscheinlich war es, dass sie in sieben Jahren nichts mitbekommen hatte? Wo doch Susanne Leichsenbrinck den Verdacht hegte, er hintergehe selbst sie gelegentlich mit einer anderen, was sie vor Eifersucht fast rasend machte.

Warum, hatte sie sich manchmal gefragt, hatte sie sich überhaupt mit so jemandem eingelassen? In solchen Momenten verstand sie das selbst nicht. Doch irgendwie faszinierte sie dieser Mann. Er sah gut aus – nicht unbedingt im Sinne von schön wie George Clooney, aber auf solche glatten Typen stand sie eh nicht. Er besaß ein Vermögen, das ihn unabhängig machte, wie sie das von niemand anderem kannte. Das erste

Geschenk, das sie von ihm erhalten hatte, war nicht etwa ein Ring mit wertvollen Brillanten, sondern eine Wohnung, die er für sie gekauft und komplett eingerichtet hatte. Allerdings in Hannover – damit sie sich in seiner Nähe ungestört treffen konnten. Wolfgang Weber lebte in einer anderen Welt.

Susanne Leichsenbrinck hatte versucht, ihre Dienste in der Klinik so zu legen, dass sie alle zwei bis drei Wochen ein paar zusammenhängende Tage frei gehabt hatte, um diese mit ihm in Hannover zu verbringen. Zu ihr nach Frankfurt war er selten gekommen. Eigentlich nur, wenn er sowieso geschäftlich in der Gegend zu tun hatte. Überhaupt, seine Geschäfte – das war auch so eine Sache, die ihn interessant machte. Für sie hatten sie immer etwas Geheimnisvolles. Wahrscheinlich schon deshalb, weil er kaum darüber sprach – und falls doch einmal, dann höchstens in Andeutungen. Jedenfalls erschien ihr das so, aber vielleicht verstand sie nur einfach nichts von diesen Dingen.

Irgendwann hatte er sie gebeten, eine Tasche voller Geldbündel für ihn nach Zürich zu bringen und dort auf ein Konto einzuzahlen, das nicht auf seinen Namen lief, sondern über eine Zahlenkombination verfügte. Sie konnte sich denken, dass es sich um Schwarzgeld handelte, er leugnete das nicht einmal. In seiner Branche, sagte er, machten das alle so, jedenfalls die Erfolgreichen. Das sei kein Verbrechen, sonst gäbe es diese Konten ja nicht. Und schließlich würde er dem Staat noch genug Steuern in den Rachen werfen. Dass er ihre Gutgläubigkeit womöglich ausnutzte – dieser Gedanke kam ihr nicht. Ganz im Gegenteil: In ihren Augen war das ein großer Vertrauensbeweis. Sie hätte sich mit dem ganzen Geld ja auch auf- und davonmachen können.

Ungefähr eine halbe Stunde war vergangen, als sich Susanne Leichsenbrinck erneut bei ihrer Freundin meldete. Diesmal wirkte sie gehetzt, ihre Worte purzelten durcheinander, sie sprach ohne Punkt und Komma, als wollte sie möglichst schnell alles loswerden, was ihr auf dem Herzen lag. Sie sei völlig verwirrt, sagte sie, jetzt habe ihr dieser Wertstädter sogar einen Ring geschenkt, einfach so, edles Weißgold mit einem Saphir, er sähe verdammt teuer aus. Dabei kenne sie diesen Mann kaum. Ihren Wolfgang erwähnte sie zwischendurch auch einmal. Sie schien verärgert darüber, dass er sie so lange allein ließ. Die beiden hätten sich seit dem Morgen nicht mehr gesehen. Aber davor, auf dem Weg nach Köln, habe er versprochen, ihr einen neuen Wagen zu schenken, wie aus einer Laune heraus.

Und dann fing sie wieder an, von diesem Wertstädter zu sprechen, der ihr mittlerweile Angst zu machen schien. Warum der Ring? Als kleine Entschädigung für den ganzen Ärger, habe er gesagt. Aber für welchen Ärger? Und warum hatte er ihr dazu noch eine Belohnung versprochen, die sie später erhalten sollte, sobald alles vorüber sei? Sie meinte, langsam käme ihr der Kerl vor wie jemand aus der Halbwelt. Das war ein Wort, das die beiden Frauen für Leute gebrauchten, die ihrer Meinung nach in krumme Geschäfte verwickelt waren – vielleicht nicht unbedingt kriminell, aber doch am Rande der Legalität.

Das Gespräch dauerte diesmal etwas länger. Doch so viel Susanne Leichsenbrinck ihrer Freundin erzählte, von ihrem Wolfgang, der sich einfach nicht blicken ließ, nicht einmal anrief, oder von den Kleidern, die sie sich beim Stadtbummel gekauft hatte, von den Schuhen und dem Lippenstift, der ihm sicher gefallen werde – am Ende kreisten ihre Worte immer um dieselbe Frage: Bedeutete Wertstädter eine Gefahr für sie?

Martina Fehnlein hörte zu und fühlte sich allmählich in einen Krimi versetzt: Ihre Freundin hatte eine Million in der Tasche – warum auch immer, das hatte sie ihr nicht gesagt. Das Geld konnte sie aber nur von ihrem Liebhaber haben. Und der war nun verschwunden. Stattdessen tauchte ein fremder Mann auf, den Susanne zuvor nur zweimal kurz im Beisein von Wolfgang Weber auf Ibiza gesehen hatte. Überaus mysteriös, das alles.

Und dennoch, überlegten die beiden: Angenommen Wertstädter wollte Susanne etwas antun, um sich das Geld unter den Nagel zu reißen – warum kam er dann erst mit diesem Ring an? Und warum versprach er ihr eine Belohnung? Vor allem aber: Warum ließ er sie zwischendurch immer wieder allein? Für sie wäre es ein Leichtes gewesen, sich ein Taxi zu rufen und damit zur nächsten Polizeiwache zu fahren. Nein, so ergab das keinen Sinn.

Diese Überlegung schien Susanne Leichsenbrinck allerdings nicht wirklich zu beruhigen. Sie saß gerade in einem Café, und als sie Wertstädter sah, wie er draußen in seinem Auto anrollte, sagte sie zu ihrer Freundin: »Da ist er schon wieder. Schreib mal seine Autonummer auf!« Das Kennzeichen gehörte zu einem anthrazitfarbenen Mercedes der S-Klasse, der allerdings nicht auf ihn zugelassen war. Aber das konnte sie nicht wissen.

Wolfgang Weber war aus einem einzigen Grund nach Köln gereist – er wollte ein Geschäft abwickeln. Jedenfalls betrachtete er die Angelegenheit als ein solches, obwohl es dabei ausnahmsweise nicht um Immobilien ging, nicht direkt. Die Witwe eines Kölner Bauunternehmers – und da lag der einzige Bezug zu seiner Branche – war mit der Bitte an Wertstädter herangetreten, für sie vier Millionen Mark in amerikanische Dollar umzutauschen, allerdings ohne damit zu einer Bank zu rennen. Woraus man schlussfolgern konnte, dass es sich bei der Summe, die ihr verstorbener Mann neben dem offiziellen Vermögen hinterlassen hatte, offenkundig um Schwarzgeld handelte. Das Ganze geschah zu einer Zeit, als der Euro noch nicht eingeführt, aber bereits beschlossene Sache war, so dass die Unternehmerwitwe fürchten musste, das Geld durch die neue Währung zu verlieren. Sie konnte mit einem solchen Betrag später schlecht zu einer Bank spazieren und ihn in Euro tauschen. Deshalb sei sie bereit, auf eine Million zu verzichten, wenn es ihm, Wertstädter, gelänge, ihr die restlichen drei Millionen in Dollar zu retten.

Diese Geschichte jedenfalls hatte Wertstädter vor einigen Wochen Wolfgang Weber erzählt, und gemeinsam hatten sie einen Plan ausgeheckt. Zunächst einmal wollten sie selbst drei Millionen Mark auftreiben – die natürlich kein Schwarzgeld sein durften –, diese in US-Währung umtauschen, um dann das Geschäft mit der Witwe abzuwickeln. Ein Gewinn von einer Million Mark, zumal steuerfrei, schien selbst jemandem wie Wolfgang Weber den Aufwand wert zu sein. Vielleicht hatte ihn aber auch Abenteuerlust gepackt, die Herausforderung, scheinbar Unmögliches möglich zu machen. Gepasst hätte es zu ihm. Dass ihn Wertstädter womöglich nur in eine Falle locken wollte, schien ihm nicht in den Sinn gekommen zu sein.

Wie Susanne Leichsenbrinck hatte er Wertstädter auf Ibiza kennengelernt, ungefähr ein Jahr nach ihr. Die beiden Männer verband keine Freundschaft, dafür war bei ihren Begegnungen jedes Mal zu viel Geld im Spiel. Sie konzentrierten ihre Kontakte aufs Geschäftliche, was in dem Fall bedeutete, dass Wolfgang Weber in den vergangenen Jahren gelegentlich Uhren und einige Schmuckstücke von ihm kaufte. Drei Uhren, um genau zu sein, alle von Cartier und in verschiedenen Preisklassen zwischen achttausend und zwanzigtausend Mark. Dazu ein mit Brillanten besetztes Armband, für das er fünfundzwanzigtausend Mark verlangt hatte, ein Collier, ungefähr im gleichen Wert, und zuletzt einen Goldring, einen Einkaräter, der mit etwas weniger als der Hälfte zu Buche schlug.

In seinen besten Jahren, beruflich gesehen, hatte Wertstädter, der seit jeher in Köln lebte, ein Juweliergeschäft in Düsseldorf betrieben, nicht direkt auf der Königsallee, doch in einer der von Fußgängern reichlich frequentierten Seitenstraßen. Damals konnte er sich ein Haus auf Ibiza leisten, zwar keinen Palast wie Wolfgang Weber, aber Hundehütte wäre dafür auch der falsche Begriff gewesen. Diese Zeiten waren allerdings vorbei. Das Geschäft lief nicht mehr. Er musste seinen Laden schließen, und das Ferienhaus hatte er mittlerweile ebenfalls verkauft. Mit seinen achtundsechzig Jahren galt er für die Behörden offiziell als Rentner. Trotzdem war er noch immer auf ein gutes Geschäft aus, sobald sich die Gelegenheit bot. Nach wie vor fuhr er mehrmals im Jahr nach Antwerpen, der Stadt der Diamanten, um Edelsteine oder komplette Schmuckstücke zu kaufen, die sich gewinnbringend veräußern ließen. Aber dafür brauchte er vorher erst einmal Kapital, das er einsetzen konnte.

In letzter Zeit lebten Wertstädter und seine Familie hauptsächlich vom Ersparten. Das soll nicht heißen, dass er deswegen ein Fall fürs Sozialamt gewesen wäre. Immerhin reichte es nach wie vor für eine Wohnung in einer der teuersten Gegenden von Köln, die jeden Monat dreieinhalbtausend Mark an Miete verschlang. Hinzu kamen zweitausend Mark Haushaltsgeld, über das seine Frau verfügte. Und noch einmal viertausend, die sie als »Taschengeld« für sich beanspruchte, wovon allerdings zugleich die Unkosten für die beiden halbwüchsigen Söhne bestritten wurden, zumindest die alltäglichen. Nein, nach Notstand sah das wirklich nicht aus. Zumal in der Garage auch noch ein Jaguar stand, der auf seine Frau zugelassen war – und daneben ein Range Rover, beide in Schwarz. Die Wertstädters lebten, wie sie die vergangenen fünfzehn Jahre gelebt hatten, nur dass es jetzt ihre finanziellen Verhältnisse überstieg.

Dabei mochte eine Rolle spielen, dass Wertstädter seiner Frau um keinen Preis eingestehen wollte, dass er ihr den Luxus, an den sie sich gewöhnt hatte, eigentlich nicht mehr bieten konnte. Sie war das, was man eine Schönheit nannte – und sie war fast auf den Tag genau dreißig Jahre jünger als er. Wenn er sich vor etwas mehr fürchtete als seinem finanziellen Bankrott, dann davor, dass sie die beiden Jungs nehmen und ihn verlassen könnte.

Das nächste Telefonat mit ihrer Freundin führte Susanne Leichsenbrinck am Abend gegen neunzehn Uhr. Diesmal aus dem Auto von Wertstädter, der gerade mit einem Bündel Geld aus ihrer Tasche in dem Haus verschwunden war, vor dem sie parkten. Um es in Dollar zu tauschen, wie sie sagte. So ginge das schon die ganze Zeit, kreuz und quer sei er mit ihr durch Köln gefahren, sie wisse gar nicht mehr, in welcher Ecke sie sich gerade befänden. Ob ihr Wolfgang inzwischen aufgetaucht sei, wollte Martina Fehnlein wissen, aber der hatte sich noch immer nicht blicken lassen. Angeblich – so die Version, die Susanne Leichsenbrinck von Wertstädter gehört hatte – halte er sich inzwischen bei der Witwe auf, um letzte Details zu klären.

Susanne Leichsenbrincks Stimme klang, als schien sie kein Wort der Geschichte zu glauben, die sie gerade erzählte. Martina Fehnlein wusste, wie eifersüchtig ihre Freundin war. Schon möglich, dass sie sich Sorgen um Wolfgang Weber machte, aber noch größer war gewiss ihre Angst, hinter seinem merkwürdigen Versteckspiel könnte eine andere Frau stecken.

Wieder endete die Unterhaltung der beiden Frauen abrupt, als Wertstädter aufkreuzte. So ging es den ganzen Abend, beinahe im Halbstundentakt: Verließ er das Auto, wählte Susanne Leichsenbrinck die Nummer ihrer Freundin. Kehrte er zurück, drückte sie das Gespräch augenblicklich weg, um es bei der nächsten Gelegenheit erneut fortzusetzen. Kam ihr die Pause zwischen zwei Telefonaten zu lang vor, meldete sich auch Martina Fehnlein. Dabei erfuhr sie irgendwann, dass Susanne Leichsenbrinck inzwischen in ihrem eigenen Auto saß, mit dem sie und Wolfgang Weber nach Köln gefahren waren. Allerdings bewegte sie sich im Schlepptau von Wertstädter, der mit seinem Wagen vorneweg fuhr, um sie zum Haus der Witwe zu lotsen. Das jedenfalls hatte er ihr versprochen, nachdem sie ihn – offenbar in einem Anfall von Eifersucht – gedrängt hatte, ihr die Adresse der Frau zu verraten. Sie wollte mit eigenen Augen sehen, was ihr Liebhaber dort so lange trieb. Aber sie hatte nicht vor, wie ein Besucher an der Tür zu klingeln. Wertstädter hatte gemeint, es gäbe hinter dem Grundstück eine Stelle in einem Gebüsch, von der aus man gut in das Wohnzimmer – und vielleicht ja auch ins Schlafzimmer – linsen könne.

Kurz vor Mitternacht versuchte Martina Fehnlein noch einmal, ihre Freundin zu erreichen. Spätestens jetzt würde sie ihren Wolfgang wohl gefunden haben. Und tatsächlich schien es so. Susanne Leichsenbrinck raunte nur in den Hörer: »Jetzt geht's gerade nicht!« – schon war die Verbindung wieder unterbrochen. Und danach meldete sie sich nicht mehr.

Die ganze Nacht hindurch wählte Martina Fehnlein in kurzen Abständen die Nummer der Freundin – wieder und wieder. Immer klingelte es einige Male, dann schaltete sich die Mailbox ein. Obwohl sie mehrere Nachrichten hinterließ, die mit jedem Anruf besorgter klangen, meldete sich Susanne Leichsenbrinck nicht. Erst als am Morgen ihre Anrufe direkt auf der Mailbox landeten, beruhigte sich Martina Fehnlein ein wenig. Offenbar, vermutete sie, hatte Susanne ihr Handy ausgeschaltet, um nach der ganzen Aufregung mit ihrem Liebhaber endlich ungestört zu sein.

Der Hund eines Spaziergängers, ein kleiner Mischling mit Spitzohren, der aufgescheucht durch die Gegend flitzte und überall herumschnüffelte, hatte die Leiche der Frau entdeckt. Sie lag in einem Gebüsch. Wenige Schritte entfernt führte der Weg vorbei, auf dem der Hund mit seinem Herrchen gekommen war. Aber von dort konnte man sie nicht gleich sehen. Es lugte gerade mal ein Zipfel der blauen Plastikfolie hervor, mit der ihr Körper abgedeckt war, wie es schien, ein alter Müllsack.

Es war ein lauer Frühsommerabend, seit Tagen hatte es nicht geregnet, und der Wind blies so schwach, dass die Blätter an den Sträuchern nur sanft schaukelten. Die Tote war mit einem dünnen hellgrauen Pullover und einer rosafarbenen Bluse bekleidet, beides war voller Blut. Dazu trug sie dunkelblaue Baumwollhosen, aber keine Jeans, und braune Halbschuhe zum Schnüren. Sie lag auf dem Rücken, die Augen weit aufgerissen, als würde sie zum Himmel starren. Im linken Auge hatten Schmeißfliegen bereits ihre ersten Eier abgelegt. Das geht bei diesen Viechern verdammt schnell, die riechen das. Kaum hat jemand das Zeitliche gesegnet, sind sie auch schon da und fangen an, sich wie verrückt zu vermehren. Augen mögen sie als Nester besonders gern, Nasenlöcher ebenso und Mundwinkel – Hauptsache Schleimhäute, und die am besten feucht und möglichst warm.

Die Kleidung der Frau erweckte nicht den Eindruck, als hätte sich jemand daran zu schaffen gemacht. Lediglich Pullover und Bluse waren auf dem Rücken etwas hochgeschoben, doch ein Sexualdelikt konnten wir offenbar ausschließen. Einen Suizid ebenfalls. Zumindest die Verletzungen, die an ihrem Oberkörper zu erkennen waren, konnte sie sich schwerlich selbst zugefügt haben. Ihr rechter Unterarm wies eine Schusswunde auf. Das Geschoss hatte – so ergab später die Obduktion – zunächst den Arm durchdrungen, war daraufhin auf Brusthöhe in ihren Körper eingetreten und im Herzbeutel steckengeblieben. Falls das Projektil das erste war, das sie getroffen hatte, dürfte sie die anderen kaum noch gespürt haben. Bei einem Steckschuss in den Herzbeutel vergehen normalerweise maximal sechzig Sekunden, dann ist man tot, innerlich verblutet. Nichtsdestotrotz hatte auch ihr linker Unterarm ein Geschoss abbekommen, das diesen ebenfalls durchschlagen hatte und erst vom Humerus, dem großen Knochen im Oberarm, gestoppt worden war. Ein ähnliches Verletzungsbild zeigte sich am linken Knie. Nur dass hier das Projektil nach dem Durchschuss im Oberschenkel gelandet war und sich fast bis zum Gesäß weitergebohrt hatte.

Im ersten Moment klingt das vielleicht, als hätte ein Zauberschütze sein Werk vollbracht – drei Schüsse, sechs Treffer –, doch wir zogen andere Schlüsse daraus, die für unsere Ermittlungen wichtig waren: Anscheinend hatte die Frau, als ihr klar wurde, was geschehen würde, reflexartig die Arme hochgerissen, in der verzweifelten Hoffnung, damit noch irgendetwas abwenden zu können. Spätestens nach dem zweiten Treffer wird sie zu Boden gestürzt sein, wo sie dann der Schuss ins Knie erwischte. Wäre es umgekehrt gewesen, falls das überhaupt denkbar war, hätte sie jetzt anders dagelegen, den Körper nicht der Länge nach ausgestreckt, sondern in irgendeiner Weise zusammengekrümmt.

Der Schütze hatte offenbar auch einen vierten Schuss abgefeuert, der sein Opfer allerdings verfehlte. Das fanden wir am nächsten Tag heraus, als wir das Gebüsch und das Gelände drumherum ein zweites Mal inspizierten, diesmal bei Tageslicht und noch gründlicher. Dabei fiel uns eine frisch zersplitterte Holzlatte auf, die zu einem alten Zaun gehörte, der hinter dem Gebüsch einen Schrebergarten begrenzte. Und auf dem Boden darunter lag tatsächlich ein Projektil, das vom Aufprall stark deformiert war, so dass es schwierig geworden wäre, dessen Kaliber zu bestimmen.

Aber das mussten wir auch gar nicht, da wir an der Stelle, wo die Leiche gelegen hatte, noch ein nahezu unbeschädigtes Exemplar entdeckten, das halb im Erdboden steckte – ein Teilmantelgeschoss mit abgeflachter Bleispitze, Kaliber 38. Somit kam als Tatwaffe nur ein Revolver infrage.

Die drängendste Frage, wer die tote Frau überhaupt war, konnten wir ziemlich schnell klären. Zwar hatte sie weder ein Portemonnaie noch irgendwelche Ausweispapiere bei sich. Dafür sackten die Kollegen vom Erkennungsdienst jeden Gegenstand und jeden Schnipsel ein, der ihnen im nahen Umkreis des Tatorts auf dem Erdboden oder im Gras unterkam: zwei Hundertmarkscheine, eine Handvoll Mark- und Pfennigstücke, sechs Tampons, alle unbenutzt, einen Deostick, eine Damenarmbanduhr, zwei Lippenstifte, verschiedene Kassenbons, einen Bankbeleg und die Rechnung einer Autowerkstatt in Frankfurt. Als hätte der Täter die Handtasche der Toten ausgeschüttet, das Portemonnaie geleert und anschließend beides verschwinden lassen – samt aller persönlichen Dokumente des Opfers, die Rückschlüsse auf ihre Identität zugelassen hätten. Sollte das tatsächlich seine Absicht gewesen sein – wovon wir ausgingen, andernfalls hätte er kaum das Geld weggeworfen –, hatte er etwas übersehen: Auf der Rechnung der Autowerkstatt stand der Name einer Frau und dazu ihre vollständige Anschrift.

Allerdings wären wir auch weitergekommen, hätte der Täter diese Kleinigkeit nicht übersehen. Denn am nächsten Morgen rief eine Frau aus Frankfurt bei uns an, die ihre beste Freundin vermisste. Die sei am Freitag nach Köln gefahren. Tagsüber hätten sie einige Male miteinander telefoniert, am späten Abend dann zuletzt. Seitdem könne sie sie nicht mehr erreichen, weder auf dem Handy noch zu Hause. Und heute Morgen sei sie dann nicht zur Arbeit erschienen, obwohl sie im Krankenhaus Dienst gehabt hätte.

Die Beschreibung der Freundin passte nur zu genau auf die Frau, die jetzt in einem Kühlfach des Instituts für Rechtsmedizin lag. Um die Sache zu beschleunigen, rieten wir der Anruferin, bei der Polizei an ihrem Wohnort eine Vermisstenanzeige aufzugeben, die würde umgehend an uns weitergeleitet. Noch bevor sie dort erschien, nahmen wir selbst Kontakt zu den Beamten auf, um sie zu bitten, die Frau, die sich als Martina Fehnlein vorgestellt hatte, als Zeugin zu vernehmen. Die Frankfurter Kollegen sollten versuchen, so viel wie möglich aus ihr herauszubekommen.

Drei Stunden später lag ihre Aussage bei uns auf dem Tisch – womit wir ein gutes Stück weiter waren. Denn Martina Fehnlein hatte nicht nur erzählt, wie, wann, warum und mit wem ihre Freundin nach Köln gefahren war und wen sie dort getroffen hatte. Sie war auch ausgeschlafen genug gewesen, den Kollegen gleich das Papierhandtuch mitzubringen, auf dem sie den Namen des ominösen Begleiters ihrer Freundin und ein Autokennzeichen notiert hatte.

Den Namen Wertstädter gab es nicht besonders häufig, in Köln fanden wir genau zwei. Zu der Zeit war an Google Street View oder etwas Ähnliches noch nicht zu denken. Man musste schon selbst hinfahren, um sich von der Örtlichkeit ein Bild machen zu können. Die erste Adresse war ein Altenheim. Zwar wohnte dort tatsächlich jemand, der Wertstädter hieß. Allerdings war der über achtzig und schlurfte mit einem Rollator über die Gänge. In seiner Verfassung stundenlang durch die Stadt zu kurven, noch dazu mit einem solchen

Schiff, und das Ganze unfallfrei …? Dieser Mann konnte unmöglich derjenige sein, den wir suchten.

Das Kennzeichen, das Martina Fehnlein den Kollegen gegeben hatte, führte uns zu einem Mercedes, anthrazitfarben, womit wir auf der richtigen Spur zu sein schienen. Nur war der Wagen nicht auf einen Herrn Wertstädter zugelassen, sondern auf eine Firma. Im- und Export, was auch immer damit gemeint war. Dort arbeitete jedoch niemand, der einen solchen Namen trug.

Wir knöpften uns den Inhaber trotzdem vor, zumal er für uns kein unbeschriebenes Blatt war. Damit meine ich, dass die Kollegen des Kommissariats, das sich mit Hehlerei und ähnlichen Delikten befasste, bereits eine stattliche Akte über ihn angelegt hatten. Für eine Anklage hatte es bisher nicht gereicht, trotzdem schien der Mann nicht ganz koscher. Und das wusste er selbst am allerbesten. Es gibt zwei Arten von solchen Typen. Die einen lassen Polizisten, die gegen sie ermitteln, komplett ins Leere laufen, indem sie in ihrem Beisein möglichst jedes Wort vermeiden. Die anderen versuchen, den eigenen Arsch zu retten, indem sie kooperativ sind, notfalls andere verpfeifen – oder zumindest vorgeben, dies zu tun. Der hier sortierte sich in die zweite Kategorie ein, tat gleich so, als hätten wir es mit einem alten Kumpel zu tun.

Das Schlimme war, dass seine Masche bei einem der Mordermittler tatsächlich verfing, der sich dann privat mit ihm anfreundete. Für meinen Geschmack zu sehr. Sage ich heute. Damals wusste ich nichts davon. Sonst hätte ich ihn auf der Stelle von den Ermittlungen abgezogen. Die Kumpanei der beiden reichte so weit, dass sie gemeinsam in Urlaub fuhren und sogar zusammen eine Surfschule aufmachten, die allerdings pleiteging. Der Geschäftsmann – nennen wir ihn mal so – war ein ausgemachter Waffennarr. In seiner Villa hatte er einen begehbaren Tresor, ungefähr von der Größe eines durchschnittlichen Kinderzimmers, zur Waffenkammer umfunktioniert. Darin stapelten sich ein ganzes Sortiment antiker Kriegsgeräte, allesamt funktionstüchtig, dazu eine Reihe modernerer Modelle, verschiedene Handfeuerwaffen und zwei Maschinenpistolen – natürlich nicht ohne die dazugehörige Munition. Angeblich wusste der Kripobeamte davon. Ihm soll er seine Sammlung stolz vorgeführt haben, ohne dass der etwas unternommen hätte.

Das alles kam erst viel später heraus, als sie den ominösen Geschäftsmann doch noch beim Wickel kriegten. Bestechung, Hehlerei, Verstoß gegen das Kriegswaffengesetz – das reichte für ein paar Jahre hinter Gittern. Unser Fall war zu diesem Zeitpunkt längst abgeschlossen. Wenn man das überhaupt so sagen kann. Denn wirklich ad acta gelegt wurde nur ein Teil des Falls, der andere gilt bis heute als ungeklärt. Aber der Reihe nach.

Wertstädter und jener Geschäftsmann waren anscheinend gut befreundet. Den Mercedes konnte man als eine Art Dauerleihgabe bezeichnen. Immer, wenn Wertstädter einen Wagen benötigte, stand der für ihn bereit. Manchmal behielt er ihn gleich mehrere Wochen hintereinander, wie jetzt zum Beispiel. Wertstädter war also unser Mann.

Da wir ihn in seiner Wohnung nicht antrafen und seine Frau die Ahnungslose mimte und meinte, nicht zu wissen, wo wir ihn finden könnten, brachten wir seinen Kumpel, den Geschäftsmann, dazu, ihm eine kleine Falle zu stellen. Ich weiß nicht, wie die Kollegen es anstellten, komischerweise war er ziemlich schnell bereit, ihnen zu helfen. Er sollte Wertstädter anrufen und unter einem Vorwand den Wagen zurückverlangen. Vielleicht sah der Geschäftsmann das aber auch gar nicht als Falle, sondern als günstige Möglichkeit, seinen Freund zu warnen. Keine Ahnung, ich war nicht dabei. Auf jeden Fall schien Wertstädter den Braten gerochen zu haben: »Hör auf mit dem Quatsch«, unterbrach er seinen Spezi, »ich weiß Bescheid, die Bullen sind hinter mir her.«

Also unterhielten wir uns noch einmal mit seiner Frau. Schwer zu sagen, was für eine Rolle sie spielte. Sie hatte ihn geheiratet, als sie zweiundzwanzig war, er also bereits jenseits der fünfzig. Selbstverständlich aus purer Liebe, Geld spielte da natürlich überhaupt keine Rolle. Sah man ja: Die ganze Wohnung eine einzige Ansammlung edler Designerstücke, viel Chrom und Leder, nicht unbedingt mein Geschmack, aber äußerst kostspielig. Und am Ende des Flurs ein ganzes Zimmer als Kleiderschrank, vollgehängt bis unter die Decke. Und draußen in der Garage erwähnter Jaguar. Ich würde sagen, ein klassischer Fall von goldenem Käfig.

Die Dame des Hauses erzählte eine Menge aus der Vergangenheit, wie die beiden sich kennengelernt hatten und so. Sobald wir jedoch versuchten, sie in die Gegenwart zu stupsen, fing sie an zu lügen. Uns wunderte nur, dass sie sich nicht auch schnell ein Alibi für ihren Mann ausdachte. Wo der zur betreffenden Zeit gewesen sei? Schulterzucken. Das habe aber nichts zu bedeuten, meinte sie. Er sei ständig geschäftlich unterwegs, häufig selbst spätabends noch. Die vielen Termine könne sie sich unmöglich alle merken.

Ganz erfolglos verlief unser Besuch trotzdem nicht. In weiser Voraussicht hatten wir gleich einen Durchsuchungsbeschluss mitgenommen und wurden sogar fündig: In einem Sekretär lagen zwanzigtausend Mark in Scheinen. Der Wandtresor dagegen war bereits ausgeräumt – nur leere Geldbanderolen, davon aber reichlich. Demnach mussten vorher über dreihunderttausend Mark dort gelagert haben.

Noch mehr interessierte uns eine Hutschachtel, die in einem der oberen Fächer des Schlafzimmerschranks ihren Platz hatte – beziehungsweise deren Inhalt. Das waren nicht etwa Hüte, sondern vier Patronen – Kaliber 38. Nur die passende Waffe dazu fehlte.

Dass Wertstädters Frau mehr wusste, als sie zugab, wurde uns spätestens an dem Tag klar, als wir das zweite Mal bei dem mit ihrem Gatten befreundeten Geschäftsmann einrückten – auch hier Hausdurchsuchung. Seine Firma hatten wir bereits davor umgekrempelt und dabei in einem Schuppen eine Pistole gefunden, eine Beretta, Kaliber 7,65 Millimeter, mit einem Paket passender Munition. Mit der Tat hatte die Waffe nichts zu tun – wir suchten einen Revolver, nach Meinung des Schusswaffensachverständigen einen der Marke Smith & Wesson –, aber einen Waffenschein besaß er dafür auch nicht.

Wir kamen also ins Wohnzimmer – und staunten nicht schlecht. Wer saß dort auf der Couch? Die ach so ahnungslose Frau Wertstädter. Sie hatte einen Aktenkoffer bei sich, den sahen wir uns vorsichtshalber gleich mal an – und waren schon wieder verblüfft: ein Paar schwarze Lederhandschuhe, sicher beste Qualität. Nur war davon nicht mehr viel zu sehen. Jemand hatte die Handschuhe feinsäuberlich in ein kleinteiliges Puzzle verwandelt. Daneben lagen zwei dunkelblaue Herrenslipper, Modell Mokassin, nicht mehr ganz neu, aber wiederum auch nicht so heruntergewirtschaftet, dass sie auf den Müll gehört hätten. Arbeit fürs Labor.

Wie sich herausstellte, waren das die Schuhe, die Wertstädter an dem Freitag getragen hatte, als er mit Susanne Leichsenbrinck unterwegs war. Dass wir die auf einem Tablett serviert bekämen, hätten wir nicht zu träumen gewagt. Glück gehört manchmal eben dazu. Eigentlich hatte der Geschäftsmann sie irgendwo verschwinden lassen sollen.

Nebenher lief die übliche Routinearbeit. Bei einem Tötungsdelikt beginnt man mit der Suche nach dem Täter logischerweise immer beim Opfer, also am Fundort der Leiche, der bestenfalls gleichzeitig der Tatort war. Bestenfalls deshalb, weil man den sonst zusätzlich auch noch suchen muss. Der Tatort liefert am ehesten Hinweise, zu welcher Zeit und auf welche Art und Weise das Opfer ins Jenseits befördert wurde. Hat jemand etwas Verdächtiges beobachtet – und wenn ja, wann? Hat sich das Opfer gewehrt? Finden sich Kampfspuren? Ist dem Täter etwas aus der Tasche gerutscht? Liegt womöglich irgendwo in der Nähe die Tatwaffe?

Vom Tatort aus zieht man dann seine Kreise, Schritt für Schritt ein Stück weiter weg. Aber erst, wenn er vollständig abgeklärt ist – Fußabdrücke auf dem Boden, fremdes DNA-Material an der Leiche, mögliche Faserspuren, das komplette Programm. Was in diesem Fall auch bedeutete, dass die Beamten vom Erkennungsdienst im unmittelbaren Tatortbereich sämtliche Spitzen der Zweige kappten, um sie ins Labor zu schicken. Das Buschwerk war ziemlich dicht gewachsen. Und es hatte nicht geregnet. Vorausgesetzt, der Täter war seinem Opfer dorthin gefolgt, was mehr als wahrscheinlich schien – und später tatsächlich die Analyse der Einschüsse ergab, die aus nächster Nähe erfolgt waren –, musste seine Kleidung von Dutzenden von Zweigen gestreift worden sein.

Zur Routinearbeit gehörte aber ebenso, möglichst jeden aufzuspüren, der sich zur Tatzeit in der Nähe aufgehalten hatte. Aussagen von Augenzeugen sind vor Gericht das überzeugendste Beweismittel – vorausgesetzt, sie sind glaubwürdig. Als wir hörten, dass keine achtzig Schritte entfernt, in einem Gebüsch schräg gegenüber, ein Stadtstreicher sein Lager aufgeschlagen hatte, machten wir uns schon Hoffnung. Es war auch keine große Sache, ihn zu finden – er lag immer noch dort. Bedauerlicherweise war er offenbar so betrunken gewesen, dass er sich an absolut nichts erinnern konnte. Selbst die Schüsse hatten ihn nicht aufgeschreckt.

Anders als einige Bewohner umliegender Häuser. Denen waren mehrere Knallgeräusche aufgefallen. Und den Schrei einer Frau hatten sie auch gehört. Nur: Keiner von ihnen hatte etwas unternommen. Nicht, dass diese Ignoranz neu für uns gewesen wäre. Aber das wollte mir noch nie in den Kopf. Da wird nachts in der Nachbarschaft herumgeballert – und was tun die Leute? Drehen sich in ihrem Bett einfach auf die andere Seite und grunzen weiter.

Für einen der wichtigsten Zeugen hielten wir natürlich Wolfgang Weber, falls der nicht sogar als Tatverdächtiger in Betracht zu ziehen war. Immerhin wussten wir nicht mit Sicherheit, ob Wertstädter wirklich der letzte Begleiter von Susanne Leichsenbrinck war. Um Webers Rolle in der ganzen Geschichte klären zu können, hätten wir mit ihm sprechen müssen. Nur, der Mann war allem Anschein nach untergetaucht. Als Martina Fehnlein am späten Freitagabend mit ihrer Freundin telefoniert hatte, soll Susanne Leichsenbrinck gesagt haben, sie säße nicht mehr in Wertstädters Wagen, sondern sei jetzt in ihrem eigenen unterwegs. In Sichtweite des Tatorts befand sich ein Parkplatz. Sollte sie bis dorthin gefahren sein, musste jemand anderes ihren Ford weggeschafft haben. Denn der war verschwunden. Ihr Liebhaber vielleicht?

Aber auch Wolfgang Webers Ehefrau hätte ein Motiv gehabt, falls sie doch von der Liaison ihres Mannes gewusst hatte. Eifersucht zählt zu den häufigsten Tatmotiven bei Gewaltverbrechen, weltweit, wenn es nicht gar das häufigste ist. Allerdings hatte sie das beste Alibi, das man vorweisen konnte: Sie hielt sich zur Tatzeit nachweislich weder in Köln noch irgendwo in der Nähe auf, sondern über tausend Kilometer entfernt – auf dem Anwesen des Ehepaars auf Ibiza.

Sie konnte uns nicht einmal sagen – und das durchaus glaubwürdig –, wo ihr Mann jetzt stecken könnte. Dass er eine Geliebte gehabt hatte, schien sie allerdings nicht aus der Fassung zu bringen, obwohl sie meinte, von seiner Affäre mit Susanne Leichsenbrinck nichts gewusst zu haben. Entweder konnte sie sich gut beherrschen, oder es war tatsächlich nicht seine einzige Frauengeschichte gewesen.

Am Dienstag, gegen Mittag, zweieinhalb Tage nachdem wir unsere Ermittlungen begonnen hatten, fuhr ein dunkelgrauer Jeep ins Parkhaus des Kölner Justizzentrums an der Luxemburger Straße. Dem Wagen entstiegen zwei Männer und eine Frau, die auf der Rückbank gesessen hatte. In schnellen Schritten steuerten sie das Gebäude an, in dem die Staatsanwaltschaft untergebracht war. In der Abteilung für Kapital-, Leichen-, Brand- und Sprengstoffsachen wurden die drei bereits erwartet.

Fast zeitgleich spuckte das Faxgerät in unserem Kommissariat fünf eng beschriebene Seiten aus, verfasst von dem Rechtsanwalt, der soeben in Begleitung seines Mandanten und einer Assistentin bei der Staatsanwaltschaft einmarschiert war. Der Anwalt galt in der Stadt als bunter Hund. Kaum ein spektakuläres Strafverfahren, an dem nicht er oder einer der Anwälte aus seiner Kanzlei beteiligt gewesen wären. Er tauchte ständig in der Presse auf, fütterte Journalisten geschickt mit Informationen – streng vertraulich natürlich –, um seine Klienten in einem besseren Licht erscheinen zu lassen. Hinzu kam sein Faible für effektvolle Auftritte. Er verstand es, sich zu inszenieren. Vor Gericht konnte es passieren, dass er im Eifer des Gefechts seine Robe in Stücke riss – wodurch sich ein Richter kaum beeindrucken ließ, das anwesende Publikum aber bestens unterhalten wurde.

Wenn ich das Theatralische auch für übertrieben hielt, war er doch unbestritten ein geschickter Anwalt. Als Verteidiger paukte er selbst Angeklagte heraus, die in meinen Augen so unschuldig waren wie Hannibal Lecter. So etwas sprach sich natürlich in der Justizvollzugsanstalt herum, bis in die letzte Zelle. Seine Telefonnummer wurde unter den Häftlingen gehandelt wie heiße Ware.

Ein Blick auf die Betreffzeile, und ich wusste, was uns erwartete: »Tötungssache zum Nachteil Susanne W., Verteidigung des Herrn …« und so weiter. Wertstädter hatte sich gestellt. Erst dachte ich, der falsche Anfangsbuchstabe beim Nachnamen des Opfers sei einem Tippfehler geschuldet. Dann las ich das Anschreiben, in dem derselbe Buchstabe auftauchte und in Klammern dahinter: »Familienname unbekannt«. Vielleicht stimmte das. Mir schien die Wahrscheinlichkeit allerdings nicht besonders groß. Eher konnte ich mir vorstellen, dass der Anwalt bewusst den Eindruck erwecken wollte, sein Mandant habe das Opfer so gut wie gar nicht gekannt. Oder der hatte es ihm so gesagt.

Mich hätte interessiert, wie lange der Jurist an dem Pamphlet gestrickt hatte. Von Seite zu Seite wurden die Ausführungen abstruser. Wofür er möglicherweise gar nichts konnte, setzte man voraus, dass Wertstädter ihm die Geschichte diktiert hatte. Nichts daran deckte sich auch nur annähernd mit dem, was wir durch Martina Fehnlein wussten. Und sie war für uns die glaubwürdigere Zeugin.

Es fing damit an, dass ständig von Wolfgang Weber die Rede war, als wäre er an dem Freitag beinahe pausenlos mit dem späteren Opfer zusammengewesen. Auf den folgenden Seiten ließ er nichts aus, um Weber zu einem Kriminellen zu stempeln. Die ganze Zeit sei er von drei finsteren Typen begleitet worden, von denen zwei Russisch gesprochen hätten.

Die Sache mit dem Einkaräter kam ebenfalls vor – in einer völlig anderen Version. Demnach hatte Wertstädter den Ring in Webers Auftrag besorgt. Der habe ihm das Schmuckstück auf einem Parkplatz abgekauft – für sechseinhalbtausend Mark, in bar.

Die Beziehung zwischen Weber und Susanne Leichsenbrinck wurde als völlig zerrüttet dargestellt, Weber habe sie an dem Tag mehrmals auf unsägliche Weise angeblafft. Wertstädter hingegen bekam in diesem ganzen Theater den Part des Guten zugeschrieben. Ihm habe die Frau leidgetan, weshalb er den Trösteonkel für sie gespielt habe.

Um einen Fahrzeugtausch ging es auch noch. Weber habe sich Wertstädters Wagen – in Wirklichkeit war es ja der seines Bekannten, des Geschäftsmanns – über Nacht ausgeliehen. Solange sei der mit Susanne Leichsenbrincks Ford gefahren. Als die Fahrzeuge am nächsten Morgen wieder zurückgetauscht wurden, sei die Frau dann nicht mehr dabei gewesen.

Ein anderer Punkt betraf Wertstädters Geschäfte. Wobei sich die Darstellung ausschließlich auf die an Weber verkauften Uhren und den Schmuck bezog. In diesen Fällen bezichtigte er sich sogar selbst der Steuerhinterziehung und bat darum, seine Auskünfte als nachträgliche Steuererklärung an die Finanzbehörden weiterzuleiten. Die aufgeführten Gewinne lagen in ihrer Strafrelevanz im Kleingeldbereich. Man konnte sich denken, was er damit bezweckte. Wer ohne Not seine Sünden offenbarte, wird kaum ein Lügner sein. Und erst recht kein Mörder.

Ich konnte mir nur schwer vorstellen, dass Wertstädter diese Idee von allein gekommen war. Aber das war natürlich reine Spekulation.

Auf der letzten Seite wurde Wertstädters Alibi ausgebreitet. Der Autotausch am Abend habe gegen einundzwanzig Uhr dreißig stattgefunden. Anschließend sei er direkt zu einem guten Freund gefahren, einem Griechen, dessen Familie den Geburtstag des Vaters gefeiert habe. Bis nach Mitternacht habe er sich dort aufgehalten, gut gegessen, ein bisschen Whisky getrunken und zwischendurch Dart gespielt. Danach sei er nach Hause gefahren. Seine Frau habe bereits geschlafen und deshalb nicht mitbekommen, wie spät es gewesen sei. Hintendran folgten der Name seines griechischen Freunds, dessen Anschrift und zwei Telefonnummern von ihm, die private und die geschäftliche. Das Alibi umfasste exakt den Zeitraum, der uns interessierte. Irgendwie erschien mir das alles ein bisschen zu perfekt.

Ungefähr eine halbe Stunde verging, dann meldete sich der Staatsanwalt, der den Fall übernommen hatte. Er kam gleich zur Sache: »Wertstädter sitzt hier, ihr könnt ihn abholen.«

Wertstädter galt als vorläufig festgenommen. Das heißt, es gab noch keinen Haftbefehl gegen ihn. Uns blieben also maximal drei Tage, genügend Fakten zusammenzutragen, um einen solchen zu erwirken. Ich schickte ein Empfangskommando los, zwei Beamte, die mit einem Opel Corsa zur Staatsanwaltschaft fuhren. Das war einer von unseren normalen Dienstwagen, bei der Polizei wurde damals schon gespart. Aber das hätte ich gar nicht erwähnt, wäre es wegen des Corsas nicht zu einem kleinen Zwischenfall gekommen. Als die beiden Kollegen Wertstädter zu dem Wagen führten, sah er sie entrüstet an und weigerte sich einzusteigen. Diese Klitsche sei für einen wie ihn ja wohl nicht standesgemäß, meinte er.

Nun muss man sich Wertstädter als einen Mann vorstellen, der einen mit seiner Körpergröße von einem Meter siebenundsechzig und einer zwar nicht dicken, aber doch schwammigen Figur nicht unbedingt an Adonis erinnerte. Aber das versuchte er durch andere Äußerlichkeiten zu kompensieren. Sein ergrautes Haar, das ihm bis auf die Schulter reichte, trug er akkurat nach hinten gegelt. An seinen Handgelenken funkelten rechts eine brillantbesetzte Uhr und links ein silbernes Armband. An jeweils zwei Fingern beider Hände steckten Ringe, die unübersehbar und sicher wertvoll waren, für mich jedoch unter der Kategorie Klunker liefen. Sein Sakko schien maßgeschneidert, die Hosen ebenfalls. Die Farbe seiner Gesichtshaut hätte man für Urlaubsbräune halten können, wäre da nicht dieser rötliche Ton gewesen, der eher regelmäßige Sonnenstudiobesuche vermuten ließ.

Die Sache mit dem Corsa, den er dann doch bestieg, wenngleich widerwillig, hätte er sich vermutlich verkniffen, wäre ihm aufgegangen, dass er damit einen Teil seiner Schilderungen nicht gerade glaubwürdiger machte. Unser Corsa war ihm zu popelig, aber den dicken Mercedes, den wollte er einfach so gegen Susanne Leichsenbrincks kleinen Ford getauscht haben?

Wertstädters erste Vernehmung bei uns ging schnell zu Ende. Die üblichen Angaben zur Person, wozu er verpflichtet war, darüber hinaus kam nichts von ihm, was nicht bereits in dem Faxschreiben seines Anwalts gestanden hätte. Wir vertagten unsere Befragung auf den nächsten Morgen. Wertstädter blieb in Gewahrsam.

Bevor wir am anderen Tag loslegen konnten, besprach sich Wertstädter mit seinem Anwalt, der ihm riet, auf den Vorschlag des Staatsanwalts einzugehen. Dieser hatte ihm angeboten, anstatt einer offiziellen Vernehmung durch Beamte der Mordkommission ein Gespräch allein mit ihm zu führen. Das ist manchmal ganz sinnvoll, um eine gewisse Vertrauensbasis zu schaffen. Aber auch, weil man auf diese Weise einem Beschuldigten Fragen stellen kann, ohne dass dessen Anwalt dabeisitzt und ihm im Zweifel zum Schweigen rät. Ein solches Vieraugengespräch ist eine Art Kompromiss. Der Anwalt zieht sich zurück, im Gegenzug verzichten die Ermittler ebenfalls auf ihre Anwesenheit. Ein weiterer Unterschied zu einer normalen Vernehmung besteht darin, dass dem Beschuldigten in der Regel weniger Fragen gestellt werden, er dafür von sich aus seine Version erzählt. In die Ermittlungsakten gehen seine Aussagen natürlich trotzdem ein, genauso wie sie vor Gericht verwendet werden dürfen.

Wertstädter begann das Gespräch mit einer Beichte, indem er gestand, bisher in mehreren Punkten gelogen oder etwas verschwiegen zu haben. Aus Angst um seine Familie und davor, zu Unrecht eines Tötungsdelikts beschuldigt zu werden. Die klassischste aller Ausreden, kommt in jedem Krimi mindestens einmal vor – quasi die Königsausrede.

Aus demselben Grund habe er auch ein falsches Alibi angegeben. Zwar sei er an dem Abend bei seinem Freund, dem Griechen, gewesen, allerdings erst später und nur kurz. Dass der sein vermeintliches Alibi inzwischen trotzdem bestätigt hatte, läge aber nicht daran, dass er am Sonntag noch einmal bei ihm aufgekreuzt sei und fünfunddreißigtausend Mark hinterlassen habe. Das Geld sei eigentlich für seine Frau bestimmt gewesen. Der Grieche habe es ihr lediglich überbringen sollen. Er selbst habe sich ja schlecht zu Hause blicken lassen können, ohne der Polizei in die Arme zu laufen.

Danach entwarf er eine neue Version der Ereignisse, wie sie sich angeblich zugetragen hatten. Dabei ging es vor allem um den Samstagmorgen, an dem Wolfgang Weber und er zum Rücktausch der Autos verabredet gewesen seien. Dabei hatte es den Tausch nach unseren Erkenntnissen gar nicht gegeben. Aber das war nicht das Einzige, das sich mit dem widersprach, was wir bisher ermittelt hatten. Vor allem gab sich Wertstädter alle Mühe, Wolfgang Weber und seine Begleiter noch krimineller darzustellen, als er das zuvor schon getan hatte.

Auf einmal erinnerte er sich an die Namen der Männer und dass zwei von ihnen nicht russischer oder osteuropäischer, sondern bolivianischer Abstammung seien. Womit er offenbar seine Behauptung zu untermauern versuchte, Wolfgang Weber sei in üble Drogengeschichten verwickelt. Überhaupt würde der seine Firma nur zum Schein betreiben, in Wirklichkeit verdiene er Millionen mit Rauschgift. Susanne Leichsenbrinck habe ihm am Freitag selbst erzählt, dass sie für Weber seit Jahren als Kurier arbeite und deshalb, genau wie er, ein Doppelleben führe. Drogen seien auch der Grund gewesen, weshalb er den Mercedes nach dem Wochenende gründlich reinigen ließ. Weber habe ihn darum gebeten, da er »weißes Zeug« damit transportiert habe.

Der Wagen war sogar übergründlich gereinigt worden. Unsere Leute vom Erkennungsdienst fanden später weder irgendwelche Spuren von Drogen noch Erdrückstände, die vom Tatort hätten stammen können. Nicht einmal Fasern, Hautschuppen oder Haare, die Weber zuzuordnen gewesen wären. Allerdings schlug der Leichenhund an, als wir ihn in den Wagen schickten, aber nur ganz kurz. Damit konnten wir auch nichts anfangen.

Wertstädters Vorwürfe gipfelten darin, dass er Weber unterstellte, mit dem Tod Susanne Leichsenbrincks etwas zu tun zu haben. Dieser habe zwar nicht selbst geschossen, sei aber dabei gewesen. Das soll er ihm sogar selbst gestanden haben – letzten Sonntag, als sich beide zufällig in der Kölner Innenstadt begegnet seien.

Nicht jedes Detail seiner Geschichte konnten wir zu diesem Zeitpunkt widerlegen. Er gab uns aber auch keinen Grund, ihm zu glauben. Das mit dem erfundenen Alibi hätte man vielleicht noch verstehen können. Aber er log in einer Tour. Als der Staatsanwalt ihn zum Beispiel fragte, ob er Munition besäße, sagte er: »Nein.« Damit konfrontiert, dass das nicht der Wahrheit entspräche, da wir solche bei ihm zu Hause gefunden hätten, fing er an herumzueiern: Wenn dem so sei, müsse die schon ewig dort liegen. Jemand habe sie ihm irgendwann mal geschenkt. An dessen Namen konnte er sich natürlich nicht erinnern, es sei ein Fremder gewesen. Bereits vorher hatte er die Frage nach einer scharfen Pistole verneint. Um dann aber bei der nächsten Vernehmung, nach Rücksprache mit seinem Anwalt, zu erklären, er habe Wolfgang Weber erst letztens zwei Pistolen und einen Revolver beschafft, einschließlich einer Schachtel Munition.

Dass Susanne Leichsenbrinck vor ihrem Tod eine Tasche voller Geld bei sich hatte, wovon er das meiste im Laufe des Freitags in Dollar umgetauscht haben soll, bestritt er ebenso wie die Sache mit dem Ring, den sie von ihm erhalten hatte.

Nun konnte man überlegen, ob vielleicht Martina Fehnlein die Unwahrheit gesagt hatte. Aber dafür ließ sich nicht das geringste Anzeichen finden. Sie war Wertstädter nie im Leben begegnet. Aus welchem Grund hätte sie ihn belasten sollen?

Bemerkenswert war, dass Wertstädter nach seiner großspurigen Nummer mit dem Corsa auf einmal ein völlig anderes Gesicht zeigte. Während er sich spürbar angestrengt durch das Gespräch mit dem Staatsanwalt lavierte, brach er immer wieder in Tränen aus und jammerte, er fühle sich und seine Familie von Wolfgang Weber und dessen Komplizen bedroht.

Für mich sprach einiges gegen dieses Gespenst der Bedrohung, vor allem die Frage: Wenn Wertstädter tatsächlich fürchtete, Weber und seine Vasallen könnten ihm oder seiner Familie etwas zuleide tun – warum bezichtigte er sie dann des Mordes? Schließlich musste er damit rechnen, dass seine Beschuldigungen unter Umständen an die Öffentlichkeit drangen. In diesem Fall wären seine beiden Kinder und die Ehefrau erst recht in Gefahr gewesen. Angenommen seine Behauptung stimmte, dann hätte er sich Webers Wohlwollen wohl eher durch Schweigen erkaufen können.

Ich hatte eine andere Theorie: Es war genau andersherum. Wertstädter wagte sich nur, Wolfgang Weber bei uns dermaßen in die Pfanne zu hauen, weil er genau wusste, dass der sich nicht rächen würde – da er das gar nicht mehr konnte. Weil er tot war.

Auch in diese Richtung mussten wir ermitteln, das wurde mit jedem Tag offensichtlicher. Umso mehr, da es von Wolfgang Weber nach wie vor keine Spur gab. Keine seiner Kreditkarten war seit seinem Verschwinden benutzt worden. Er hatte auch auf andere Weise kein Geld abgehoben, jedenfalls nicht von den Konten, die uns bekannt waren. Und: Er war weder auf Ibiza noch sonst irgendwo aufgetaucht.

Somit blieb Wertstädter unser Hauptverdächtiger. Wir hatten ein paar Indizien zusammengetragen, die klar gegen ihn sprachen. Sie reichten, damit er als dringend tatverdächtig eingestuft wurde und ein Richter ihn in Untersuchungshaft schickte. Als Motiv stand Geldgier im Raum. Das änderte allerdings nichts daran, dass uns noch einiges fehlte, um ihn tatsächlich als Täter überführen zu können.

Doch der größte Druck, der mich manchmal kaum schlafen ließ, war erst einmal weg. Wir konnten kurz durchatmen und machten uns dann daran, alle Spuren und Hinweise abzuarbeiten und nach neuen zu suchen.

Wolfgang Weber mochte ein notorisch untreuer Ehemann gewesen sein und über die Jahre beträchtliche Summen an Schwarzgeld beiseitegeschafft haben. Die Behauptung jedoch, er sei ein skrupelloser Drogenbaron gewesen, entpuppte sich als Hirngespinst. Wir überprüften jeden einzelnen Mitarbeiter seiner Immobilienfirma, und auch von denen war niemandem Derartiges anzulasten. Dass es uns nicht gelang, das düstere Trio, die zwei Bolivianer und den Russen, ausfindig zu machen, wunderte uns kaum. Mit den Personenbeschreibungen, die Wertstädter, dem Äußerlichkeiten so wichtig waren, geliefert hatte, wäre ungefähr jeder fünfte Mann in einer beliebigen deutschen Stadt, der zwischen achtundzwanzig und fünfunddreißig Jahre alt war, als potenzieller Verdächtiger infrage gekommen.

Die Ermittlungen zogen sich über Monate hin. Am Ende hatten wir weit mehr als hundert Zeugen vernommen. Und dazu einige aufwendige Suchaktionen gestartet, um Wolfgang Weber zu finden. Nachdem sein Foto in zahlreichen Zeitungen erschienen war, meldeten sich Leute, die ihn gesehen haben wollten. Oder uns erreichten Hinweise auf einen bestimmten Ort, wo man seine Leiche vermutete. Ein solcher Hinweis betraf einen See am Rand der Stadt, den wir von Tauchern absuchen ließen. Ein anderer führte zu einem Großeinsatz in einem bestimmten Abschnitt des Rheins, bei dem wir zusätzlich zu den Tauchern Leichenspürhunde einsetzten, die in Booten übers Wasser gefahren wurden. Sie sollten die aufsteigenden Fäulnisgase, die sich auch dann bilden, wenn eine Leiche im Wasser liegt, quasi erschnüffeln.

Dann wieder kam ein Hinweis, Webers Leiche sei auf einer Baustelle in einer kleinen Ortschaft außerhalb von Köln einbetoniert worden. Der nächste Großeinsatz. Dasselbe, als uns jemand über einen von Wertstädters Bekannten informierte, der in einem Viertel neben der Militärringstraße ein kleines Haus mit Grundstück besaß, auf dem es eine Sickergrube gab. Diesen Tipp hielten wir schon deshalb nicht für abwegig, weil die Siedlung wie geschaffen dafür schien, eine Leiche verschwinden zu lassen. Obwohl sie mitten in der Stadt lag, galt sie lange als eine Art rechtsfreier Raum. Keine Bauvorschriften, Sanitäranlagen wie vor hundert Jahren und Bewohner, die irgendwie ihr eigenes Ding machten. Mit der Polizei wollten die meisten aus Prinzip nichts zu tun haben. Und dann darf man nicht vergessen, dass eine Sickergrube nicht die schlechteste Variante ist, sich einer Leiche zu entledigen – aus Sicht des Täters. Wir ließen sie einmal komplett auspumpen, während wir uns ihren Besitzer als Zeugen vornahmen. Beides brachte uns keinen Schritt weiter.

Sogar Webers Frau beteiligte sich an der Suche. Sie heuerte einen Privatdetektiv an, der aber genauso wenig wie wir herausfand, wo ihr Mann sich aufhalten könnte, ob er überhaupt noch am Leben war. Selbst dass sie zusammen mit der Staatsanwaltschaft hunderttausend Mark Belohnung auslobte – eine Summe, die außergewöhnlich hoch war –, brachte nicht den Durchbruch. Wir hofften zwar weiterhin, irgendwann einen Zipfel zu fassen zu kriegen, eine klitzekleine Spur, die uns zu Weber führen würde, insgeheim aber glaubte wohl niemand mehr so richtig daran.

Das änderte sich auch kaum, als ein halbes Jahr später Susanne Leichsenbrincks Geldbörse samt Personalausweis, Führerschein und Kreditkarten am Ufer des Rheins gefunden wurde, völlig durchnässt, ungefähr dreißig Kilometer nördlich von Köln. Obwohl wir uns schon fragten, wie sie dahin gekommen sein könnte. Wertstädter saß nach wie vor im Gefängnis. Vielleicht hatte er einen Mittäter gehabt. Oder er hatte aus dem Gefängnis heraus jemanden beauftragt, die Geldbörse aus einem Versteck zu holen und zu beseitigen. Am wahrscheinlichsten schien jedoch, dass er die Geldbörse selbst in den Rhein geworfen hatte, wo sie durch die Strömung flussabwärts getrieben und erst jetzt an Land gespült worden war.

Aber dann keimte doch noch einmal Hoffnung auf. Mitten im Winter, neun Monate nach der Tat, bückte sich ein Spaziergänger, der in einem Waldgebiet im Nordwesten Kölns unterwegs war, nach einer Geldbörse. Da sich darin Personalausweis, Führerschein und andere Dokumente befanden, die der Mann für wichtig erachtete, wandte er sich damit an die Polizei. Ich weiß es wie heute: Wir waren wie elektrisiert, geradezu euphorisch – endlich ein konkreter Anhaltspunkt!

Die Geldbörse gehörte Wertstädter. Es war sein Personalausweis, sein Führerschein, und auch die anderen Papiere waren mit seinem Namen versehen. Nur, wie konnte die Geldbörse dorthin gekommen sein? Die Gegend war ein ehemaliges Übungsgelände der Bundeswehr, keine normale Spazierroute. Wertstädter musste sie dort verloren haben, als er die Leiche von Wolfgang Weber verscharrte. Auf einmal schien alles zu passen.

Das unübersichtliche Gelände war ideal, um eine Leiche verschwinden zu lassen. Laubmischwald, Eichen und Buchen, teilweise hundertfünfzig Jahre alt, darunter an vielen Stellen dicht gewachsenes Buschwerk und Gestrüpp, wo sich so gut wie nie jemand hinverirrte. Man konnte mit dem Auto bis in den Wald hineinfahren, obwohl das nicht erlaubt war. Aber nachts? – da sollte das kein Problem gewesen sein.

Ich kannte die Gegend seit meiner Kindheit. Für meine Schulfreunde und mich war sie ein riesiger Abenteuerspielplatz. Ich wuchs im Stadtteil Nippes auf. Von dort aus fuhren wir mit den Rädern hin, sechs, sieben Kilometer, doch die störten uns nicht. Weit und breit gab es kein spannenderes Terrain. Überall standen Schilder: »Militärisches Sperrgebiet! Betreten verboten!« Was konnte für Jungs wie uns verlockender sein? Wir versteckten uns hinter Büschen und warteten, bis die Soldaten kamen, die mit ihren Panzern an uns vorbeifuhren. Und manchmal fanden wir leere Patronenhülsen, die wir dann mit nach Hause nahmen und dort hüteten wie einen Schatz.

Das Waldgebiet erinnerte mich auch an meine erste große Liebe. Ich war damals achtzehn, ein Spätstarter, und absolvierte gerade meine Ausbildung bei der Polizei. Sie hieß Annette. Wir hielten Händchen und knutschten ein bisschen, wie es immer so anfing. Und wenn wir allein sein wollten, radelten wir dorthin. Die Geschichte hatte nur leider kein Happy End. Wir waren ungefähr ein halbes Jahr zusammen, als mich eines Abends ein anderer Polizeischüler anrief. Annette war nach der Disko mit einer Freundin zu einem Bekannten ins Auto gestiegen, der sie nach Hause bringen wollte. Ein

Unfall – die beiden Mädchen waren auf der Stelle tot, nur der Fahrer überlebte.

Wir rückten mit allem aus, was wir mobilisieren konnten. Das Gebiet um die Fundstelle herum wurde in Sektoren aufgeteilt und Meter für Meter abgesucht. Das sah nun wirklich aus wie im Film: Polizisten in damals noch grünen Uniformen, die sich wie in Zeitlupe durch dicht bewuchertes Gelände schoben. Jeder mit einer langen Stange in der Hand, die dazu diente, den Boden vor sich abzutasten. Soweit ich mich erinnere, wurde sogar ein Phantomjäger der Bundeswehr mit Wärmebildkameras eingesetzt. Ganz sicher aber weiß ich, dass wir vom Institut für Geophysik und Meteorologie der Kölner Universität mit einem Bodenradar unterstützt wurden. Damit spürten wir dann auch tatsächlich eine Stelle auf, die aussah, als hätte da jemand ein Grab ausgehoben. Nicht mehr ganz frisch, aber man konnte erkennen, dass die Erde, im Unterschied zu der Fläche rundherum, bewegt worden war.

Mich erreichte die Information im Präsidium. Ich ließ alles stehen und liegen und fuhr sofort los. Man muss sich die Situation vorstellen: Was hatten wir nicht alles unternommen, um Wolfgang Weber zu finden und den Fall zu klären! Wir hatten uns die Köpfe zermartert und Überstunden geknüppelt, noch und nöcher. So viel Zeit war inzwischen vergangen – und plötzlich stand man da draußen, mit einer ordentlichen Portion Hoffnung. Ohne dass man es wollte, stieg der Adrenalinpegel. Und als endlich jemand begann, die Erde beiseitezuschaufeln, schienen alle anderen die Luft anzuhalten. Es dauerte gar nicht lange und eine blaue Mülltüte kam zum Vorschein. Auch Susanne Leichsenbrincks Leiche war mit einer blauen Mülltüte abgedeckt worden. Die Spannung ließ sich kaum ertragen.

Aber dann, nach zwei, drei weiteren Schaufelstichen die Ernüchterung: Für einen menschlichen Körper war die Tüte eindeutig zu klein. Jeder von uns hätte gern etwas anderes gedacht. Aber die Realität gab nur diese eine Wahrheit her. Wir zogen nicht einmal die Möglichkeit in Betracht, dass der Täter die Leiche zerstückelt und auf mehrere Tüten verteilt haben könnte. Dafür hätte Wertstädter gar nicht die Zeit gehabt. Und ein Mittäter, falls es den gegeben hatte, wohl genauso wenig. Außerdem: Mehr Tüten hätten mehr Erdlöcher bedeutet und das Risiko, entdeckt zu werden, erhöht.

Es war ein toter Schäferhund, den jemand vergraben hatte. Mir wurde ganz übel – vor Enttäuschung.

Wertstädter nützte diese Pleite nichts. Er wurde wegen Mordes an Susanne Leichsenbrinck angeklagt und zu lebenslanger Haft verurteilt. Da auch er die Tat bis zuletzt bestritt, kam es im Prozess wieder auf die Stichhaltigkeit von Indizien an. Es sollte sich als Segen erweisen, dass die Beamten des Erkennungsdienstes die Zweigspitzen des Gebüschs am Tatort abgeschnitten und gesichert hatten. Allerdings half uns ebenso das Glück. Denn die Faserspuren allein, die an den Zweigen gefunden worden waren, hätten den Richter vielleicht nicht überzeugt.

Es war das Ergebnis einer Routinemaßnahme. Bei Tötungsdelikten, genau wie bei Banküberfällen und Entführungen, sahen wir uns prinzipiell alle Straßen an, über die man zum Tatort gelangen oder von dort wieder verschwinden konnte.

Einfach, um herauszufinden, ob irgendwo an diesen Strecken Radaranlagen installiert waren. Täter haben es häufig eilig.

Auch wir hatten uns beeilen müssen, denn die Filme wurden beim Ordnungsamt nicht ewig aufbewahrt. Und tatsächlich, Wertstädter war an dem Freitag, als Susanne Leichsenbrinck ermordet wurde, ganz in der Nähe des Tatorts geblitzt worden – sogar in der richtigen Fahrtrichtung. Und zwar genau um einundzwanzig Uhr achtundfünfzig.

Nachdem wir das wussten, fuhren wir die Strecke ab. Um diese Zeit dürfte am Tatabend nur wenig Verkehr geherrscht haben, so dass man zwischen drei und fünf Minuten bis zum Tatort gebraucht hätte. Rechnete man den Weg vom Parkplatz zum Gebüsch hinzu, deckte sich das genau mit der Tatzeit, die wir mit Hilfe der Zeugen ermittelt hatten, denen die Schüsse aufgefallen waren.

Wir hatten also das Radarfoto und die Faserspuren aus dem Gebüsch, die zu einem Hemd passten, das wir gleich am Anfang bei Wertstädter sichergestellt hatten. Jetzt mussten wir nur noch beweisen können, dass er auf dem Foto dasselbe Hemd trug. Dafür wurde die Aufnahme in einem Speziallabor technisch aufbereitet und vergrößert, bis es am Ende keinen Zweifel mehr gab – und auch die Richter überzeugt waren.

Einige Zeit nachdem Wertstädter verurteilt worden war, besuchte ich ihn im Gefängnis. Das heißt, ich versuchte es. Er hatte nichts mehr zu verlieren, vielleicht, so hoffte ich, würde er mir nun die Wahrheit anvertrauen. Ich hatte mich bereits im Gefängnis angemeldet. Doch Wertstädter weigerte sich, mich zu empfangen. Inzwischen ist er über achtzig, sitzt immer noch – und hat bis heute nicht ausgepackt.

Deswegen ist dieser Fall für mich auch keine Erfolgsgeschichte. Von Wertstädters Schuld bin ich überzeugt, das ist es nicht. Mich wurmt, dass wir einige wichtige Fragen nicht klären konnten. Zum Beispiel, ob Wertstädter einen Komplizen hatte oder sogar mehrere. Stimmte die Geschichte mit der Bauunternehmer-Witwe, oder hatte er die erfunden, um Wolfgang Weber in eine Falle zu locken? Bestand sein Plan ursprünglich nur darin, Weber zu töten, oder wollte er von Anfang an dessen Geliebte ebenfalls beiseiteschaffen? Und wo ist das Geld geblieben? Vor allem aber: Wo liegt die Leiche von Wolfgang Weber?

Schüsse

Das war mal eine gute Nachricht. Wir saßen in der täglichen Frühbesprechung, in der alle aktuellen Fälle und die neuen Leichensachen, die seit Dienstschluss am Vortag angefallen waren, besprochen wurden. Wie es aussah, würden wir die Ermittlungen zu einem Tötungsdelikt noch diese Woche abschließen können. Martin Rimbold, ein fünfunddreißigjähriger Maurer, hatte sich ein Weilchen geziert, sich nun aber doch durchgerungen, ein Geständnis abzulegen.

Vergangenen Sonntag, morgens kurz nach sechs Uhr, hatten Bewohner eines Mehrfamilienhauses, in dem sieben Mietparteien und das Hausmeisterehepaar lebten, die Polizei alarmiert. Der Krach, der sie aus dem Schlaf geschreckt hatte, war ihnen unheimlich erschienen. Erst die Schreie einer Frau, die dann urplötzlich abbrachen, als hätte jemand ihr den Mund zugehalten. Und fast im selben Moment lautes Gepolter, das nach wenigen Sekunden ebenso abrupt verstummt war. Da die seltsamen Geräusche aus der Wohnung einer älteren Frau kamen, die jeder im Haus als freundliche und ruhige Nachbarin kannte, hatten sich die Leute Sorgen gemacht, ihr könnte etwas zugestoßen sein. Womöglich ein Einbrecher.

Als die Kollegen der Schutzpolizei an der betreffenden Wohnungstür klingelten, öffnete niemand. In solchen Situationen muss man Entscheidungen treffen – und das möglichst schnell. Die Beamten klingelten ein zweites Mal, diesmal länger, dann entschlossen sie sich zu einer Maßnahme, die wir intern *Passepartout 46* nannten: Mit einem gezielten kräftigen Fußtritt – deswegen 46, als Maß für eine Schuhgröße – traten sie die Tür ein.

Das war nicht die eleganteste Methode, sich Zutritt zu verschaffen, doch nach dem, was die Nachbarn berichtet hatten, mussten die beiden davon ausgehen, dass die Rentnerin ernsthaft in Gefahr schwebte. Was sich auch als richtig herausstellte – nur, dass sie ihr nicht mehr helfen konnten. Die Frau lag vor ihnen auf dem Boden, den Kopf in einer Blutlache, sie atmete nicht. Nebenan im Wohnzimmer lief ihr Sohn, Martin Rimbold, wie aufgescheucht hin und her. Die normale Reaktion seinerseits wäre gewesen, den Beamten zu erklären, was vorgefallen war. Er dagegen lehnte jede Auskunft ab, aber nicht mit Worten, sondern indem er auf einmal wie besessen um sich schlug. Doch ehe er etwas gegen die beiden Polizisten ausrichten konnte, fand er sich auf dem Boden wieder, das Gesicht in die Wolle des Teppichs gedrückt, die Hände auf dem Rücken. Handschellen klickten, und er wurde abgeführt.

Als Nächstes rückten wir an – Mordkommission, Erkennungsdienst mit Spurensicherung, das übliche Aufgebot. Es gibt Fälle, in denen alles so offensichtlich ist, dass die Lösung quasi auf der Hand zu liegen scheint. Ermittler müssen dann aber trotzdem mit der gleichen Sorgfalt ihre Arbeit erledigen wie bei jedem anderen Einsatz. Man weiß nie, das Offensichtliche könnte sich immer auch als Irrtum erweisen.

Ich erinnere mich an einen Fall, bei dem wir zur Wohnung eines achtundsiebzigjährigen Mannes gerufen wurden, der tot in seiner Küche lag, sieben oder acht Stichverletzungen in der Brust. Ich glaube, das Messer steckte sogar noch. An den

Wänden, am Küchenschrank, auf den Bodenfliesen – überall klebte Blut. Es sah aus wie nach einem Gemetzel. Keiner von uns glaubte, dass wir es mit etwas anderem als einem Tötungsdelikt zu tun haben könnten.

Bis wir erfuhren, dass der Rentner bereits mehrfach versucht hatte, sich das Leben zu nehmen. Einmal hatte er seine Pulsader aufgeschlitzt und dabei Nervenstränge und Sehnen durchtrennt, so dass er hinterher in den Händen kaum noch Gefühl hatte. Seine Fingerkuppen waren praktisch taub. Das erklärte auch, warum sie jetzt aussahen, als hätte er damit auf eine heiße Herdplatte gefasst oder in eine Flamme. Hatte er wahrscheinlich sogar.

Wir mussten den Sachverhalt also komplett neu bewerten. Und tatsächlich stellte sich heraus, dass wir uns die Suche nach einem Mörder sparen konnten. Der alte Mann hatte sich die Stichverletzungen selbst beigebracht. So unwahrscheinlich das klang – der Rechtsmediziner, der seine Leiche obduzierte, konnte uns erklären, wie er dabei vorgegangen sein musste: Da ihm das Gefühl in den Fingern fehlte und er dadurch nicht in der Lage gewesen wäre, sich das Messer mit der Hand in die Brust zu rammen, hatte er es mit dem hinteren Ende des Griffs gegen die Spüle gehalten und dann seine Brust mit Schwung in die Spitze der Messerklinge gestoßen. Sechs- oder siebenmal musste er das wiederholt haben. Erst mit dem letzten Einstich hatte er den Herzbeutel getroffen und war verblutet.

Beim Stichwort »verbluten« kommt mir noch ein anderer, recht kurioser Fall in den Sinn, der sich am Anfang meiner Zeit bei dem für Todesermittlungen zuständigen Kommissariat ereignete. Ich war damals normaler Sachbearbeiter. Zwei Kollegen der Schutzpolizei hatten in einem Einfamilienhaus einen toten Mann entdeckt, an dessen linkem Handgelenk die Pulsader komplett durchtrennt war. Ein klassischer Selbstmord, so sah es aus. Dagegen sprach nur, dass in ziemlich jedem Zimmer, auch im Treppenflur, über den man ins Obergeschoss gelangte, Blutspritzer waren – und davon nicht wenige. Als hätte jemand regelrecht ein Massaker verübt.

Deswegen schalteten sie die Mordkommission ein. Was uns gleich stutzig machte: Der Haustürschlüssel steckte von innen. Dadurch hätte man die Tür von außen nicht aufschließen können. Keines der Fenster stand offen, es war nirgends eine Scheibe eingeschlagen worden. Auch an den Möbeln schien sich niemand vergriffen zu haben, kein Schrank war durchwühlt, keine der Schubladen herausgezogen, die Bücher im Regal standen exakt ausgerichtet nebeneinander. Und an keiner Stelle waren Fußabdrücke von einem Fremden zu finden. Sollte jemand anderes in der Wohnung gewesen sein, musste er sich in Luft aufgelöst haben.

Wir konnten die Fakten drehen und wenden, wie wir wollten – ein Tötungsdelikt schied aus. Um aber trotzdem eine Erklärung dafür zu finden, wie der Mann gestorben war, machten wir uns daran, die Ereignisse zu rekonstruieren. Dabei half uns eine Weinflasche, die in der Küche auf dem Boden lag – in einer Lache Flüssigkeit, die sich augenscheinlich mit Blut vermischt hatte. Ihr langer dünner Hals war abgebrochen. Der Korkenzieher steckte noch im Korken – und der wiederum noch im Flaschenhals. Beim Korkenzieher handelte es sich um eins dieser einfachen Modelle, die nur aus einer Wendel und einem Holzgriff bestehen. Demnach war Folgendes geschehen: Der Mann hatte versucht, die Weinflasche zu öffnen. Er drehte die Wendel des Korkenziehers in den Korken, und da er ihn so nicht herausbekam, klemmte er sich die Flasche zwischen die Beine. Vor Gästen hätte er das vermutlich nicht gemacht, aber er war ja allein zu Hause. Er zog und zog, dabei muss er die Flasche ein wenig verkantet haben – der Hals brach ab. Automatisch machte die Hand, mit der er den Korkenzieher hielt, eine ruckartige Gegenbewegung – wodurch er sich die messerscharfe Bruchstelle des Flaschenhalses ins Fleisch seines Unterarms rammte.

Da er dabei die Pulsader traf, blubberte das Blut nur so aus der Wunde heraus. Das Richtige wäre gewesen, sich möglichst wenig zu bewegen und den Unterarm abzubinden, um den Blutfluss zu stoppen. Stattdessen muss er in seiner Panik auf der Suche nach Verbandsmaterial durchs ganze Haus gerannt sein, bis hinauf ins Badezimmer. Dadurch raste sein Herz umso mehr – und pumpte das Blut noch schneller hinaus. Wir schätzten, dass es kaum länger als zehn Minuten gedauert haben dürfte, bis er tot war.

An Fantasie sollte es einem Ermittler niemals fehlen. Das wurde uns auch im Zusammenhang mit dem Tod einer älteren Frau vor Augen geführt, die allein in einem dieser anonymen Wohnsilos gelebt hatte, wie es sie in jeder Großstadt gibt. Ihr Mann war seit Jahren tot, die Rente reichte vorn und hinten nicht, von ihrer Tochter und den Enkelkindern fühlte sie sich vernachlässigt – die Unglückliche wollte nur noch sterben. Als sie gefunden wurde, lag sie in ihrem Wohnzimmer auf dem Boden, mit dem Rücken nach unten. Am Hals klaffte eine tiefe Wunde, die sich von einer Seite zur anderen zog, wie bei einem geschächteten Tier. Ungefähr zwei Schritte neben ihr das Tatwerkzeug: ein Brotmesser mit gezackter Klinge, blutverschmiert.

Um sie herum sah es aus, als hätte jemand mit feiner Düse großflächig dunkelrote Farbe versprüht – Millionen kleinster Spritzer. Ein typisches Blutspurenbild, das entsteht, wenn eine Arterie getroffen wurde. Auch hier dachten wir zunächst, die Frau sei Opfer eines Verbrechens geworden. Doch es stellte sich heraus, dass sie sich das Brotmesser selbst durch die Kehle gezogen hatte. Ich gebe zu, die Umstände der Tatausführung überstiegen anfangs meine Vorstellungskraft, aber das durfte natürlich kein Kriterium sein.

Doch das nur zur Notwendigkeit akribischer Tatortarbeit und zum Thema Spuren, die einen täuschen können.

Bei Martin Rimbold sah die Sache etwas anders aus. Der Kerzenständer, mit dem er seiner Mutter den Schädel zertrümmerte, hatte noch im Wohnzimmer gelegen, als die Beamten kamen. Auf dem Metall fand die Spurensicherung seine Fingerabdrücke und am Fuß des Ständers frisches Blut, an dem einzelne Haare klebten – beides stammte von der Toten. Und nun sein Geständnis. Der Tag hätte jedenfalls schlechter beginnen können.

Cevdet Mulan musste heute nicht zur Arbeit. Am Wochenende war er mit seiner Familie umgezogen, deshalb hatte er sich die ganze Woche freigenommen. Die neue Wohnung war größer und lag näher an seiner Arbeitsstelle. Zwar kostete sie etwas mehr, aber das konnten sie sich leisten, da Cevdets Frau neuerdings auch arbeiten ging. Sie hatten sich auf den Umzug gefreut, endlich würde ihr Sohn Dursun ein eigenes Zimmer haben. Dursun war fast vier Jahre alt. Er wünschte sich ein Schwesterchen – oder einen Bruder; ein Schwesterchen wäre ihm lieber gewesen. Der Name Dursun stammt aus dem Türkischen, er bedeutet: »Sei ihm ein langes Leben beschieden.«

Cevdet Mulan war siebenundzwanzig Jahre alt. Er kam vor acht Jahren mit seinem älteren Bruder nach Deutschland. Vor sechs Jahren hatte er Hatice kennengelernt, die im Gegensatz zu ihm in Deutschland geboren wurde und hier auch aufwuchs. Seit viereinhalb Jahren waren die beiden verheiratet. Kurz nach der Hochzeit war Hatice schwanger geworden. Sie war eine glückliche Mutter, und sie liebte ihren Mann wie am ersten Tag. Doch in letzter Zeit hatte er sich verändert. Sie machte sich Sorgen um ihn.

Für die Beamten der Einsatzhundertschaft hatte der Dienst pünktlich sieben Uhr begonnen. Zu einer Einsatzhundertschaft gehörten mehrere Züge, ein Zug bestand aus zwanzig Polizisten. Bei Großeinsätzen rückten die Züge gemeinsam aus. Im normalen Alltag hingegen war es häufig so, dass den einzelnen Zügen unterschiedliche Aufgaben zugeteilt wurden, denen sie getrennt voneinander nachgingen. An diesem Morgen erhielten die Beamten eines Zugs den Einsatzbefehl, in einem etwa sieben Kilometer entfernten Stadtteil ein besetztes Haus zu räumen. Die Aktion war lange vorbereitet. Gegen acht Uhr dreißig setzten sich fünf Polizeifahrzeuge in Bewegung, vier Mannschaftswagen, die damals noch grün aussahen, ein Sanitätsauto.

Die kleine Kolonne steuerte zunächst Richtung Innenstadt und bog dann auf den *Gürtel* ab. Der Gürtel ist eine Hauptverkehrsader, die sich auf der linksrheinischen Seite Kölns im Halbkreis vom Rheinufer im Süden zum Rheinufer im Norden – oder umkehrt, je nachdem, in welche Richtung man fuhr – durch mehrere Stadtteile zieht. Um diese Uhrzeit herrschte dichter Berufsverkehr, die Polizeiautos fädelten sich hintereinander in die Blechlawine ein, die sich zäh voranschob und an roten Ampeln immer wieder zum Stehen kam. Für die jungen Polizisten in den Fahrzeugen nichts Ungewöhnliches, ihnen war das morgendliche Chaos im Stadtverkehr vertraut.

Vor sieben Monaten war Cevdets Mutter gestorben. Seitdem schlief er schlecht, Alpträume plagten ihn, und morgens musste er sich zwingen aufzustehen. Auf einmal mochte er seine Arbeit nicht mehr. Er war bei einer großen Baufirma beschäftigt, im Lager. Weil er immer zuverlässig war, nie zu spät kam und sich mit den anderen gut verstand, hatten ihn die Chefs zum stellvertretenden Schichtleiter befördert. Wer weiß, hatte er zu Hatice gesagt, nachdem er an diesem Tag nach Hause gekommen war, vielleicht schaffe ich es noch weiter nach oben. Und sie hatte gelächelt und ihn geküsst.

Doch nun überlegte er, ob er in Deutschland nicht alles hinschmeißen und in die Heimat zurückkehren sollte, um dort den Militärdienst abzuleisten. Wie alle jungen türkischen Männer, die mindestens drei Jahre im Ausland lebten und arbeiteten, hätte er sich davon freikaufen können – für rund zehntausend Mark. Eine erste Rate hatte er sogar schon bezahlt. Aber das Geld würden sie ihm sicher zurückgeben.

Drei Monate nach dem Tod seiner Mutter hatte Cevdets Vater eine andere Frau geheiratet, was Cevdet mächtig wütend machte. Wie konnte er das Andenken der Mutter nur so mit Füßen treten! Cevdets Gedanken wurden noch trüber, und er wurde noch stiller.

Da Hatice nicht mehr wusste, was sie mit ihm anstellen sollte, schickte sie ihn zu einem Arzt. Der Arzt verschrieb Beruhigungsmittel und sagte, er würde gern lange Gespräche mit ihm führen. Aber Cevdet wollte keine langen Gespräche. Er wollte allein sein, mit niemandem reden. Manchmal setzte er sich einfach ins Auto und kurvte stundenlang ziellos durch die Landschaft. Das hatte er vorher nie gemacht.

Wenn Cevdet überhaupt sprach, dann mit Allah. Er las jeden Abend im Koran, betete fünfmal am Tag und ging mindestens einmal in der Woche in die Moschee.

Auch an diesem Morgen wollte er dorthin, jedenfalls sagte er das. In einer halben Stunde, meinte er, würde er wieder zurück sein. Hatice bat ihn, auf dem Weg Brötchen zu kaufen, dann könnten sie später gemeinsam frühstücken. Cevdet zog seine Jacke über, nahm seinen Sohn Dursun auf den Arm und küsste ihn – was ungewöhnlich war. So verhielt er sich sonst nur, wenn er zur Arbeit fuhr. Von seiner Frau verabschiedete er sich nicht.

Als Cevdet Mulan vor dem Haus, in dem sie jetzt wohnten, in seinen Golf stieg, war es kurz nach halb acht. Auch er fuhr stadteinwärts. An einer großen Kreuzung wechselte er auf die linke Spur, um auf den Gürtel abzubiegen. Die Polizeifahrzeuge dürfte er schon von Weitem gesehen haben. Der Siebenundzwanzigjährige hatte sich nie etwas zuschulden kommen lassen.

Zu Hause begann Hatice die Kartons auszuräumen, die vom Umzug übrig geblieben waren. Während sie Kleidung im Schlafzimmerschrank verstaute, fiel ihr Blick in das oberste Fach. Der Wäschestapel, den sie dort einsortiert hatte, war verschoben. Es sah aus, als hätte jemand nach etwas gesucht.

Sie kam nicht gleich darauf, doch später fiel ihr ein, dass Cevdet ein kleines schwarzes Kästchen hinter der Wäsche deponiert hatte, in dem er eine Pistole aufbewahrte.

Es hatte inzwischen zu regnen begonnen. Der erste Polizeitransporter schaffte es noch über die Kreuzung, dann schaltete die Ampel auf Rot. Die anderen Autos stoppten. Ein dunkelgrüner Golf, älteres Modell, um nicht Klapperkiste zu sagen, hatte sich kurz vorher in die Kolonne gedrängt und stand nun als vorderstes Fahrzeug an der Kreuzung, auf der linken Spur. Der Fahrer hatte ziemlich abrupt gebremst. Das machen die Leute oft, fahren überkorrekt, wenn sie wissen, dass Polizisten in der Nähe sind. Der nachfolgende Mannschaftswagen kam gerade noch hinter dem Golf zum Stehen, einen Meter weiter und es hätte gekracht.

Im Präsidium ging die Frühbesprechung zu Ende. Auf dem Weg zum Büro machte ich einen Abstecher in die Küche, um mir einen Pott Kaffee zu holen. Unser Kommissariat war damals das einzige im ganzen Präsidium, das über eine eigene kleine Küche verfügte. Der Polizeipräsident persönlich hatte ihren Einbau genehmigt, da wir die unregelmäßigsten Arbeitszeiten hatten und bei aktuellen Tötungsfällen nicht selten auch unsere Nächte hier verbrachten. Im Büro setzte ich mich an meinen Schreibtisch und zog eine Akte zu mir heran. Ich wollte sie schnell noch überfliegen, bevor die nächste Sitzung begann, mit den anderen Kommissariatsleitern.

Kaum hatte er sein Auto an der Ampel gestoppt und den Leerlauf eingelegt, beugte sich Cevdet Mulan zum Handschuhfach hinüber, öffnete es und nahm einen dunklen Gegenstand heraus. Damit stieg er aus dem Wagen. Den Motor ließ er laufen. Draußen machte er einen Schritt zur Seite, schlug die Tür aber nicht zu. Er drehte sich um, so dass er das Polizeifahrzeug direkt vor sich hatte. Im selben Moment streckte er seinen rechten Arm nach vorn, und dann sah man, dass er eine Pistole in der Hand hielt und auf die zwei Polizisten zielte, die hinter der Frontscheibe saßen.

»Pass auf, der hat 'ne Waffe!!!«, entfuhr es einem von den beiden. Sofort duckten sie sich, um hinter dem Armaturenbrett Schutz zu finden. Dabei muss der Fahrer versehentlich gegen den Hebel der Automatikgangschaltung gekommen sein. Auf einmal rollte der Mannschaftswagen vorwärts, wie in Zeitlupe. Sekunden darauf gab es einen Ruck, der Golf funktionierte wie ein Prellbock, seine Handbremse war fest angezogen.

Cevdet Mulan wirkte nicht besonders aufgeregt. Er hielt einfach weiterhin den Arm ausgestreckt, die Waffe auf das Polizeiauto gerichtet, und bewegte sich langsam seitwärts, ungefähr zwanzig Schritte, bis er die Gleise der Straßenbahn erreichte, die unmittelbar neben der Fahrbahn entlangführten. Ein paar Meter weiter befand sich eine Haltestelle, an der sich – was um diese Zeit fast einem Wunder glich – gerade niemand aufhielt.

Inzwischen hatten auch die Polizisten in den anderen Fahrzeugen den jungen Türken bemerkt. Einer nach dem anderen schwangen sie sich durch die Hecktüren oder durch die Beifahrertüren nach draußen, zogen ihre Waffen aus den

Holstern und gingen hinter den Mannschaftswagen in Stellung.

Der Erste rief: »Waffe weg!«

Ein anderer: »Nehmen Sie die Waffe runter!«

Die Rufe wiederholten sich wie Echos. Für die Polizisten war es eine Ausnahmesituation. Dieser Mann zielte mit seiner Waffe auf sie. Er konnte jeden Moment abdrücken. Und bevor er einen von ihnen über den Haufen knallte …

Sechs Schüsse krachten, so schnell hintereinander, dass dazwischen höchstens Sekunden lagen. In der Aufregung können auch mehr Schüsse abgefeuert worden sein, aber nur von sechs Geschossen sollte man später die leeren Hülsen finden.

Im Präsidium klingelte mein Telefon. Ein Beamter der Einsatzleitstelle: »Schusswechsel zwischen Polizei und einer unbekannten Person. Person Exitus. Keine Beamten verletzt.«

Ich dachte nur: Ach du Scheiße! Im selben Moment jedoch schnellte ich von meinem Stuhl, trommelte eine Mordkommission zusammen, von der wiederum jemand den Erkennungsdienst verständigte. Das waren Automatismen, die hatten sich eingespielt, da sie stets nach dem gleichen Schema abliefen. Nicht jedes Mal mussten wir uns vor Eile überschlagen, aber schnell musste es immer gehen. An diesem Tag konnte es gar nicht schnell genug sein. Da lag jemand auf der Straße, mitten in der Stadt, den unsere Leute erschossen hatten. Wenn das wirklich stimmte – Prost Mahlzeit!

Als wir eintrafen, tuckerte der Motor des alten Golf, auf dessen Rückbank ein Kindersitz befestigt war, immer noch. Für einen Tag Anfang Mai war es recht kühl, trotzdem war die Scheibe der Fahrertür fast komplett heruntergekurbelt.

Wahrscheinlich hatte der Mann kurz vorher eine Zigarette geraucht. Bis auf den Notarzt hatte niemand seine Leiche berührt. Sie lag ungefähr zehn Meter vom Auto entfernt, rücklings zwischen zwei Bahnschienen, auf Schottersteinen, Arme und Beine ausgestreckt, die Füße leicht nach außen gespreizt, den Kopf zur Seite geneigt, die Augen weit aufgerissen. Hemd und Unterhemd waren im Brustbereich aufgeschnitten und zur Seite gerafft. Um den Hals hing ein Lederband, mit einem *Nazar Boncuk* als Anhänger – ein türkischer Glücksbringer, der wie ein Auge aussieht und vor bösen Blicken schützen soll.

Fünf Einschüsse zählte der Rechtsmediziner, keiner größer als ein Pfennigstück. Den obersten fand er am Hals, ein glatter Durchschuss, das Projektil war am Nacken wieder ausgetreten. Dass es von vorn gekommen war, erkannte man daran, dass Einschüsse normalerweise einen eher kleinen Hautdefekt – wie wir das nannten – mit glattem Wundrand hinterlassen. Wogegen an der Stelle, an der ein Geschoss den Körper verlässt, meist eine deutlich größere, klaffende Wunde zurückbleibt. Dort wird die Haut regelrecht zerfetzt. Trotzdem wäre dieser Treffer vermutlich nicht tödlich gewesen, genauso wenig wie die Durchschüsse in beiden Oberschenkeln.

Zum Tod hatte ein Geschoss geführt, das seitlich in seinen linken Oberarm eingedrungen war. Dabei sah die Verletzung gar nicht so dramatisch aus. Erst als der Rechtsmediziner bei der Obduktion den Weg des Projektils nachverfolgen konnte, erklärte sich das: Der führte nämlich durch den Oberarm in den seitlichen Brustbereich und dort direkt ins Herz.

Auch die Waffe, mit der der Mann die Polizisten bedroht hatte, lag im Gleisbett neben seinem Kopf. Cevdet Mulan hatte keinen einzigen Schuss abgefeuert – wie hätte er das auch anstellen sollen, es war eine Gaspistole.

Das warf bei vielen natürlich noch mehr die Frage auf, warum zwanzig Polizisten nicht in der Lage gewesen waren, einen einzigen Mann zu überwältigen, ohne ihn zu erschießen. Und sicher war es nicht die klügste Maßnahme, eine Mordkommission aus dem eigenen Dienstbereich mit der Aufklärung des Falls zu betrauen. Aber unser Chef – in dem Fall der Polizeipräsident – hatte nun einmal so entschieden, ob uns das passte oder nicht.

Ich will gar nicht bestreiten, dass in solchen Fällen generell eine gewisse Gefahr besteht, für die eigenen Leute mehr Sympathie aufzubringen als für das Opfer. Der berühmte Korpsgeist, kennt man ja. Doch abgesehen davon, dass ich den für unangebracht gehalten hätte, standen wir bei dieser Geschichte ohnehin unter besonderer Beobachtung, durch die Medien und überhaupt durch die Öffentlichkeit. Schießwütige Polizisten – daraus ließ sich allemal eine Schlagzeile basteln, ob die Behauptung nun der Wahrheit entsprach oder nicht.

Vier Polizisten hatten Schüsse abgefeuert. Wir ermittelten wegen des Verdachts der fahrlässigen Tötung gegen sie. Schlimmstenfalls wären sie ins Gefängnis gewandert.

Dafür, dass wir uns diese Aufgabe nicht selbst ausgesucht hatten, schlug uns eine Menge Feindseligkeit entgegen. Und damit meine ich vor allem die aus den eigenen Reihen. Selbst Vorgesetzte der betreffenden Polizisten, die es hätten besser wissen müssen, sagten ihren Jungs, sie sollten uns gegenüber am besten die Klappe halten. Das war ihr gutes Recht, immerhin wurden sie als Beschuldigte geführt. Doch auch die Polizisten, die am Tatort waren und nicht geschossen hatten, also den Status von Zeugen bekamen, wurden nicht gerade ermuntert, sich uns gegenüber kooperativ zu zeigen. Ich will es ihnen positiv auslegen: Es mag eine Art von Loyalität gewesen sein. Nur änderte alle Loyalität nichts daran, dass der Vorgang sauber aufgeklärt werden musste, ob wir das nun taten oder andere. Immerhin war jemand erschossen worden.

Neben der Frage, ob die Polizisten in Notwehr gehandelt hatten oder nicht, interessierte uns natürlich, warum Cevdet Mulan seine Waffe nicht einfach weggeworfen und so die Schüsse auf sich überhaupt erst provoziert hatte. Irgendetwas musste er mit seiner Aktion bezweckt haben.

Es war Hatice Mulan, seine Frau, die uns in eine Richtung denken ließ, die auch für uns neu war. Ich hatte, nachdem wir am Tatort mit dem Gröbsten fertig waren, zwei Ermittler zu ihr nach Hause geschickt. Als sie zwei fremde Männer vor ihrer Wohnungstür stehen sah, die sich als Polizisten auswiesen, kam ihr als Erstes eine Frage über die Lippen: »Ist etwas mit meinem Mann passiert?«

Sie zitterte am ganzen Leib und machte sich Vorwürfe, ihn am Morgen nicht aufgehalten zu haben. »Du gehst doch nicht etwa in den Tod?«, hatte sie ihn noch gefragt, weil es ihr seltsam erschienen war, dass er sich so innig von seinem Sohn Dursun verabschiedet hatte. Aber er hatte nicht geantwortet, nur gelächelt. Und dann das Kästchen mit der Pistole im Schlafzimmerschrank, die ihr Mann auf dem Trödelmarkt gekauft hatte – nur so zum Spaß. Das hatte er damals jedenfalls gesagt.

Hatice Mulan erzählte den Beamten vom Tod seiner Mutter und wie danach seine Depressionen anfingen. Und von dem Arzt, zu dem sie ihn geschickt hatte, weil sich seine Stimmungslage einfach nicht verbessern wollte. »Es ist leicht zu sterben«, soll er dem Arzt gesagt haben, und dass er keinen Sinn mehr in seinem Leben sähe. Solche Sätze hatte auch Hatice von ihm gehört, nicht nur einmal. Allerdings habe er nie gesagt, er wolle sich umbringen. Sich selbst zu töten wäre gegen seinen Glauben gewesen. Das galt als Sünde.

Die Frau stand unter Schock, das konnte niemand bestreiten. Erfunden hatte sie die Geschichte über die Probleme ihres Mannes aber garantiert nicht. Und die Ermittler, die mit ihr gesprochen hatten, ebenso wenig. Doch genau das wurde den beiden später von einem Rechtsanwalt unterstellt, der sich als Interessenvertreter der Witwe positionierte. Dass er damit bei den Medien Gehör fand, musste einen nicht wundern.

Doch das durfte uns nicht beeinflussen. Wir hatten uns an Fakten zu halten. Ich verstand den Schmerz der Frau. Sicher wäre es für sie leichter gewesen, es hätte einen Schuldigen gegeben, den sie für den Tod ihres Mannes verantwortlich machen konnte. Ich würde lügen, würde ich bestreiten, dass mir solche Gedanken nicht durch den Kopf gingen. Emotionen kann man schlecht abschalten? Nur dürfen sie einen Ermittler bei seiner Arbeit nicht beherrschen. Das würde den Blick für die Tatsachen trüben.

Wären wir in Amerika gewesen, dort war dieses Phänomen bereits seit den Achtzigerjahren bekannt, jeder Polizist wusste davon: *Suicide by cop.* Wenn man so will, eine besonders perfide Variante des Selbstmords, die darin besteht, Polizisten förmlich dazu zu zwingen, tödliche Schüsse auf einen abzufeuern. Doch hierzulande ignorierte man damals noch, dass es Lebensmüde gab, die es offenbar genau darauf anlegten. Der Polizist als Sterbehelfer.

Im Fall von Cevdet Mulan blieb das für uns die einzig plausible Erklärung. Ob er vielleicht daneben ein anderes Motiv gehabt hatte? Schwer zu sagen. Wir fanden keins. Am Ende war es wie bei einem Selbstmörder, der keinen Abschiedsbrief hinterlässt. Man stellt alle möglichen Mutmaßungen an, sucht nach Hinweisen oder Erklärungen, die seinen Schritt auf irgendeine Weise logisch erscheinen lassen – oder wenigstens folgerichtig. Ob man damit dann auch richtigliegt, erfährt man allerdings nie.

Später, nachdem wir doch noch alle am Einsatz beteiligten Polizisten vernommen und unsere Ermittlungen abgeschlossen hatten, wurde das Verfahren gegen die vier Beamten, die geschossen hatten, vom Staatsanwalt eingestellt – mit Zustimmung der zuständigen Kammer des Gerichts. Die Waffe, die Cevdet Mulan auf sie gerichtet hatte, sah aus der Entfernung täuschend echt aus. Die Beamten hatten sich in einer klassischen Notwehrsituation befunden. Nicht unerheblich für die Entscheidung des Staatsanwalts war, dass die Polizisten das spätere Opfer vor den Schüssen mehrmals aufgefordert hatten, die Waffe wegzuwerfen. Das sagten nicht nur die anderen Polizisten aus, sondern auch einige Passanten, die Zeugen des Vorfalls geworden waren.

Eine Sache blieb für viele allerdings ein Rätsel: Warum feuerten die Polizisten auf Cevdet Mulans Oberkörper? Schüsse in seine Beine hätten doch genügt? Dann wäre er vermutlich am Leben geblieben.

Solche Diskussionen tauchen jedes Mal auf, sobald jemand durch Polizeikugeln stirbt. Natürlich hätten Beinschüsse genügt. Aber man muss sich in die Situation hineinversetzen. Das waren junge Schutzpolizisten und keine erfahrenen Scharfschützen. Sie fühlten sich nicht nur bedroht, sie hatten Angst um ihr Leben. Da handelt niemand rational. Man denkt höchstens, wenn du ihn nicht triffst, erwischt er dich. Hinzu kam, dass ihre Waffen – wir trugen damals Sig-Sauer-Pistolen – im nicht vorgespannten Zustand ein Abzugsgewicht von rund zweieinhalb Kilo hatten. Das heißt, der Zeigefinger musste beim Abdrücken einen Widerstand von zweieinhalb Kilo überwinden. Dabei noch genau zu zielen, war ein ziemliches Kunststück. Der erste Schuss verriss eigentlich immer. Anders wäre es gewesen, hätten sie ihre Waffen – wie manchmal beim Schießtraining – vorgespannt. Damit wäre das Abzugsgewicht auf ein Fünftel reduziert worden. Aber dafür dürfte kaum Zeit gewesen sein.

Ein Jahr darauf, an einem Tag im März, kam es noch dicker. Wieder ein Todesfall und wieder waren Polizisten darin verstrickt – wobei die Umstände diesmal völlig andere waren. Trotzdem stellte sich erneut die Frage, wie sinnvoll es war, dass wir gegen die eigenen Leute ermittelten. Der Polizeipräsident brach extra seinen Urlaub ab. Er schien geahnt zu haben, dass der Fall Wellen schlagen würde. Aber dafür musste man kein Prophet sein. Ich hatte gleich ein ungutes Gefühl. In meinem Job musste ich mir alles vorstellen können, schon aus Prinzip, also auch, dass Polizisten kriminell wurden. Wäre nicht das erste Mal gewesen. Trotzdem hoffte ich, und nicht nur ich, der Präsident würde eine andere Behörde einschalten, damit sie die Ermittlungen übernahm.

Der Richtigkeit halber sollte ich erwähnen, dass der Mann,

um den es ging, noch lebte, als wir den Fall dann doch auf den Tisch bekamen. Allerdings lag er im Koma, und seine Chancen standen mehr als schlecht, er schwebte in Lebensgefahr.

Der Vorfall hatte sich am Abend zuvor ereignet. Ein Routineeinsatz, wie es zunächst schien. Ruhestörung in einem Mietshaus, die Nachbarn hatten sich beschwert. Daraufhin schickte die zuständige Wache einen Streifenwagen los, zwei Beamte also. Der Störenfried war kein Unbekannter. Wegen ihm waren die Kollegen schon häufiger ausgerückt.

Roland Mirte wohnte mit seiner Mutter im dritten Stock. Sein Vater war vor Jahren gestorben. Der Dreiunddreißigjährige wog ungefähr zwei Zentner, obwohl er kaum größer als einen Meter siebzig war. Er hatte Maschinenschlosser gelernt, arbeitete aber nicht mehr, was mit seiner mentalen Verfassung zusammenhing. Mirte galt als psychisch krank und war deswegen in einer Klinik behandelt worden. Ohne Erfolg jedoch.

Nach einem Besuch bei seiner Mutter, die ihn in die Klinik zurückschicken wollte, war er in die fünfte Etage hinaufgestiegen und hatte sich im Treppenflur aus dem Fenster gestürzt. Dabei muss er einen Schutzengel gehabt haben – er überlebte. Nur seine Beine waren gebrochen. Die Heilung verlief schleppend, immer wieder traten Blutungen auf, dazu kam eine Thrombose. Seitdem nahm er Marcumar, ein Medikament, das die Blutgerinnung hemmt. Damit ging es ihm besser – solange er keinen Alkohol trank und keine Drogen nahm. Doch Bier stand zu Hause täglich auf dem Tisch, und vom Haschisch ließ er auch nicht die Finger.

Die Klingel funktionierte nicht, deshalb klopften die Beamten an der Wohnungstür. Roland Mirtes wilde Flüche – »Scheiß Bullen!« oder etwas in dieser Art – kannten sie schon. Es gab einen kurzen Wortwechsel durch die Tür. Die Polizisten wollten in die Wohnung, da die Nachbarn gemeint hatten, er könne seiner Mutter etwas angetan haben. Aber Mirte wollte nicht, dass sie nach dem Rechten schauten. Blieb also nur: *Passepartout 46.*

Bevor sich die Beamten dazu entschlossen, riefen sie über Funk Verstärkung. Als sie in die Wohnung einmarschierten, waren sie zu neunt. Was sich drinnen abspielte, sollte später nicht mehr einwandfrei zu rekonstruieren sein. Es gab ein Handgemenge, zumindest das bestritt niemand. Roland Mirte wehrte sich mit Händen und Füßen. Je enger es für ihn wurde, desto panischer reagierte er. Ein Baseballschläger flog durch den Raum, eine Glastür ging zu Bruch, dabei wurde ein Polizist verletzt.

Aber die Kollegen teilten auch ordentlich aus. »Mutti, die bringen mich um«, soll Mirte gefleht haben, als sie ihn auf dem Boden einigermaßen unter Kontrolle hatten. Sie legten ihm Handfesseln an, aber das machte ihn nur noch aggressiver. Vielleicht hätte Mirte, der Widerspenstige, einfach nur Ruhe geben müssen, wie jeder normale Mensch das irgendwann getan hätte. Aber Mirte war unter solchen Umständen offenbar nicht das, was man einen normalen Menschen nannte. Er faselte ständig, er sei Jesus. Doch entscheidend war ohnehin, was danach passierte – auf der Wache.

Um es kurz zu machen: Sechs Polizisten vergriffen sich dort an ihm, während er gefesselt auf dem Boden lag. Erst vier in der Sicherheitsschleuse im Eingangsbereich, darunter der Wachdienstführer, danach zwei in der Zelle, in die sie ihn anschließend bugsierten. Mirtes Kopf blutete stark, was bei einem Marcumar-Patienten noch gefährlicher war als sowieso schon. Und auf seiner Stirn stellte ein Gerichtsmediziner hinterher »ein deutlich geformtes, frisches Hämatom nach Art eines Schuhsohlenabdrucks« fest. Auch die anderen Blessuren an seinem Körper – Blutergüsse zuhauf und Rippenbrüche, gleich serienweise – bewiesen, dass sie ihn heftig mit Schlägen und Fußtritten traktiert hatten.

Noch in derselben Nacht verfrachteten die Beamten der Wache Roland Mirte in ein Krankenhaus. Aber nicht etwa, weil sie der Meinung waren, er bräuchte dringend ärztliche Hilfe. Sie wollten, dass die Höhe seines Alkoholpegels festgestellt wurde und ob er vorher irgendwelche Drogen konsumiert hatte. Beim Blutabnehmen muss die Situation aufs Neue eskaliert sein. Mirte kollabierte und fiel ins Koma, aus dem er nicht mehr erwachte. Zwei Wochen später war er tot. Die Todesursache: ein Hirnödem.

Zu diesem Zeitpunkt steckten wir bereits voll in den Ermittlungen. Zwei couragierte Beamte der betroffenen Wache – ein Polizist und eine Polizistin – hatten ihrem Vorgesetzten am nächsten Tag erzählt, was in der Nacht vorgefallen war. Die beiden hatten sich an den Misshandlungen nicht beteiligt, waren aber auch nicht dagegen eingeschritten. Weshalb ihnen selbst ein Ermittlungsverfahren angehängt wurde – wegen des Verdachts der unterlassenen Hilfeleistung. Obendrauf beschimpften Kollegen sie als Verräter, weil sie ihre eigenen Leute angeschwärzt hatten. Nicht weniger Verachtung schlug uns entgegen: »Die Schweine von der Mordkommission sollen mal kommen, denen sagen wir nichts!«

Der Leiter der Wache, ein altgedienter Schutzpolizist, der kurz vor seiner Pensionierung stand, bekam für seine letzten Monate einen anderen Posten. Die sechs beschuldigten Polizisten wurden vom Dienst suspendiert. Und wir setzten alles daran, unseren Job zu erledigen – so gut das unter diesen Umständen möglich war. Das hieß eben auch, mit den Kollegen vom Erkennungsdienst in der Wache einzufallen, um nach allen möglichen Spuren zu suchen. Was dort nicht gerade mit Beifall quittiert wurde, wie man sich vorstellen kann.

An die Beschuldigten selbst, denen gefährliche Körperverletzung im Amt vorgeworfen wurde, kamen wir erst mal nicht heran. Sie schickten ihre Anwälte vor und beriefen sich auf das Aussageverweigerungsrecht, das ihnen zustand. So weit wäre das auch in Ordnung gewesen, hätten nicht zwei von ihnen den Versuch unternommen, Beweismittel verschwinden zu lassen – ihre Kleidung nämlich, die sie in der Nacht getragen hatten, oder zumindest bestimmte Stücke davon, die mit Blut beschmiert waren.

Die beiden entpuppten sich dann als die Haupttäter. Einer von ihnen hatte bereits eine ziemlich dicke Akte. Sechzehn Strafanzeigen wegen Körperverletzung und Beleidigung, die allerdings alle folgenlos geblieben waren. Dazu eine ganze Reihe von Disziplinarverfahren. Das hatte seinen Vorgesetzten aber nicht davon abgehalten, ihm Jahr für Jahr ein gutes Zeugnis auszustellen.

Ein Richter erließ Haftbefehl gegen die zwei Hauptverdächtigen. Verdunklungs- und Fluchtgefahr. Dass das genau an dem Tag geschah, an dem Roland Mirte starb, war Zufall. Einen von ihnen nahmen wir gleich in seiner Wohnung fest. Bei dem anderen klingelten wir vergeblich. Er hielt sich bei Verwandten in der Nähe von Münster versteckt. Doch bis zum Abend spürten wir ihn auch dort auf.

Am nächsten Tag wurden sie dem Haftrichter vorgeführt.

Dabei handelte es sich um denselben Richter, der vierundzwanzig Stunden zuvor die Haftbefehle ausgestellt hatte. Aber das erwähne ich bloß, weil sich etwas Seltsames ereignete: Plötzlich war er der Meinung, die beiden Polizisten seien freizulassen, es bestünden keine Haftgründe mehr, weder Verdunklungsgefahr noch sonst etwas. Nichts, rein gar nichts, hatte sich seit dem Vortag verändert, doch er ließ sie einfach laufen. Als hätte er uns mit seinen Haftbefehlen nur ein bisschen auf Trab halten wollen. Das sollte einer begreifen! Aber gut, vielleicht fehlte uns da der juristische Weitblick.

Ein Jahr verging, bis die zwei Polizisten und die vier Mitbeschuldigten vor Gericht kamen. Der Prozess dauerte elf Tage. Dass sich die Angeklagten strafbar gemacht hatten, stand außer Frage. Auch wenn ihre Verteidiger für jeden einen Freispruch forderten. Darüber hinaus war jedoch zu klären, ob die Schläge und Tritte, die sie Roland Mirte verpasst hatten, ursächlich zu seinem Tod führten. Nach Meinung des Richters wohl nicht, jedenfalls nicht unmittelbar.

Damit folgte er der Ansicht eines Rechtsmediziners, der meinte, ein gesunder Mensch wäre daran vermutlich nicht gestorben. Seiner Einschätzung nach hätten die Ärzte in der Klinik nach Mirtes Kollaps besser reagieren müssen. Die lebenserhaltenden Maßnahmen seien zu spät eingeleitet worden. Allerdings wäre Mirte ohne die Drangsalierungen vorher gar nicht erst ins Koma gefallen.

Juristische Spitzfindigkeiten, wird mancher denken. Den sechs Angeklagten verhalfen sie zu Bewährungsstrafen. Die allerdings fielen so hoch aus, dass sie aus dem Polizeidienst entlassen werden mussten und damit auch sämtliche Pensionsansprüche verloren.

Das Phantom

Seit Wochen fuhr er hierher, beinahe täglich, immer dieselbe Route. Meistens kam er am späten Nachmittag, kurz bevor es dunkel wurde. Die Straßenbahn hielt, er stieg aus, ließ einmal seinen Blick übers Gelände schweifen, dann schlenderte er hinüber zum Parkplatz.

Wo der Parkplatz zu Ende war, wuchsen hohe Büsche mit dichtem Blattwerk. Auf der anderen Seite führten die Gleise vorbei. Gleich dahinter begann ein Waldstück, durch das sich ein schmaler unbefestigter Weg schlängelte. Er brauchte also nur über die Schienen zu laufen und im Wald zu verschwinden, dort würde ihn die Dunkelheit verschlucken.

Er drängte sich nicht. Manchmal hockte er im Gebüsch und wartete Stunden. Um den Hals hatte er sich einen Schal geschlungen, der wärmte ihn. Seine Hände steckten in grauen Handschuhen aus Leder. Er trug ein Schweizer Taschenmesser mit roten Griffschalen bei sich, das er zusammen mit einem braunen Nylonstrumpf seiner Mutter in der Hosentasche verstaut hatte. Jedes Mal, wenn eine Straßenbahn hielt und ihr eine Frau entstieg, die den Parkplatz ansteuerte, spielte er in Gedanken durch, wie er es am geschicktesten anstellen konnte. Jeden einzelnen Schritt überlegte er sich. Es musste bloß noch der richtige Moment kommen. Nur wenn eine der Frauen allein auf dem Parkplatz wäre, würde es funktionieren.

Irgendwann wurde es ihm zu kalt – oder zu langweilig. Er verließ sein Versteck, ohne dass etwas geschehen war. Aber das machte ihm nichts aus, er hatte Zeit. Dann würde er eben am nächsten Tag wiederkommen oder am Tag darauf. Mit der Bahn fuhr er die gleiche Strecke, nur in die entgegengesetzte Richtung, zurück nach Hause. Dort holte er eine Flasche Bier aus dem Kühlschrank, öffnete sie, trug sie hinüber in sein Zimmer, schloss die Tür ab, legte sich aufs Bett und masturbierte.

Wie oft er zu diesem Parkplatz fuhr, sich im Gebüsch versteckte und Frauen beobachtete, wird er später selbst nicht mehr wissen. Er hörte an dem Tag auf damit, als sich die Umstände so fügten, wie er es sich in seiner Fantasie ausgemalt hatte. Der Parkplatz lag im Halbdunkel, lediglich das gelbliche Licht der Laternen, die die Haltestelle beleuchteten, schien herüber. Aus seinem Versteck erkannte er von der Frau nicht mehr als ihre Silhouette – wie ein großer Scherenschnitt, der sich bewegte. Ihr Alter konnte er auf diese Weise nicht schätzen, aber ihr Gang gefiel ihm. Und er sah, dass die Frau schlank war. Sonst wäre er nicht losgelaufen. Korpulente Frauen reizten ihn nicht.

Das Auto, zu dem sie ging, stand ziemlich weit am Rand. Um sie nicht aus dem Blick zu verlieren, musste er rasch das Gebüsch verlassen und ihr folgen. Sollte sie sich umdrehen, würde er einfach so tun, als wäre er auf dem Weg zu seinem Wagen. Dabei besaß er gar keinen, nur ein Fahrrad, das er gestohlen hatte; es stand bei ihm zu Hause. Aber sie drehte sich auch nicht um.

Als sie neben ihrem Fahrzeug stehen blieb, stoppte er seine Schritte, ein paar Meter hinter ihr – im Schatten eines Jeeps, der ihn komplett verdeckte. Er brauchte sich nicht einmal klein zu machen, um den Nylonstrumpf über den Kopf zu ziehen. Kaum zwei Sekunden benötigte er dafür, er hatte es zu Hause vor dem Spiegel geübt.

Er wartete, bis sie die Autotür aufschloss und einstieg. Das war der entscheidende Moment. Jetzt musste er blitzschnell reagieren. Er blickte sich noch einmal um, es war niemand zu sehen. Dann trat er hinter dem Jeep hervor und machte einen Satz nach vorn. Bevor die Frau die Tür zuschlagen konnte, bevor ihr überhaupt klar wurde, was geschah, hielt er ihr mit seiner linken Hand den Mund zu, während er gleichzeitig mit der rechten ihren Kopf packte und auf die Sitzfläche des Beifahrersitzes drückte, damit sie ihn nicht ansehen konnte. Dabei beugte er sich in den Wagen hinein und fauchte ihr ins Ohr: »Bleiben Sie ganz ruhig! Wenn Sie machen, was ich sage, passiert Ihnen nichts!«

Im selben Tonfall dirigierte er sie auf den Beifahrersitz, um die Lehne des Fahrersitzes vorklappen und selbst ins Auto klettern zu können, auf die Rückbank. Die Tür zog er hinter sich zu. Er drückte die Verriegelung nach unten und befahl ihr, wieder hinters Lenkrad zu rutschen, damit sie losfahren konnten. Inzwischen hatte er das Taschenmesser in der Hand und hielt ihr von hinten die Klinge an die Brust, um seinen Anweisungen Nachdruck zu verleihen.

Die Frau gehorchte. Mit zittrigen Fingern ließ sie den Motor an, lenkte das Auto vom Parkplatz und fuhr zum Wald hinüber, wie er es von ihr verlangte. Sie waren keine fünf Minuten unterwegs, als er sie aufforderte anzuhalten, den Motor abzustellen und die Scheinwerfer auszuschalten. Obwohl sie jetzt Dunkelheit umgab, verband er ihr die Augen –

dafür hatte er den Schal mitgebracht. Ein Ende davon stopfte er ihr als Knebel in den Mund, damit sie nicht schreien konnte, und er fesselte ihre Hände. Das musste er tun, sonst hätte sie ihn womöglich kratzen oder ihm Haare ausreißen können. Er durfte aber keine Spuren hinterlassen. Deswegen auch die Handschuhe.

Spuren würden ihn verraten. Das wusste er aus den Büchern, die er im Gefängnis gelesen hatte – kriminalistische Fachliteratur über Faserspurenkunde und Spurensicherungsmethoden. Es war nicht einmal schwierig gewesen, an solche Bücher heranzukommen. Er hatte sie einfach in der Anstaltsbibliothek bestellt. Sie wurden ihm sogar in die Zelle gebracht. Bevor er damals ins Gefängnis musste, hatten sie ihm Blut abgezapft und eine Speichelprobe von ihm genommen. Und sie hatten ein paar Haare gewollt, von seinem Kopf, aber auch aus dem Schambereich. Da ihm niemand erklärte, wozu sie das alles brauchten, hatte er sich später selbst schlaumachen wollen. Obwohl er sonst nie ein Buch anfasste. Mit dem Lesen stand er seit jeher auf Kriegsfuß. In der Schule hatten die Lehrer gemeint, er sei Legastheniker. Es gab überhaupt kaum ein Fach, in dem seine Leistungen gut gewesen wären, bis auf Sport und Handarbeit. Er wäre gern Sportler geworden, doch das interessierte niemanden. Zweimal war er auf der Hauptschule sitzen geblieben, und als er zehn Jahre Schule hinter sich hatte, hörte er ohne Abschluss auf. Sein Notendurchschnitt auf dem letzten Zeugnis lag zwischen vier und fünf, näher der Fünf.

Es war ihm schwergefallen, die Bücher im Gefängnis zu lesen, vor allem zu verstehen, was da vor ihm auf dem Papier gedruckt war. Aber er hatte genügend Zeit. Zu sechs Jahren hatten sie ihn verurteilt. Für eine Jugendstrafe nicht wenig. Er war damals gerade sechzehn geworden.

Dabei war es nicht das erste Mal, dass er sich vor einem Richter hatte verantworten müssen. Man könnte sagen, ein echter Frühstarter, wenn es nicht so makaber wäre. Gleich mit vierzehn, kaum dass er strafmündig war, hatte er sich seine erste Verurteilung eingefangen: sechs Monate auf Bewährung. Diebstähle, Einbrüche, ein Handtaschenraub – damit hatte es angefangen. Ins Gefängnis kam er dann wegen Vergewaltigung. Sechs Taten konnten sie ihm nachweisen, wobei es in zwei Fällen beim Versuch geblieben war. Dafür hatte er seine Opfer zusätzlich ausgeraubt.

Einige Dinge, die er nun beachten musste, wusste er aber auch aus dem Fernsehen. Einmal hatte er einen Film gesehen, in dem eine Frau vergewaltigt wurde. In ihrer Verzweiflung griff sie einen Stein, der neben ihr auf dem Boden lag, und schlug dem Täter damit den Schädel ein. Damals hatte er sich eingeprägt: Du musst die Frauen fesseln!

Ein anderer wichtiger Punkt war die Kleidung, die er bei einer Tat trug. Da die Wahrscheinlichkeit groß war, dass sie mit dem Opfer in Berührung kam, musste er sie hinterher beseitigen. Am besten verbrennen, das war die sicherste Methode. Was ihn außerdem hätte verraten können, war sein Sperma. Deswegen zog er sich jetzt ein Kondom über. Kondome hatte er immer dabei.

Die Frau musste sich auf den Beifahrersitz legen, mit dem Kopf nach vorn und dem Gesicht nach unten. Den Sitz hatte er bis zum Anschlag heruntergedreht. Ihre Hände waren auf dem Rücken gefesselt. Er zog ihr die Schuhe von den Füßen und machte sich anschließend an ihrer Hose zu schaffen, bis sie nur im Slip vor ihm lag. Der war als Nächstes dran. Er nahm sein Opfer von hinten – bis er einen Erguss hatte und seine Erregung in Erschöpfung umschlug.

Danach zog er seine Hose hoch, das Kondom behielt er auf, das würde er erst zu Hause entsorgen. Er befreite die Frau von der Fessel, verlangte aber, dass sie sich nicht umdrehte. Erst dann nahm er ihr den Schal ab. Bevor er sie allein im Auto zurückließ, beugte er sich noch einmal über sie und sagte mit drohendem Ton in der Stimme: »Zählen Sie bis hundert, bevor Sie sich rühren, sonst passiert was! Wenn Sie zur Polizei rennen, sind Sie dran! Ich kenne Ihre Autonummer, ich finde Sie!«

Er kletterte aus dem Auto und lief ein Stück in den Wald hinein. Dabei zog er sich den Strumpf vom Kopf, um besser sehen zu können und nicht zu stolpern. Seine Augen hatten sich an die Dunkelheit gewöhnt, so dass er zumindest die Konturen der Hindernisse auf dem Boden erkennen konnte – Steine, Äste, Baumstümpfe.

Hinter einem Busch hielt er an, blickte zu dem Auto der Frau zurück und wartete, was geschah – ob die Frau wegfuhr und vielleicht mit Polizisten wiederauftauchte. Er wusste selbst nicht, warum er das tat, warum er sich der Gefahr aussetzte, entdeckt zu werden, anstatt auf schnellstem Weg zu verschwinden. Er wollte einfach nur wissen, was passierte. Aber es passierte nichts.

Da sein Plan aufgegangen war, ohne dass ihm jemand auf die Schliche kam, wartete er nicht lange und suchte sich wieder einen Parkplatz aus, diesmal vor einem Krankenhaus. Der Parkplatz war größer und unübersichtlicher, ihm allerdings recht vertraut. Weil er sich dort bereits einige Male herumgetrieben hatte, immer auf der Lauer nach einer günstigen Gelegenheit. Zum Beispiel, um irgendwelche Sachen zu klauen, das machte er auch gern.

Eine solche hatte sich erst vor Kurzem ergeben, als er einmal zwischen den Autos herumstromerte und in einem dunkelblauen Passat einen Arztkoffer erspähte, der ihm interessant erschien. Womöglich befanden sich wertvolle Dinge darin. Ein Irrtum, wie sich herausstellte, allerdings erst, nachdem er eine Scheibe des Wagens eingeschlagen und sich mit dem Koffer auf und davon gemacht hatte. Nichts von dessen Inhalt konnte er gebrauchen. Er warf ihn weg, wie er ihn gestohlen hatte.

Ein anderes Mal fühlte er sich förmlich eingeladen, als er ein Fenster im Erdgeschoss des Krankenhauses entdeckte, das offen stand. Dahinter befand sich ein Bereitschaftsraum für Ärzte, aber das wusste er vorher nicht. Seine Beute diesmal: ein Portemonnaie. Wahrscheinlich wäre viel mehr herauszuholen gewesen – dort hingen noch andere Jacken und Taschen –, hätte ihn nicht eine Ärztin überrascht, so dass er sich Hals über Kopf wieder aus dem Fenster schwang.

Der Frau, auf die er es jetzt abgesehen hatte, wurde ein Brief zum Verhängnis. Den hatte sie offenbar in ihrem Auto gelesen und dann auf dem Armaturenbrett abgelegt. Mit der Adressseite nach oben, so dass er sehen konnte, dass er an eine Frau gerichtet war. Woraus er wiederum schloss, dass auch das Auto einer Frau gehörte. Das war nämlich der einzige Grund, weshalb er ausgerechnet diesen Wagen im Blick behielt, während er auf der Wiese neben dem Parkplatz saß und wartete. Von dort konnte er jeden sehen, der das Krankenhaus verließ und zu einem der Autos ging.

Er wusste weder wie alt die Frau war, noch wie sie aussah. Er hatte sie nie zuvor gesehen. Er wartete einfach, bis sich eine dem Auto näherte, in dem er den Brief entdeckt hatte. Es war ein Kleinwagen, ausländisches Modell, zweitürig, eher unscheinbar. Als die Frau dann auftauchte und er über sie herfiel, auf die gleiche Weise, wie er es bei seinem letzten Opfer auf dem Parkplatz an der Straßenbahnhaltestelle getan hatte, lag seine Entlassung aus dem Gefängnis nicht einmal ein halbes Jahr zurück.

Später änderte er seine Vorgehensweise. Oder richtiger: Er begann zu variieren. Er lauerte den Frauen nicht mehr nur auf Parkplätzen auf, sondern stieg auch in ihre Wohnungen ein, um über sie herzufallen und sie zu vergewaltigen. Gleich blieb, dass er nie eine Tat verübte, ohne vorher den Tatort ausgekundschaftet zu haben. Einmal nahm er sich dafür sogar fast zwei Monate Zeit.

Die Frau war ihm in der Mittagspause aufgefallen. Irgendwann im Sommer. Er hatte im Gefängnis eine Lehre absolviert und arbeitete nun als Automechaniker in einer kleinen Werkstatt. Den Job hatte ihm sein Stiefvater besorgt. Bei ihm wohnte er auch, seit er aus dem Gefängnis raus war. Der Stiefvater hatte sich inzwischen von seiner Mutter getrennt. Doch von der wollte er sowieso nichts mehr wissen. In den sechs Jahren, die er hinter Gittern zubrachte, hatte sie sich nicht ein einziges Mal im Gefängnis blicken lassen.

Aber zurück zu der Frau, die sein nächstes Opfer werden sollte: Sie wohnte in einem Haus, das sich in der Nachbarschaft der Autowerkstatt befand, keine fünfzig Meter entfernt. Wenn er in der Pause mit seinen Kollegen zu einem Kiosk lief, bei dem sie Frikadellen und Bier kauften, kam er direkt an ihrer Wohnung vorbei; sie lag im Erdgeschoss. Eines Tages stand die Frau am offenen Fenster, und es schien ihm, als hätten sich ihre Blicke getroffen. Sie war ungefähr in seinem Alter. Etwas zu jung für seinen Geschmack, ihn zogen ältere Frauen stärker an. Aber dafür war sie ausgesprochen hübsch, das musste er zugeben. Also achtete er von nun an jedes Mal, wenn sein Weg ihn dort vorbeiführte, darauf, ob er einen Blick auf sie erhaschen konnte.

Auf diese Weise erfuhr er, welches von den Autos, die auf der gegenüberliegenden Straßenseite parkten, ihr gehörte. Und auch, dass sie abends ab und zu Besuch von einem Mann bekam, blieb ihm nicht verborgen. Zumal er anfing, sich nach Feierabend – manchmal bis spät in die Nacht – in der Nähe ihrer Wohnung herumzudrücken. Sogar die Autonummer des Mannes merkte er sich, allerdings nur, weil es ein fremdes Kennzeichen war, keins von hier. Und weil er daraus etwas ableitete, das für ihn von allen Erkenntnissen die wichtigste war: Es schien genügend Nächte zu geben, die die Frau allein verbrachte. Er brauchte nur Geduld zu haben.

Der nächste Schritt für ihn war, sich ein Bild von ihrer Wohnung zu verschaffen, und am besten gleich noch von den Gewohnheiten, die sie hatte, wenn sie sich zu Hause aufhielt. Wann löschte sie das Licht? Ließ sie zum Schlafen ein Fenster offen? Schlief sie nackt?

Das ging spätabends oder nachts am besten. Da konnte er ungestört vom Nachbargrundstück über eine Mauer in den Garten klettern, der sich hinter der Wohnung auf fast tausend Quadratmetern erstreckte. Am Ende des Grundstücks stand eine Garage, die er bei der Gelegenheit gleich mit erkundete. Das Auto darin konnte er schlecht klauen, wollte er auch nicht. Wenn, dann war er auf Bargeld aus. Das einzig Brauchbare, das er entdeckte, war ein Strick, der an einem verrosteten Nagel an der Wand hing. Er merkte sich die Stelle, für den Fall, dass er später wiederkommen würde, um ihn zu holen.

Manchmal stand er eine halbe Stunde im Garten – irgendwo am Rand, wo man ihn nicht sehen konnte – und verfolgte, was sich in der Wohnung tat. Da nirgends Vorhänge vor den Fenstern hingen, war das ein bisschen wie Fernsehen, nur in Großformat und ohne Ton. Sechs- oder siebenmal machte er das so, und meistens war eine Person zu viel im Bild – jener Mann, dessen Auto ein auswärtiges Kennzeichen hatte.

An seinem Vorhaben änderte das nichts. Umso weniger, nachdem er herausgefunden hatte, dass die Wohnung über eine Treppe mit einem der Kellerräume verbunden war, der anscheinend ein Gästezimmer sein sollte. Dadurch würde er nicht darauf angewiesen sein, dass die Frau eines der Wohnungsfenster angekippt oder gar offen stehen ließ.

In der Nacht, in der er sich entschloss, seinen Plan in die Tat umzusetzen, war es dann genau so, wie er es sich gedacht hatte: Der Ventilator, der in die Scheibe des Kellerfensters eingebaut worden war, ließ sich ohne Schwierigkeiten herausziehen. Und das Loch, das dadurch entstand, war groß genug, um mit seiner Hand hindurchzulangen und den Griff von innen herumzudrehen. Schon öffnete sich das Fenster – ein Kinderspiel. Drinnen sah er sich in aller Ruhe um. Ein altes Sofa, ein Kleiderschrank, der von oben bis unten vollgepackt war, und unter der Treppe eine große Kommode mit Schuhen, von denen einige ganz nach seinem Geschmack waren. Besonders die roten Lackpumps mit den hohen Pfennigabsätzen erinnerten ihn an Bilder aus den Pornoheften, die er zu Hause unter seiner Matratze versteckt hatte. Frauen in hochhackigen Schuhen und Miniröcken – allein die Vorstellung genügte, um ihn in Stimmung zu bringen.

Er kletterte durch das Fenster wieder nach draußen, um zu sehen, in welchem Zimmer sich die Frau aufhielt. Sie verließ gerade das Schlafzimmer und ging zum Bad hinüber. Dass sie nackt war, verwirrte ihn ein wenig – so einfach hatte es ihm bisher keine gemacht.

Er wartete ein Weilchen, stieg dann wieder in den Keller und versuchte, die Tür zu öffnen, die nach oben in die Wohnung führte. Da sie verschlossen war, stemmte er sich mit seinem Körper dagegen, bis das Schließblech nachgab und ein Stück Holz von der Tür absplitterte. Ihm war das Geräusch nicht besonders laut erschienen, aber es musste ganz schön gekracht haben. Kurz darauf hörte er Schritte. Sie kamen näher, die Treppe hinunter. Er ließ die Tür angelehnt und blieb dahinter stehen. Die Strumpfmaske hatte er bereits über den Kopf gezogen. Die Lederhandschuhe trug er, seit er vorhin über die Mauer geklettert war. Der Strick, den er aus der Garage geholt hatte, lag auf dem Sofa. Sein Taschenmesser hatte er natürlich auch dabei.

Genau in dem Augenblick, als sie nach der Klinke greifen wollte, riss er die Tür auf, trat ihr einen Schritt entgegen, hielt mit einer Hand ihren Mund zu und drehte sie im selben Moment so um, dass sie mit dem Rücken zu ihm stand. Dabei fiel ihm auf, dass sie nicht mehr nackt war. Das Handtuch, das sie sich umgebunden hatte, roch nach Lavendel und war feucht. So wie ihr Haar. Offenbar hatte sie geduscht.

Er benutzte die gleichen Worte, die er den anderen Frauen gesagt hatte: Stillhalten. Nicht schreien. Einfach tun, was er verlangt, dann geschieht ihr nichts. Er schob sie vor sich her, die Treppe hinauf. Oben musste sie die Wohnungstür abschließen. Den Schlüssel sollte sie stecken lassen, damit niemand hereinkonnte. Anschließend ging er mit ihr durch jedes Zimmer. Dabei wollte er wissen, wo sie ihr Geld versteckt hielt. Als sie sagte, sie habe nicht viel zu Hause, fünfzig Mark vielleicht, in ihrem Portemonnaie, dirigierte er sie zurück in den Kellerraum. Dort verband er ihr mit einem Pullover, den er aus dem Schrank zog, die Augen. Da Sommer war, hatte er seinen Schal nicht dabei. Anschließend knebelte und fesselte er sie und zwang sie auf den Fußboden, der mit Teppich ausgelegt war. Da sie nur das Handtuch umhatte, breitete er vorher eine Wolldecke unter ihr aus, die er vom Sofa nahm. So ließ er sie liegen, während er sich wieder nach oben begab, um in den Schränken selbst nach Geld zu suchen. Ihren Schmuck rührte er nicht an.

Dann fielen ihm die roten Pumps aus der Kommode ein. Er stieg wieder in den Keller hinab, holte die Schuhe, zog sie ihr an und ließ sie damit vor sich auf und ab laufen. Aber irgendwie gefiel ihm das nicht, er hatte sich mehr davon versprochen. Die Bilder in den Pornoheften konnte er mit seinen Fantasien vermischen. Das hier war nur so, wie er es sah, die Realität, und er wusste nicht, was er damit anfangen sollte. Also nahm er ihr die Pumps wieder von den Füßen. Bevor sie sich ein zweites Mal auf die Decke am Boden legen musste, diesmal auf den Bauch, wickelte er ihr das Handtuch vom Körper, damit sie nackt war.

Die Frau zitterte. Er nahm ein Kondom aus der Tasche, schob seine Jogginghose nach unten, streifte sie aber nicht ganz ab, und drang in sie ein, von hinten. Obwohl er nach einer Weile ejakulierte, stellte sich keine Befriedigung ein, aber das kannte er schon. Es war nie so intensiv, als hätte er sich selbst befriedigt oder mit einer Freundin geschlafen, die ihm etwas bedeutete.

Ich war nicht die ganze Zeit in den Fall involviert. Als ich bei der Sitte anfing, als stellvertretender Kommissariatsleiter, lief die Vergewaltigungsserie bereits im dritten Jahr. Ich will es mal so sagen: Die ganze Geschichte schwebte wie ein düsterer Schatten über unseren Köpfen. Fälle, die man nicht geklärt bekam, waren immer belastend. Aber hier hatten wir es auch noch mit einer Serie zu tun, die nicht abzureißen schien. Wir mussten ständig – praktisch jeden Tag – damit rechnen, dass sich der große Unbekannte sein nächstes Opfer suchte.

Es war deprimierend. Alle paar Monate kriegten wir einen neuen Fall auf den Tisch, der seine Handschrift trug: Maskiert mit einem Nylonstrumpf verband er seinen Opfern die Augen, fesselte und knebelte sie. Dabei trug er stets Handschuhe, so dass wir nie Fingerabdrücke von ihm fanden. Seltsamerweise entdeckten wir auch keine Faserspuren, zumindest keine, mit denen wir etwas anfangen konnten. Und Spermaspuren hinterließ er ebenfalls nicht, was dafür sprach, dass er Kondome benutzte.

Dazu berichteten seine Opfer übereinstimmend, dass er es nicht nur auf ihren Körper, sondern ebenso auf ihr Geld abgesehen hatte, wobei er sich ausschließlich am Bargeld bediente, weder Schecks noch Kreditkarten mitnahm. Mit dem Geld – das war ungewöhnlich für einen Vergewaltiger. Ebenso untypisch aber war, dass er mit den Frauen – abgesehen von der eigentlichen Vergewaltigung – nie brutal umging. Es wäre gewagt, einen Vergewaltiger als freundlich zu bezeichnen, aber bis auf eine der Frauen hatte keine von ihnen um ihr Leben gebangt, während er sie in seiner Gewalt hielt. Und in dem einen Fall entstand die Todesangst vor allem durch die Umgebung und die Inszenierung, die er sich ausgedacht hatte. Er war mit der Frau, die er auf die übliche Weise an einem Parkplatz abgepasst hatte, zur Ruine eines ehemaligen Schwimmbads gefahren. Dort hatte er vorher Kerzen aufgestellt, als Kreis angeordnet, und angezündet. Die Frau musste sich auf ein Bettlaken legen, dass er in der Mitte ausgebreitet hatte. Sie fürchtete, er würde so etwas wie eine Schwarze Messe mit ihr zelebrieren – und dachte: Hier kommst du nicht mehr lebend raus.

Einige der Frauen hatten uns zwar eine Täterbeschreibung geliefert. Demnach suchten wir einen etwa fünfundzwanzig Jahre alten Mann, zirka einen Meter siebzig groß, der einen Kinnbart trug und eine schlanke sportliche Figur hatte. Doch ihre Angaben reichten nicht, um ein Phantombild von der Qualität anfertigen zu lassen, dass es Sinn gemacht hätte, damit in den Medien nach ihm zu fahnden. Keins der Opfer hatte das Gesicht des Mannes ohne Maske gesehen.

Für die Presse ein gefundenes Fressen. Sie schrieb vom »Sex-Phantom«, das die Stadt unsicher mache. Dabei wussten die Journalisten höchstens von einem Bruchteil der über zwanzig Fälle, die bei uns inzwischen aktenkundig waren. Es war eine schwierige Gratwanderung. Einerseits brauchten wir die Öffentlichkeit, um an Hinweise zu gelangen, die uns vielleicht zum Täter führten. Andererseits mussten wir die meisten Informationen für uns behalten. Solange der Gesuchte nach dem üblichen Schema vorging, wussten wir bei jedem neuen Fall, dass es sich um denselben Täter handelte. Hätte er aus der Zeitung erfahren, woran wir das festmachten – wie hoch wäre dann die Wahrscheinlichkeit gewesen, dass er sich eine andere Strategie ausgedacht hätte?

Wir stocherten nach der berühmten Nadel im Heuhaufen. Das ging so weit, dass wir eine Zeit lang bestimmte Ecken in der Stadt nachts von Schutzpolizisten überwachen ließen. Sie wurden an wichtigen Kreuzungen und Ausfallstraßen postiert, in der Hoffnung, dass der Täter, sollte er erneut zuschlagen, auf der Flucht einen dieser Punkte passieren würde. Dabei wussten wir nicht einmal, wonach sie Ausschau halten sollten. Benutzte der Täter ein Auto, ein Motorrad, ein Fahrrad, oder war er womöglich sogar zu Fuß unterwegs? Aber im Zweifel hätten sie eben jeden angehalten.

Fast vier Jahre waren seit der ersten Tat vergangen, als sich das Blatt endlich wendete. Allerdings zu dem Preis, dass sich das »Phantom« noch einmal an einer Frau vergriff.

Es war einer dieser schwülen Sommertage, die einem zu schaffen machten, ohne dass man sich körperlich groß anstrengte. In der Mittagshitze, bei über dreißig Grad, kochte die Stadt förmlich. Und selbst der Regen des Gewittergusses, der am Abend kurz und heftig niederprasselte, schien zu verdampfen, als hätte man Wasser auf eine heiße Herdplatte gegossen. Er wartete den Schauer ab, bevor er sich von seiner Freundin verabschiedete. Seit anderthalb Jahren war er mit ihr zusammen. Sie war neunzehn gewesen, als er sie kennenlernte, und völlig unerfahren in sexueller Hinsicht. Die ersten fünf Monate hatten sie nicht miteinander geschlafen. Was nicht bedeutete, dass er auf Sex gänzlich verzichtet hätte. Nach seiner Entlassung aus dem Gefängnis hatte ihn sein Stiefvater in ein Bordell mitgenommen und ihm eine »Nummer« spendiert. Der hatte es vermutlich gut gemeint und ihm zeigen wollen, dass man seine Gelüste auch ausleben konnte, ohne einer Frau Leid anzutun. Seitdem ging er nicht regelmäßig, aber doch relativ häufig zu Prostituierten. Oder er bestellte sich welche nach Hause. Obwohl es ihn immer ärgerte, dass die nie so gut aussahen wie in den Heften mit den Fotos von ihnen.

Er hatte aber auch schon Freundinnen gehabt, die ihn sexuell stark forderten, so dass er sich ausgelastet fühlte. Gleich seine allererste, in die er sich mit fünfzehn verliebt hatte, war eine von denen, die scheinbar nie genug bekommen konnten. Ihm hatte das gefallen. Ein halbes Jahr lang hatten sie es beinahe jeden Tag miteinander getrieben, meistens sogar mehrmals. Vielleicht hatte ihn das geprägt. Mit seiner aktuellen Freundin lief es im Bett längst nicht so gut. Aber das bestätigte ihn nur in seiner Ansicht, dass ältere Frauen, die mehr Erfahrung besaßen, eben doch die bessere Wahl waren.

Nach dem Gewitterguss stieg er auf sein Fahrrad und fuhr nach Hause. Das Licht brauchte er nicht einzuschalten, es war noch hell genug. Während der Fahrt beschloss er, sich zu Hause nur kurz umzuziehen und dann erneut loszuradeln, aber woandershin. Er lebte nicht mehr bei seinem Stiefvater, hatte inzwischen eine eigene kleine Wohnung. Dort tauschte er seine blauen Shorts gegen eine grüne Turnhose. Das kurzärmelige Poloshirt ersetzte er durch ein Sporthemd, das ebenfalls grün war, aber heller. Und da er annahm, es könnte später nochmals regnen, klemmte er sein Regencape auf den Gepäckträger.

Das Haus, das er ansteuerte, stand auf der anderen Rheinseite, in einem Viertel mit gehobenen Mietpreisen. Er hatte es sich in den letzten Tagen schon häufiger angesehen. Wobei ihn nicht das Gebäude interessierte, obwohl dessen Jugendstilfassade durchaus etwas hermachte, sondern eine der Wohnungen im Erdgeschoss – und mehr noch die Frau, die darin wohnte. Er hatte einiges über sie in Erfahrung gebracht. Zum Beispiel, dass sie ein teures Auto fuhr. Und um welche Uhrzeit sie morgens normalerweise das Haus verließ. Und wann sie abends zurückkehrte. Das und die schicke Kleidung, die sie trug, sagten ihm, dass sie einen guten Job haben musste, bei dem Überstunden dazugehörten. Wahrscheinlich bei einer Bank oder in einer Werbefirma. Auf jeden Fall schien sie im Büro zu arbeiten.

Ihre Wohnung sah immer tipptopp aus, zumindest der Teil, den er sehen konnte, wenn er im Dunkeln durch eins ihrer Fenster spähte. Dabei war ihm auch nicht entgangen, dass sie im Wohnzimmer meist einen Flügel auf Kipp stellte. Das Wohnzimmer ging nach hinten raus, von der Straße sah man es nicht, aber er wusste natürlich, wo er zu gucken hatte.

Er stellte sein Rad auf der anderen Straßenseite ab, hinter einer Hecke. Inzwischen war es dunkel geworden. Er ließ es unangeschlossen dort stehen. Das machte er immer so, falls er schnell einmal flüchten musste. Bevor er sich der Wohnung näherte, auf die er es abgesehen hatte, ließ er sich von einem Fenster ablenken, das auf Kipp stand, aber zu einer benachbarten Wohnung gehörte. Er stieg auf einen Mauervorsprung und zog sich am Fenstersims hoch, um hineinlugen zu können. Da es drinnen dunkel war, leuchtete er mit einer kleinen Taschenlampe hinein, die er für solche Zwecke dabeihatte. Damit das Licht nicht zu grell war, hielt er ein Taschentuch davor. Er sah ein Bett, und darin lag eine Frau. Vielleicht war es auch ein Mann, der muss dann aber ziemlich lange Haare gehabt haben. Der Kopf lag so, dass er das Gesicht nicht erkennen konnte.

Nebenan standen sogar gleich zwei Fensterflügel offen – als wollte ihn jemand einladen. Doch da war niemand. Was ihn kein bisschen wunderte, war die Frau – seitdem er sie beobachtete – doch häufiger erst spät in der Nacht nach Hause gekommen.

Überhaupt schien alles geradezu perfekt für ihn hergerichtet: Ohne Hilfe hätte er an das Fenster mit den geöffneten Flügeln nicht einmal herangereicht. Dafür war er zu klein. Da aber auf dem Nachbargrundstück, das nicht durch einen Zaun abgetrennt war, altes Baumaterial herumlag, brauchte er sich nur zu bedienen. Er entschied sich für eine Holzpalette, die er gegen die Hauswand lehnte und wie eine Leiter benutzte. Er leuchtete in das Zimmer hinein, schaltete dann die Lampe aus und wartete, ob sich etwas tat. Nichts. Also leuchtete er ein zweites Mal ins Dunkle und versuchte dabei, sich ein Bild davon zu machen, wie die Wohnung geschnitten war. Wo lag das Schlafzimmer, wo die Küche, wo das Bad? Und gab es noch andere Räume, in denen sich die Frau aufhalten konnte? Ein paar Blicke genügten, und sein Hirn hatte alles gespeichert wie ein fotografisches Gedächtnis. Dann stieg er ein.

Drinnen sah es aus, als hätte die Frau ihre Wohnung fluchtartig verlassen. Es war zwar aufgeräumt, aber ihre Brieftasche lag im Wohnzimmer auf dem Tisch, mit allen wichtigen Ausweisen – und einem ganzen Schwung Hundertmarkscheine, die er augenblicklich in seine Gürteltasche stopfte. Dann suchte er weiter, fand Schmuck, den er wie üblich nicht anrührte. Auch ihre Uhr ließ er liegen, obwohl sie sicherlich wertvoll war. Aber mit Uhren, das war seine Erfahrung, verriet man sich nur. Das Einzige, was ihm noch mitnehmenswert erschien, waren fünf Pornohefte, die er im Schlafzimmer fand, in der Schublade des Nachttischs. Er schmunzelte, als er sie in seiner Hand zusammenrollte – so eine war sie also!

Warum er danach aus dem Fenster kletterte, wusste er selbst nicht so richtig. Er sicherte seine Beute, brachte die Pornohefte zum Fahrrad, ging dann aber wieder zurück, weil er beschlossen hatte, auf die Frau zu warten – in ihrer Wohnung.

Er wählte die Küche als Versteck. Falls sie nicht allein nach Hause kam, konnte er dort aus dem Fenster springen, ehe sie ihn bemerkten. Im Wohnzimmer hätten sie ihn sofort gesehen. Außerdem wirkte das Glas der geöffneten Küchentür wie ein Spiegel, sobald Licht hereinfiel. Er konnte sich gegenüber vor den Küchenschrank setzen, sogar bequem anlehnen und sah trotzdem, wenn jemand die Wohnung betrat.

Bevor er es sich jedoch gemütlich machte, ging er noch einmal ins Schlafzimmer, um sich ein paar Sachen herauszusuchen, die ihm einigermaßen passten. Er kramte ein Weilchen im Schrank und entschied sich dann für eine lange Gymnastikhose und einen gestrickten Pullover – trotz der Hitze. Der Pullover hatte einen Rollkragen, und je mehr Haut bedeckt war, desto weniger Spuren konnte er hinterlassen. Das hatte er den Büchern im Gefängnis entnommen, auch wenn es so direkt nicht dastand. Seine Verkleidung würde es ihr auch erschweren, eine Täterbeschreibung abzugeben, die auf ihn zutraf.

Die Frau kam allein, kurz nach Mitternacht. Ihr schien in der Wohnung nichts aufzufallen. Sie streifte sich die Schuhe von den Füßen, ging barfuß ins Bad, aber nur kurz, danach ins Schlafzimmer. Er war aufgestanden und beobachtete sie, die Strumpfmaske auf dem Kopf. Als sie das Schlafzimmer verließ, trug sie nur noch einen Slip und ihren BH. So steuerte sie auf die Küche zu.

Er machte es wie immer, trat ihr blitzschnell entgegen, presste eine Hand auf ihren Mund und drehte mit der anderen ihre Vorderseite von sich weg. So drängte er sie ins Schlafzimmer zurück, aufs Bett. Auch alles andere lief ab wie sonst, außer dass er diesmal eine Strumpfhose aus ihrem Schrank benutzte, um sie zu fesseln, und als Knebel ein Geschirrtuch, das vorher auf dem Wäscheständer hing.

Er hatte das Küchenfenster extra offen gelassen, damit er schneller wegkam. Doch bevor er verschwand, schob er die Frau beiseite und raffte das Laken zusammen, auf dem sie gelegen hatten. Decke und Kopfkissen hatte er schon zuvor auf den Boden geworfen, damit er wärend der Vergewaltigung damit nicht in Berührung kam. In der Küche, auf dem Weg nach draußen, griff er sich die erstbeste Plastiktüte, die ihm in die Hände fiel, um das Laken zu verstauen. Die Abfälle, die sich darin befanden, schüttete er einfach auf den Fliesenboden. Den Pullover und die Gymnastikhose von ihr behielt er an. Beides warf er später, zusammen mit dem Kondom, das er benutzt hatte, in den Rhein. Nur das Geld und die Pornohefte nahm er mit nach Hause.

Am nächsten Morgen hätte er sechs Uhr dreißig aufstehen

müssen, um pünktlich an seinem Arbeitsplatz zu sein. Er hatte sich einen Wecker gestellt. Der war dann aber überflüssig. Als Weckkommando standen zwei Beamte des Kriminaldauerdienstes vor seiner Tür – eine halbe Stunde früher. Nicht dass er von dem Besuch begeistert gewesen wäre, aber besonders überrascht wirkte er auch nicht. Umso weniger, da er das Gesicht eines der Polizisten sofort wiederzuerkennen schien. Vermutlich war das der Grund, weshalb ihm die Frage, was die beiden von ihm wollten, nur zögernd über die Lippen kam. Die Antwort hätte er sich selbst geben können: »Die gleiche Sache wie damals!«

Plötzlich hatten wir einen Verdächtigen: Silvio Meier, sechsundzwanzig Jahre alt, blonde Haare, einen Meter fünfundsiebzig groß, drahtige Figur – passte alles. Nur der Bart fehlte, aber den konnte er sich abrasiert haben. Sollte dieser Bursche tatsächlich das »Phantom« sein?

Die Frau, die ein paar Stunden zuvor in ihrer Wohnung vergewaltigt worden war, hatte sich – kaum, dass der Täter getürmt war – bei der Polizei gemeldet. Da wir bei der Sitte, anders als beim KK 11, keine Bereitschaftsdienste schoben, landete die Sache umgehend beim Kriminaldauerdienst. Was in dem Fall sogar äußerst hilfreich war.

Wie der Zufall spielte, saß dort genau jener Beamte, der vor Jahren gegen Meier ermittelt hatte und maßgeblich daran beteiligt war, dass der mit gerade einmal sechzehn Jahren im Gefängnis landete. Und daran erinnerte sich der Kollege sofort. Warum ihm nicht früher aufgefallen war, dass die Vergewaltigungsserie, die uns so lange Kopfschmerzen bereitete, verblüffende Parallelen zu Meiers alten Taten aufwies? Ganz einfach. Er hatte irgendwann die Dienststelle gewechselt und war danach beim Kriminaldauerdienst gelandet. Informationsverlust nennt man das wohl. Die Polizei in Köln ist ein riesiger Apparat, ein paar tausend Polizisten, da lässt sich so etwas nicht immer vermeiden. Auch wenn es ärgerlich ist.

Silvio Meier stand in Turnhosen und mit nacktem Oberkörper vor den zwei Beamten, die ihn aus dem Bett geklingelt hatten. Ehe er in irgendeiner Weise reagieren konnte, meinte einer von ihnen, bewusst scheinheilig: »Wir dürfen doch sicher mal reinkommen!« Und schon hatte er seinen Fuß in die Tür gesetzt. Als die beiden drin waren und Silvio Meier meinte, ihnen erzählen zu müssen, am Abend davor gleich ins Bett gegangen zu sein, nachdem er von seiner Freundin zurück war, nutzten sie die Gelegenheit auch gleich, sich in seiner Wohnung umzuschauen. Mit seinem Einverständnis natürlich. Andernfalls hätten sie einen Durchsuchungsbeschluss benötigt. Meier mimte den Harmlosen. Er öffnete ihnen sogar die eine oder andere Schranktür. Allerdings ließ seine Hilfsbereitschaft schlagartig nach, als er merkte, wie gründlich seine Besucher bei ihrer Suche vorgingen.

Meier schien gar nicht daran zu denken, mit der Wahrheit herauszurücken. Dabei hätte er wissen müssen, dass wir ihn spätestens in dem Moment am Haken hatten, als die Pornohefte zum Vorschein kamen. Als Nächstes fiel den Beamten das viele Geld in seinem Portemonnaie auf. Und dann entdeckten sie noch seine Turnschuhe, die er vor dem Badezimmerfenster auf einen Dachvorsprung gestellt hatte. Angeblich zum Trocknen. Er hätte sie erst einmal säubern sollen. Sie waren nicht nur nass, sondern darüberhinaus reichlich mit brauner Erde beschmiert. Man hätte Wetten darauf abschließen können, dass es sich um die gleiche Erde handelte wie in dem Garten, in dem er ein paar Stunden zuvor herumgetapert war. Und es war garantiert auch die gleiche, die wir dann in der Wohnung seines letzten Opfers fanden. Er musste im Garten in eine Pfütze getreten sein. Die Schuhabdrücke, die er auf dem Fenstersims und auf dem Fußboden im Wohnzimmer hinterlassen hatte, hätten kaum deutlicher zu sehen sein können. Dass er sie nicht selbst bemerkt und weggewischt hatte! Aber so ist es immer: Ein Täter, der sich zu sicher fühlt, macht Fehler. Und Silvio Meier waren diesmal gleich mehrere unterlaufen.

Zehn Tage brütete er in seiner Zelle, ohne mit einem Geständnis herauszurücken. Wir gingen noch einmal alle offenen Fälle durch, für die er als Täter in Betracht kam. Es waren mehr als zwanzig. Und damit hatten wir nur die, bei denen die Opfer den Mut gehabt hatten, sich uns zu offenbaren und Anzeige zu erstatten. Die Dunkelziffer, das weiß man inzwischen, liegt bei solchen Verbrechen um ein Vielfaches höher.

Dann auf einmal änderte Silvio Meier doch seine Meinung. Wir holten ihn zur Vernehmung ins Präsidium. Es war, als hätte er sich entschlossen, bei einem Marathon an den Start zu gehen. Da weiß man vorher auch nicht, ob man zum Ziel gelangt. Allerdings wollte er die Strecke nur in Etappen bewältigen, mit Pausen – und nicht ohne unsere Hilfe. Anders gesagt: Wir mussten ihn zwischendurch immer mal ein bisschen anschubsen. Die letzte Tat schilderte er am genauesten, was nicht verwunderlich war. Je länger die Fälle zurücklagen, desto unschärfer wurden seine Erinnerungen. Es passierte nicht nur einmal, dass er Details verschiedener Taten durcheinanderbrachte. Ich glaube, ihm war längst selbst der Überblick verloren gegangen. In der Anklageschrift fanden sich später die Namen von zweiundzwanzig Frauen, dabei dürften es höchtswahrscheinlich mehr Opfer gewesen sein.

Ich wurde aus dem Kerl nicht schlau. Was war das für ein Mensch, den wir da vor uns hatten? Einerseits beteuerte er, den Frauen habe er niemals Gewalt antun wollen. Andererseits zeigte er aber auch keine Reue, jedenfalls nicht so, dass wir sie ihm abgekauft hätten. Vor Gericht, im Prozess gegen ihn, wurde später die Frage nach seiner Schuldfähigkeit aufgeworfen. Meiers Verteidiger setzte ganz darauf, seinem Mandanten eine »erheblich verminderte Schuldfähigkeit« bescheinigen zu lassen. Er wollte ihn nicht im Gefängnis sehen, sondern in einer psychiatrischen Klinik, damit er dort therapiert würde. Um diese Einschätzung zu untermauern, wurde sein Lebenslauf gründlich auseinandergepflückt, praktisch vom Tag seiner Geburt bis zur letzten Verhaftung.

Silvio Meier wurde als uneheliches Kind geboren. Seine Mutter hatte sich während der Schwangerschaft vom Vater getrennt. Dafür heiratete sie einen anderen Mann, der ihren Sohn adoptierte. Das erfuhr der Junge allerdings erst mit dreizehn Jahren, so lange hatte er ihn für seinen leiblichen Vater gehalten. Ein enges Verhältnis war zu ihm trotzdem nie entstanden. Denn entweder war der Adoptivvater nicht da, weil er arbeiten musste, oder er erlebte ihn, wie er sich mit seiner Mutter stritt und sie nach Strich und Faden verprügelte, mit allen Abscheulichkeiten, Faustschlägen und Fußtritten. Aber ihn selbst traf es auch oft genug. Ledergürtel, Teppichklopfer, Holzstöcke – da war der Adoptivvater nicht wählerisch.

Als die Ehe auseinanderging, flüchtete sich seine Mutter in Affären, schleppte ständig Männer mit nach Hause, die sie irgendwo aufgegabelt hatte, meistens in abgeranzten Kaschemmen. Ihre Kinder – Silvio hatte noch zwei Halbgeschwister – überließ sie einfach sich selbst. Oder es kümmerten sich Nachbarn, die das Elend nicht mit ansehen konnten. Das verhinderte nicht, dass der Junge anfing, ständig an seinen Fingernägeln zu kauen und von seinen Mitschülern gehänselt wurde, weil er so schlimm stotterte, dass sie ihn kaum verstanden.

Wenn er bis dahin »nur« seine Schulkameraden beklaut und hin und wieder Geld aus dem Portemonnaie seiner Mutter entwendet hatte, fing er jetzt an, alten Frauen auf der Straße die Handtasche zu rauben. Es folgten die ersten Einbrüche – in Gartenlauben, Kioske und Sportlerheime, die waren am leichtesten zu knacken. Sein Unrechtsbewusstsein schien sich schon damals in Grenzen zu halten. Nicht dass er nicht kapiert hätte, was er anstellte. Doch da ihm seine Mutter das Taschengeld, das sie erst herausrückte, am nächsten Tag wieder wegnahm, weil sie es für die Haushaltskasse brauchte oder für Schnaps, fand er es nur richtig, sich selbst ein bisschen Geld zu beschaffen. Bald verging kaum eine Woche, in der er nichts ausgefressen hatte. Er legte Feuer, lief von zu Hause weg, schleuderte eine Katze gegen eine Wand oder quälte Enten, indem er ihnen kleine Stöcke in die Darmöffnung steckte.

Vielleicht waren das alles Hilferufe eines pubertierenden Kindes, das sich nicht anders bemerkbar zu machen wusste – es erhörte sie nur niemand. Schon gar nicht seine Mutter, von der er es sich am meisten gewünscht hätte. In einer Vernehmung bezeichnete er sie als »Furie« und »Hexe« und als »Säuferin«. Sie heule ständig herum ohne Grund, sei aber auch bloß eine »arme Sau«, weil sie immer Pech mit den Männern habe. Dass sie ihn als Kind häufig geschlagen hatte, meistens mit einem Kleiderbügel aus Holz, wollte er ihr aber trotzdem nicht verzeihen.

Falls er uns keinen Bären aufband, was ich nicht glaubte, musste er seine Kindheit in einer emotionalen Kühlhalle verbracht haben. Familienfeste wie Weihnachten fanden dort nicht statt. Und es gab keine Gute-Nacht-Küsse. Nicht einmal in den Arm genommen wurde er von seiner Mutter. Oder das letzte Mal lag so lange zurück, dass er sich nicht daran erinnern konnte.

Dagegen war ihm ein anderes Erlebnis sehr genau im Gedächtnis geblieben: Mit zwölf oder dreizehn rannte er einmal beim Toben gegen einen Baumstamm, erwischte den so unglücklich mit dem Kopf, dass er k.o. ging, sich erbrach und einen Moment bewusstlos war. Und was tat seine Mutter, kaum dass er sich wieder aufgerappelt hatte? Sie pfefferte ihm eine, dass er gleich ein zweites Mal zusammensackte.

Wenn es für Silvio Meier jemals eine Vaterfigur gegeben hatte, dann erfüllte diese Rolle am ehesten der Mann, den seine Mutter als Nächsten heiratete. Ein Alkoholiker zwar und ein schlichtes Gemüt, aber ein herzensguter Mensch. Das war jener Stiefvater, von dem schon die Rede war. Der sich um ihn gekümmert hatte, als er das erste Mal im Gefängnis saß. Und der ihn bei sich aufnahm, nachdem er wieder draußen war und nicht wusste, wohin er gehen sollte. Von dem er sich allerdings auch eine Angewohnheit abguckte – das Saufen.

Silvio Meier meinte selbst, in seiner Kindheit einen seelischen Knacks bekommen zu haben. Das erklärte sicher vieles. Nur: Wo lag da die Verbindung zu den Vergewaltigungen? Dass er Autos knackte und in Wohnungen einbrach, um Geld zu erbeuten – das leuchtete ein. Geld war immer ein Problem für ihn. Zu der Zeit, als wir ihn verhafteten, hatte er fast fünfzehntausend Mark Schulden angehäuft. Das meiste Geld war für die Einrichtung seiner Wohnung draufgegangen. Einen beträchtlichen Teil hatten ihm aber auch die Huren abgenommen. Von denen er sogar dann nicht lassen konnte, wenn er eine feste Freundin hatte. Und er hatte fast immer eine. Zwischen seiner Haftentlassung und der Festnahme durch uns waren es allein fünf gewesen. Kurze Affären und flüchtige Bekanntschaften nicht mitgerechnet, die er nur suchte, um auf unkomplizierte Weise mit Frauen im Bett zu landen, am besten noch am selben Abend. Doch all diese Frauen schienen ihm nicht genug gewesen zu sein.

Warum das so war? Die Antwort auf diese Frage blieb Silvio Meier uns schuldig. Nicht einmal im Prozess kam das heraus. Die bekannten Erklärungsmuster – Hass auf Frauen, Lust an sexueller Unterdrückung, Machtausübung oder die verschiedensten Rachefantasien für etwas, das dem Täter irgendwann einmal angetan wurde – trafen in seinem Fall offenbar nicht das Wesentliche. Worin dies auch immer bestanden haben mag. Vielleicht hätte man die Antwort am ehesten in dem gestörten Verhältnis zu seiner Mutter finden können. Andererseits: Gab es überhaupt jemanden, zu dem er kein gestörtes Verhältnis hatte?

Als ich später noch einmal darüber nachdachte, erinnerte ich mich daran, wie Silvio Meier in einer Vernehmung gesagt hatte, ihn habe selbst gewundert, dass man ihn »so lange Zeit all die Taten machen ließ«, wie er das ausdrückte. In dem Zusammenhang hatte er offenbart, dass er immer dann durch die Gegend geradelt sei, wenn vorher aus irgendeinem Grund alles wieder hochgekommen sei, die ganzen alten Geschichten, seine verkorkste Kindheit und so. Und dann habe er eben die Frauen beobachtet und das andere getan – womit er die Vergewaltigungen meinte. Vielleicht ist es ein kühner Gedanke, aber es könnte doch sein, dass seine Taten für ihn wieder nur so etwas wie Hilfeschreie waren. Dass er im Unterbewusstsein immer gehofft hatte, es würde endlich jemand auftauchen und ihn aus seinem verpfuschten Leben holen, ihn retten.

Silvio Meier wurde zu zwanzig Jahren Haft verurteilt. In der ersten Instanz entschied das Kölner Landgericht, ihn zur Therapie in eine geschlossene psychiatrische Klinik einzuweisen. Die Zeit dort sollte auf die Haftstrafe angerechnet werden. Der Bundesgerichtshof kippte das Urteil. Die Richter in Karlsruhe erklärten, Meier habe in keinem der Fälle spontan gehandelt, sondern überlegt und geplant. Also sei ihm auch keine verminderte Schuldfähigkeit zu attestieren. Meier muss die zwanzig Jahre im Strafvollzug absitzen.

Vermisst

Liane Braakfeld sah der Kriminalkommissarin, die ihr gegenübersaß, in die Augen und schüttelte den Kopf. Nein, sie konnte sich nicht erklären, warum ihre Tochter nicht nach Hause kam oder sich wenigstens telefonisch bei ihr meldete. Nadine war fünfzehn Jahre alt und sonst nie über Nacht weggeblieben, ohne dass ihre Mutter gewusst hätte, wo sie steckte.

Sie hatten ein gutes Verhältnis gehabt. Als Nadine vor einem Jahr einen Freund nach Hause brachte, ihren ersten richtigen, besprachen Mutter und Tochter, dass es vernünftiger sei, sie würde sich die Pille verschreiben lassen. Obwohl sie gerade erst vierzehn geworden war, durfte sie bei ihm übernachten und er umgekehrt auch bei ihr. Und nachdem die beiden das erste Mal miteinander geschlafen hatten, erzählte sie es ihrer Mutter sogar von sich aus. Sie verheimlichte nicht einmal, dass sie innerlich noch gar nicht so weit gewesen sei, sich irgendwie zu jung gefühlt habe. Ihr Freund war vier Jahre älter. Die Beziehung war dann auch bald in die Brüche gegangen.

In letzter Zeit allerdings war Nadine rebellischer geworden und widerspenstiger. Sie erzählte ihrer Mutter kaum noch etwas, suchte nicht die gewohnte Vertrautheit, ging ihr stattdessen mit ihrer Zickigkeit manchmal ziemlich auf die Nerven. Sie wirkte häufig gereizt, schottete sich ab, wollte niemanden in ihrem Zimmer haben, mit Ausnahme der Freundinnen, die sie besuchten. Aber das hielt Liane Braakfeld für die übliche Trotzphase bei Mädchen ihres Alters. Pubertät halt, die Zeit der Rebellion. Es ärgerte sie zwar, dass Nadine sich auch in der Schule Probleme eingehandelt hatte, aus reiner Faulheit, wie sie meinte, doch was hätte sie dagegen tun sollen? Bis vergangenen Sommer war ihre Tochter auf ein Gymnasium gegangen, hatte es dort aber zu sehr schleifen lassen, so dass sie sitzen geblieben wäre. Sie schlug ihr deshalb vor, auf eine Realschule zu wechseln – und das tat sie dann. An der neuen Schule strengte sie sich wieder mehr an, ihre Noten wurden besser, die meisten Mitschüler mochten ihre offene, freundliche Art. Kontaktfreudig war sie als kleines Kind schon gewesen.

Liane Braakfeld war neununddreißig und wohnte mit ihrer Patchworkfamilie in einem kleinen Reihenhaus am nordwestlichen Stadtrand von Köln. Die Gegend war fast schon ländlich. Außer Nadine hatte sie noch einen Sohn, der fünf Jahre jünger war, allerdings nicht vom selben Vater stammte. Und auch nicht von dem Mann, der jetzt mit ihnen unter einem Dach lebte. Etwas kompliziert, die Familienverhältnisse. Liane Braakfeld war kaum zwanzig gewesen, als Nadine geboren wurde, damals steckte sie mitten in der Ausbildung. Sie hatte vorher Abitur gemacht und war aus diesem Grund mit der Lehre etwas später dran. Sie blieb danach noch knapp ein Jahr mit Nadines Vater zusammen, trennte sich dann aber, weil er nicht aufhörte Heroin zu spritzen und jeden beklaute, auch sie. Von da an hatten Mutter und Tochter keinerlei Kontakt mehr zu ihm. Er ließ sich nie blicken, um Nadine zu besuchen, schickte ihr nie Geschenke, nicht zum Geburtstag, nicht zu Weihnachten. Nadine war keine drei Jahre alt, als Liane Braakfeld eines Tages in der Zeitung las, dass er sich einen »goldenen Schuss« gesetzt hatte.

Eine Weile wohnten die beiden bei Liane Braakfelds Eltern, ehe sie einen anderen Mann kennenlernte, in den sie sich Hals über Kopf verliebte. Sie zögerte nicht lange, zog mit ihrer Tochter zu ihm, ein paar Monate später wurde geheiratet, im Jahr darauf bekam Nadine ein Brüderchen. Ungefähr im selben Tempo ging danach die Trennung vonstatten. Liane Braakfeld stand wieder allein da, diesmal mit zwei Kindern. Allerdings nicht lange, dann erschien der nächste Verehrer auf der Bildfläche. Nach der letzten Erfahrung ließ sie es mit ihm langsamer angehen. Nadine war anfangs sehr eifersüchtig, sie wollte, dass sie und ihr Bruder die Mutter allein für sich haben. Doch mit der Zeit hatten sich alle vier zu einer Familie zusammengerauft.

Es gab strengere Mütter als Liane Braakfeld. Nadine war noch vierzehn gewesen, als sie ihr bereits erlaubte, freitags bis dreiundzwanzig Uhr in die Disko zu gehen. Auch samstags brauchte sie erst um diese Zeit zu Hause zu sein. In der Woche galten zwar andere Regeln, aber da musste sie am nächsten Morgen auch zur Schule. Bisher hatte sich Nadine daran gehalten, hatte sich jedes Mal abgemeldet und war pünktlich wieder zurück gewesen, von einzelnen Ausnahmen abgesehen. Doch neuerdings war ihr das zu wenig. Sie fühle sich eingeengt und bevormundet, wie sie sagte, forderte mehr Freiheiten. Da sie die aber nicht erhielt, büxte sie heimlich aus, aber immer nur für ein paar Stunden. Um sich mit irgendwelchen Kumpels zu treffen, von denen die meisten älter waren als sie. Erst letzte Woche, es waren Frühjahrsferien, hatte sie wieder einen ihrer heimlichen Ausflüge unternommen. Das wäre wahrscheinlich nicht einmal aufgeflogen, hätte sie nicht vergessen, den Haustürschlüssel von innen aus dem Schloss zu ziehen. Dadurch konnte sie, als sie gegen zwei Uhr morgens zurückkam, von außen nicht aufschließen und musste draußen warten, bis die anderen wach wurden.

Überhaupt hatte Nadine vom Familienleben zuletzt wenig wissen wollen. Während ihre Mutter für den Sommer einen gemeinsamen Urlaub geplant hatte, wollte sie lieber mit einer Kirchengruppe verreisen, mit Gleichaltrigen. Es überraschte also niemanden, als sie sich am Sonntag – der war gestern – weigerte, mit Mutter, Stiefvater und Bruder zu einer Gartenausstellung zu fahren. Sie meinte, sie sei mit Freunden aus ihrer Clique verabredet. Ihre Mutter hätte sie zwar gern bei sich gehabt, auch weil es der letzte Ferientag war, wollte sich aber nicht schon wieder mit ihr anlegen. Sie bat sie lediglich, nicht so spät nach Hause zu kommen, damit sie zusammen zu Abend essen könnten. Als sie gegen Mittag zu der Gartenausstellung aufbrachen, saß Nadine noch im Schlafanzug am Küchentisch.

Seitdem waren mehr als vierundzwanzig Stunden vergangen. Liane Braakfelds erste Enttäuschung darüber, dass sich Nadine am Abend nicht an die Absprache gehalten hatte, wich immer mehr einer diffusen Angst, ihr könnte etwas zugestoßen sein. Sie sträubte sich gegen diesen Gedanken, dabei drängte er sich mit jeder Stunde, die verstrich, stärker auf. Bisher hatte sie niemanden gefunden, der ihr sagen konnte, wo sich ihre Tochter aufhielt. Noch am Abend hatte sie alle Klassenkameraden abtelefoniert, von denen sie die Nummer wusste, außerdem einige von Nadines Freundinnen und sogar ein paar Jungs aus ihrer Clique. Doch keiner hatte sie gesehen, niemand wusste, wo sie sein könnte.

Die Nacht war ein einziger Alptraum gewesen. Sie hatte kein Auge zugetan, war aber auch nicht zur Polizei gefahren, weil sie die ganze Zeit gehofft hatte, Nadine würde jeden Moment in der Tür stehen. Und kaum dass es am Morgen sieben Uhr gewesen war, hatte sie wieder angefangen, alle möglichen Leute anzurufen. Als sie später von der Schule erfuhr, dass Nadine dort ebenfalls nicht erschienen war, wusste sie gar nicht mehr, was sie denken sollte.

Vielleicht – das war noch eine Überlegung, die sie beschäftigte – war ihre Tochter ja von zu Hause weggelaufen. Weil sie auf ihre Forderungen nicht eingegangen war. Oder weil es irgendwo einen Jungen gab, in den sie verknallt war, wovon sie ihr diesmal aber nichts erzählt hatte. Doch selbst wenn dem so gewesen sei – Liane Braakfeld konnte sich beim besten Willen nicht vorstellen, dass ihre Tochter einfach so verschwunden wäre, ohne eine Nachricht zu hinterlassen. Und wenn nicht bei ihr, falls sie aus irgendeinem Grund sauer war, dann doch bei den Großeltern, mit denen verstand sie sich gut, oder zumindest bei einer Freundin. Und wäre sie wirklich abgehauen, hätte sie garantiert mehr Sachen mitgenommen als nur ihre neue Umhängetasche mit ein bisschen Schminkzeug drin, den Hausschlüssel, ihr Schülerticket und zehn, höchstens fünfzehn Euro, viel mehr können in ihrem Portemonnaie nicht gewesen sein. Sowohl ihr Kinderausweis als auch das Geld, das sie in einer Eisdiele verdient und für die Reise im Sommer gespart hatte, lagen in ihrem Schreibtisch. Nicht einmal ihre Jacke hatte sie eingepackt, die hing an der Garderobe. Zwar war es am Sonntag warm gewesen, doch sie hatten März, sobald die Sonne verschwand, kühlte es empfindlich ab. Dass sie trotzdem nur in Jeans und mit einer dünnen Bluse losgegangen war, schien ihr eher ein Hinweis darauf, dass ihre Tochter vorgehabt hatte, zum Abendessen wieder zurück zu sein. Deshalb saß Liane Braakfeld im Polizeipräsidium, bei der Kollegin von der Kriminalwache; der Pförtner hatte sie dorthin geschickt.

In Köln werden jedes Jahr rund zweitausendvierhundert Menschen als vermisst gemeldet. Im Schnitt macht das sechs bis sieben pro Tag. Ungefähr vierzig Prozent davon sind Erwachsene, bei circa sechzig Prozent handelt es sich um Minderjährige, also Kinder und Jugendliche. Drei Viertel aller Verschwundenen werden innerhalb von Stunden oder spätestens nach drei Tagen gefunden, falls sie nicht sogar von allein wiederauftauchen. Bei anderen dauert es länger, doch nur die allerwenigsten bleiben für immer verschollen. Die Suchmaßnahmen, die in den einzelnen Fällen eingeleitet werden, richten sich nach dem Alter der vermissten Person, aber auch danach, ob es Hinweise darauf gibt, dass sie in Gefahr schwebt oder gar einem Verbrechen zum Opfer gefallen sein könnte. Bei einem fünfzehnjährigen Mädchen wie Nadine, das seiner Mutter in letzter Zeit einige Probleme bereitet hatte, ansonsten aber nicht besonders gefährdet schien, lief nicht automatisch dieselbe Maschinerie an wie bei einem Kleinkind, das eben noch vor dem Haus gespielt hatte und nun plötzlich verschwunden war.

Das heißt nicht, dass nicht nach ihr gesucht worden wäre. Die erste Fahndungsmeldung ging umgehend per Funk raus. Alle Polizeiwachen erhielten ein Foto von Nadine und dazu eine genaue Beschreibung ihrer Person und der Kleidung, die sie vermutlich anhatte – schwarze Jeans, beige Bluse, schwarze Turnschuhe mit drei weißen Streifen. Das waren zumindest die Stücke, die zu Hause fehlten, Liane Braakfeld hatte nachgesehen.

Parallel dazu wurde in sämtlichen Krankenhäusern nach einer neuen Patientin gefragt, auf die Nadines Beschreibung passte. Eine weitere Anfrage ging an die Einsatzzentrale der Feuerwehr, und in der eigenen Behörde forschten die Kollegen ebenfalls. Vielleicht hatte es irgendwo eine Leiche gegeben, die noch nicht identifiziert werden konnte.

Die Fahndung in der Öffentlichkeit kurbelte Liane Braakfeld selbst an. Sie konnte nicht tatenlos zu Hause sitzen und abwarten. Je mehr Leute erfuhren, dass sie ihre Tochter suchte, dachte sie, desto größer wäre die Chance, dass sich jemand meldete, der sie gesehen hatte. Sie entwarf am Computer ein Plakat mit einem Foto, das Nadine im letzten gemeinsamen Urlaub zeigte, irgendwo an einem Strand. Davon druckte sie Dutzende Exemplare und hing sie überall dort auf, wo sich das Mädchen ihrer Meinung nach am Sonntag aufgehalten haben könnte: an Straßenbahnhaltestellen, auf einem Sportplatz, rund um den Spielplatz, auf dem sich ihre Clique meistens traf. Außerdem wandte sie sich an verschiedene Zeitungen, damit diese Nadines Foto und eine Suchmeldung veröffentlichten. Sie ließ Journalisten ins Haus, es war ihr unangenehm, das Privatleben ihrer Familie vor Fremden auszubreiten, doch sie wusste nicht, was sie sonst hätte tun sollen.

Tatsächlich meldete sich eine Reihe von Leuten, die Nadine am Sonntag und sogar danach gesehen haben wollten. Die größte Hoffnung verbreitete eine gute Bekannte der Familie, die meinte, Nadine sei ihr eine Woche, nachdem sie verschwunden war, in der Innenstadt über den Weg gelaufen. Das Mädchen habe sie zwar nicht bemerkt, sie sei aber sicher, dass es Nadine war. Irrtum ausgeschlossen. Die Zeugin erwähnte auch die Handtasche, die Nadine mitgenommen hatte. Das machte ihre Aussage umso glaubwürdiger. Denn die Tasche konnte sie vorher nicht bei ihr gesehen haben. Nadine hatte sie erst kurz vor ihrem Verschwinden geschenkt bekommen.

Trotzdem musste sich die Frau geirrt haben, aber das stellte sich erst später heraus. Vielleicht hatte sie die Beschreibung der Tasche in der Zeitung gelesen – und, an dem Tag beim Einkaufen in der Stadt, nur jemanden mit Nadine verwechselt. Man glaubt gar nicht, wie vielen so etwas passiert. Besonders wenn nach jemandem gesucht wird, den sie kennen.

Doch erst einmal lenkte ihre Information die Ermittlungen in eine Richtung, die eigentlich schon so gut wie abgehakt war. Dass Nadine nur von zu Hause ausgerissen sein könnte, hatte in der Vermisstenstelle kaum noch einer geglaubt. Der Erfahrung nach hätte sie dann längst jemandem aufgefallen sein müssen. Sie brauchte Geld, sie musste etwas essen, und mit der Kleidung, die sie am Leib trug, wäre sie auch nicht lange über die Runden gekommen.

Die Sache blieb zunächst ein Fall für die Vermisstenstelle. Trotzdem wurden wir beim KK 11, das ich zu der Zeit leitete, täglich über den neuesten Stand informiert. Jeder erfahrene Ermittler wusste, die Chance, das Mädchen lebend zu finden, wurde mit jedem Tag, der verging, geringer. Proportional dazu stieg die Wahrscheinlichkeit, dass die Akte in unserem Kommissariat landen würde. So makaber es klingt: Es schien nur eine Frage der Zeit zu sein. Schon deshalb war es besser, sich auf dem Laufenden zu halten.

Neben den Hinweisen, die nach den Presseveröffentlichungen aus der Bevölkerung eingingen und abgearbeitet werden mussten, nahmen sich die Kollegen Nadines Schulkameraden und die Jungs und Mädchen ihrer Clique vor, zumindest die, die sie zu greifen bekamen. Zur Clique gehörten ungefähr zwanzig Jugendliche, die nachmittags häufig auf einem Spielplatz abhingen, allerdings selten alle gleichzeitig. Schwer zu sagen, ob die jungen Leute untereinander wirklich so gut befreundet waren, wie sie taten. Was sie auf alle Fälle zu verbinden schien, war Langeweile. Und Gras – das Gras, das man rauchen kann. Irgendwer aus der Gruppe wusste offenbar immer, wo der nächste Joint aufzutreiben war. Manchmal kifften sie bereits morgens vor der Schule. Und Nadine soll in letzter Zeit fleißig dabei gewesen sein.

Für Liane Braakfeld war das keine gänzlich neue Information. Sie hatte selbst ein Plastiktütchen mit Marihuana im Zimmer der Tochter gefunden. Nur das Ausmaß ihrer Kifferei dürfte sie unterschätzt haben. Unwichtig war diese Erkenntnis nicht, wie sich noch herausstellen sollte. Doch für den Moment brachte sie die Kollegen nicht weiter. Wen sie auch fragten, sie bekamen nicht einmal heraus, mit wem Nadine an dem Sonntag zuletzt zusammen war. Dabei dürfte sie das Haus kaum verlassen haben, ohne dass sie sich vorher mit jemandem verabredet hatte. Zumindest wäre das sehr untypisch für sie gewesen.

Es dauerte neun Tage, bis ein Hinweis einging, der die Ermittlungen endlich voranbrachte. Eine Lehrerin aus Nadines Schule meldete sich bei der Vermisstenstelle. Schüler hätten ihr berichtet, Nadine an besagtem Sonntag an einer Straßenbahnhaltestelle gesehen zu haben, mit einem Jungen, der auch auf ihre Schule ging. Sie meinten Thorsten Fännert, siebzehn Jahre alt, bei uns aktenkundig wegen mehrerer kleiner Diebstähle, für die er gerade erst zu fünfzig Sozialstunden verdonnert worden war.

Wie sollte man sein Verhalten werten? Alle Welt suchte nach diesem Mädchen, aber er, der möglicherweise der Letzte war, der mit Nadine gesprochen hatte, hielt es nicht für nötig, sich bei der Polizei zu melden – oder wenigstens bei ihrer Mutter. Und das über eine Woche lang. Wenn ihn das nicht verdächtig machte, was dann?

Zwei Kollegen der Ermittlungsgruppe, die inzwischen für den Fall zusammengestellt worden war, fuhren sofort zu ihm nach Hause. Er wohnte bei seinen Eltern, die ein Haus besaßen, nicht weit von den Braakfelds entfernt. Was Thorsten Fännert ihnen erzählte, klang alles andere als glaubwürdig. Deswegen bestellten sie ihn für den nächsten Tag aufs Präsidium, um ihn als Zeugen zu vernehmen. Sie hätten ihn auf der Stelle einsacken und mitnehmen können, doch manchmal erweist es sich als hilfreich, den Leuten etwas Bedenkzeit zu geben.

Besonders wenn es so offensichtlich war, dass ihnen jemand einen Bären aufbinden wollte, wie bei Fännert. Wer von Anfang an die Wahrheit sagt, wird sich keine neue Version einfallen lassen, ganz gleich, wie oft man ihn vernimmt, warum auch? Wer dagegen erst mal mit einer Lüge um die Ecke kommt und vielleicht sogar merkt, dass ihm die nicht abgekauft wird, dem bleiben im Grunde zwei Möglichkeiten: Entweder er ringt sich durch, beim nächsten Mal die Wahrheit auf den Tisch zu packen. Oder er versucht, seine Version so zu verändern, dass sie glaubwürdiger erscheint.

Uns wäre die Wahrheit am liebsten gewesen. Doch auch die zweite Variante, die aufgebesserte Lüge sozusagen, brachte einen in der Regel weiter. Allein die Tatsache, dass man eine geänderte Version vorgesetzt bekam, war verräterisch. Außerdem verheddern sich die meisten Lügner irgendwann in Widersprüche, selbst wenn es scheinbar unbedeutende Kleinigkeiten betrifft. Und da kann man dann ansetzen.

Thorsten Fännert gab sich alle Mühe, nicht eingeschüchtert zu wirken. Es war ziemlich offensichtlich, dass er eine Rolle spielte – und das nicht gerade überzeugend. Seine Vernehmung dauerte ungefähr eine halbe Stunde, als ihm der erste Fehler unterlief. Vorher hatte er berichtet, dass er Nadine zwar kenne, allerdings nicht sonderlich gut. Sie seien sich hin und wieder begegnet, meistens zufällig an einer Straßenbahnhaltestelle, hätten jedoch nie gemeinsam etwas unternommen. Sie gehöre zu einer anderen Clique als er. Dann stellten wir ihm die Frage, ob Nadine irgendetwas mit Drogen zu schaffen haben könnte.

Es war schon auffällig, dass sein »Nein« wie aus der Pistole geschossen kam. Er meinte, sie habe höchstens mal ein Bier getrunken. Doch als er direkt darauf schildern sollte, wie er jenen Sonntag verbrachte, als er Nadine das letzte Mal traf, geriet er auf einmal ins Stocken. Noch dazu an einer Stelle, die einem nicht unbedingt brisant erschienen wäre. Nämlich, als er erzählte, wie er Nadine aus einer Telefonzelle – so etwas benutzte man damals noch – angerufen hatte. Als die Beamten daraufhin den genauen Standort der Telefonzelle wissen wollten und jemanden losschickten, der seine Angaben überprüfen sollte, meinte er plötzlich etwas kleinlaut: »Ich muss was richtigstellen. Das mit der Telefonzelle stimmt schon. Aber nicht das mit den Drogen. Nadine kifft doch. Und ich weiß auch, dass sie sich selbst Gras besorgt hat.«

Offenbar fürchtete er, die Beamten könnten nicht nur die genaue Uhrzeit ihres Telefonats herausbekommen, sondern auch, worüber sich die beiden unterhalten hatten.

Das verriet er uns dann aber von ganz allein. Nadine schien ihm nicht annähernd so gleichgültig gewesen zu sein, wie er behauptet hatte. Sonst hätte er an dem Sonntag kaum versucht, sie zu überreden, sich unbedingt mit ihm zu treffen. Seinen Worten zufolge sei sie gleich dazu bereit gewesen, aber das glaubten ihm die Kollegen nicht. Warum hätte er ihr sonst von einem Freund erzählen sollen, der angeblich eine Tüte Gras dabeihatte und den Stoff mit ihnen teilen wollte? Zumal der Freund, dessen Namen er nannte, zwar tatsächlich existierte, aber mit Marihuana nichts am Hut hatte.

Es war, als wäre Fännert in die falsche Richtung auf eine Autobahn gefahren – er unternahm ein Ausweichmanöver nach dem anderen. Erst recht, nachdem er auch Nadines früheren Freund, mit dem sie das erste Mal Sex hatte, ins Spiel brachte. Obwohl Fännert selbst gemerkt haben muss, dass die Geschichte, die er präsentierte, so unlogisch war wie nur was, klammerte er sich förmlich daran.

Sie ging ungefähr so: Zuerst sei er von Nadines Exfreund angerufen worden, der gefragt habe, ob er mit zum Fußballspielen auf den Bolzplatz käme. Als Reaktion darauf wollte er dann mit Nadine telefoniert haben, um sie dazu zu bringen, ihn dorthin zu begleiten. Aber nicht etwa seiner selbst wegen. Vielleicht, habe er sich gedacht, würden sich die beiden – also Nadine und ihr Ex – ja wieder vertragen. Oder sie hätte wenigstens Spaß daran, mit den beiden Jungs ein bisschen herumzubolzen. Und die Sache mit dem Freund und dem Gras? Das wollte er nur im Scherz gemeint haben. Weil er doch gewusst habe, wie scharf Nadine auf das Zeug gewesen sei.

Auf diesen kleinen Scherz soll Nadine allerdings ziemlich wütend reagiert haben, als sie Fännert dann tatsächlich traf und merkte, dass ihn der Freund gar nicht begleitete und er selbst auch kein Gras dabeihatte. Deshalb sei ihr Zusammensein dann auch schnell vorbei gewesen. Sie habe ihn angeschrien – »du Arsch« und so – und sei sofort wieder umgekehrt. Da waren sie angeblich gerade mal ein paar Schritte zusammen gelaufen.

Kein einziges Wort hätten die Kollegen ihm geglaubt – wären da nicht Zeugen gewesen, denen Fännert kurz danach begegnet war, ganz in der Nähe. Die Eltern eines Klassenkameraden. Sie hatten ihn sogar angesprochen. Dabei war ihnen nichts Ungewöhnliches an dem Jungen aufgefallen. Er sah weder besonders verschwitzt oder irgendwie abgehetzt aus, noch war seine Kleidung schmutzig und schon gar nicht mit Blut beschmiert. In ihren Augen war er so, wie sie ihn kannten.

Das Gleiche sagten seine Eltern, die zu Hause waren, als er zurückkam. Und auch ein Freund, der ihn ungefähr zwei Stunden später mit dem Auto abholte, um mit ihm durch die Gegend zu kurven, einfach so, zum Zeitvertreib. Der meinte sogar, sein Kumpel sei richtig gut drauf gewesen.

Da denkt man, man hat jemanden am Schlafittchen – und dann das! Konnte sich ein Siebzehnjähriger dermaßen abgebrüht verhalten? Oder hatten sich die Kollegen in etwas verrannt? Wenn Fännert mit dem Verschwinden des Mädchens tatsächlich nichts zu tun hatte, wie er behauptete, warum hatte er ihnen diese haarsträubende Geschichte aufgetischt? Damit brachte er sich doch nur selbst in Verdacht.

Ich erinnere mich noch heute sehr gut, wie es sich immer anfühlte, wenn man glaubte, man sei auf dem richtigen Weg, aber trotzdem irgendwie nicht weiterkam. Stillstand war bei Ermittlungen das Schlimmste. Es ließ einen nie ruhig schlafen, wenn man wusste, es gab einen Täter und der lief irgendwo da draußen frei herum.

Trotz seiner Unschuldsbeteuerungen galt Thorsten Fännert intern als Hauptverdächtiger. Daran änderten auch die Zeugenaussagen nichts. Obwohl sie ihn auf den ersten Blick entlasteten, gab es einfach zu viel, das gegen ihn sprach. Wir hatten zwei Puzzleteile, die nicht ineinanderpassten, aber das konnte daran liegen, dass dazwischen ein drittes gehörte, welches uns noch fehlte.

Fännert hatte sich mit Nadine an einer Straßenbahnhaltestelle getroffen, die in der Nähe eines Brachgeländes lag, das vollkommen verwildert war. Genau dort wurde eine Suchaktion gestartet. Früher hatten sich auf dem Areal mehrere Baggerteiche befunden. Die waren mit der Zeit ausgetrocknet. Deswegen lag die Fläche auch sechs oder sieben Meter tiefer als die Bahngleise und zwei Straßen, die das mehr oder weniger quadratische Gelände einfassten.

Man musste also erst einen steilen Hang hinunter. Und oben vorher einen Zaun überwinden. Aber das war nicht weiter schwierig. Der Maschendraht hatte an mehreren Stellen Löcher, die groß genug waren, dass man bequem hindurchsteigen konnte. Unten sah es aus wie im Urwald, allerdings mitteleuropäischer Prägung. Unzählige Laubbäume, in der Mehrzahl Birken, wuchsen in die Höhe. Der Boden darunter war mit Gras und Büschen überwuchert, die stellenweise so eng beieinanderstanden, als wollten sie sich gegenseitig ihre Plätze streitig machen. Hier und da waren kleine Lichtungen, aber nicht viele. Für jemanden, der sich verstecken wollte, gab es schlechtere Plätze.

Da ich nicht dabei war, kann ich nicht sagen, wie der Suchbefehl für die Beamten der Einsatzhundertschaft lautete, die angerückt waren, um das Gelände zu durchkämmen. Genauso wenig wie ich weiß, nach welchen Kriterien der Bereich ausgewählt wurde, den sie sich vornahmen, und wer damals entschied, nur Suchhunde einzusetzen und keine Leichenspürhunde. Für Letzteres würde es nur eine Erklärung geben: Offenbar ging man davon aus, Nadine lebend zu finden. Wenn das so gewesen sein sollte, erscheint es aus heutiger Sicht nicht besonders logisch. Aber im Nachhinein ist man immer klüger.

Wie unterschiedlich man die Fakten eines solchen Falls betrachten konnte, sah man ja: Spätestens nach der Suchaktion, die erfolglos verlief, ging so ziemlich jeder, der sich bei uns mit dem Fall befasste, davon aus, dass Nadine Braakfeld nicht mehr lebte. Ihr Handy war nicht ein einziges Mal benutzt worden, seit sie verschwand. Von ihrem Konto hatte niemand Geld abgehoben. Und auch sonst gab es keinerlei Lebenszeichen. Da wir mit Thorsten Fännert jemanden hatten, den wir für einen möglichen Täter hielten, was immer er mit ihr angestellt haben mochte, versuchten wir, beim zuständigen Richter eine Genehmigung für die Überwachung des Telefons seiner Eltern zu bekommen. Den Staatsanwalt überzeugten wir relativ schnell, er sah die Sache ähnlich. Dagegen meinte der Richter, ohne dessen Unterschrift nichts zu machen war, aus seiner Sicht bestünde erstens kein ausreichender Tatverdacht gegen Fännert und zweitens keine große Chance, die Wahrheit auf diesem Wege herauszufinden.

Fünf Wochen später.

Eigentlich suchte Felix Kellenhorst nur eine gute Stelle, wo ihn niemand sehen konnte, wenn er sich einen Joint reinzog. Es wäre nicht der erste an diesem Tag gewesen, dabei war es nicht einmal Mittag. Aber dann stieg dem Einundzwanzigjährigen dieser seltsame Geruch in die Nase, der mit jedem Schritt, den er weiterging, intensiver wurde. Wäre er vom Dope nicht breit gewesen, wäre ihm aufgefallen, dass es kein Geruch war, sondern bestialischer Gestank. Bei klarem Verstand hätte er auf der Stelle kehrtgemacht und wahrscheinlich die Polizei verständigt oder die Feuerwehr oder irgendjemand anderen.

Stattdessen marschierte er – wie ein Forscher auf Entdeckungsreise – unbeirrt weiter, um herauszufinden, woher der Geruch stammte. Irgendwann verließ er den Weg, schwang sich über einen Drahtzaun und kletterte einen Abhang hinunter. Durch allerlei Gestrüpp, dessen Zweige ihm ins Gesicht peitschten, bis er unten angelangt war – auf dem Boden eines früheren Baggersees. Das wäre der perfekte Ort zum Kiffen gewesen, doch jetzt interessierte ihn etwas anderes.

Ein paar Schritte weiter, im hohen Gras, zwischen zwei Büschen, die vor einer dünnen Birke standen, lag jemand – ein Toter. Oder eine Tote. Das konnte er so nicht erkennen, da das Gesicht nicht zu sehen war. Aber der Kleidung nach musste es eine Frau oder ein Mädchen sein. Der Körper – beziehungsweise das, was davon übrig geblieben war – lag auf dem Bauch. Hose und Slip waren bis zu den Knien heruntergezogen, Bluse und Unterhemd ein Stück nach oben gerafft. Die Arme hatte jemand auf dem Rücken an den Handgelenken mit blauem Teppichband zusammengeschnürt.

Die freigelegten Körperpartien befanden sich in einem fortgeschrittenen Stadium der Verwesung. Die Haut war bräunlich verfärbt – an den Fingern fast schwarz – und lederartig vertrocknet, als hätte ihr zu viel Sonne zugesetzt. Von der linken Hüfte fehlte ein Stück. Das dürfte das Werk von Füchsen oder Ratten gewesen sein. Oder Elstern, die sind auch immer schnell dabei und ganz gierig.

Normalerweise hätte man gedacht, dass sich jemandem, der so etwas sieht und daran nicht gewöhnt ist, sofort der Magen umdreht. Doch Felix Kellenhorst schien von dem Anblick eher fasziniert zu sein. Er drehte sich nicht einmal weg. Oder nur ganz kurz, um sich einen kleinen Ast zu schnappen, mit dem er seinen Fund näher untersuchen konnte, ohne ihn selbst zu berühren. Dabei fiel ihm auf, dass der Kopf schon fast skelettiert war. Die Haare waren noch vorhanden. Am Gesicht allerdings hatten sich unzählige Maden zu schaffen gemacht. Bei trockenem Wetter dauert es in der freien Natur kaum fünfzehn Minuten, bis die ersten Schmeißfliegen kommen und ihre Eier ablegen. Und dann schlüpfen auch ziemlich schnell Maden, die einen Mordsappetit entwickeln, besonders auf Schleimhäute und – ich glaube, das erwähnte ich bereits – ganz speziell auf die Schleimhäute in den Augen, durch die sie sich wiederum in den Schädel fressen. Oder eben durch eine Wunde direkt in den Körper. Irgendwann werden die Maden zu Fliegen – und der Kreislauf geht wieder von vorn los. Eine einzige Leiche kann ganze Völkerstämme solcher Schmeißfliegen hervorbringen.

Wir wurden einmal zu einer Frau gerufen, die schon einige Zeit tot war, als man sie fand. Kein Tötungsdelikt, wie sich herausstellte. Sie war in ihrem Sessel eingeschlafen und nicht wieder aufgewacht. Wir als Todesermittler kamen nur deshalb ins Spiel, weil man – so, wie sie dort saß – nicht feststellen konnte, ob sie nicht vielleicht doch irgendwelche Verletzungen hatte. Meine Aufgabe war es, die Leiche etwas genauer anzusehen. Was mir als Erstes auffiel, kaum dass ich das Zimmer betreten hatte: Sie bewegte sich. Der Körper war voller Maden, eine einzige wogende Masse, ganz in Schwarz.

Etwas anderes ist es, wenn sich eine Leiche in einem abgeschlossenen Raum befindet, in dem es weder Fliegen noch sonst welches Getier gibt. Dann übernehmen es die körpereigenen Bakterien, das Gewebe zu zersetzen, von innen heraus. Es beginnt da, wo die meisten Bakterien sind – in der Darmgegend. Dort verfärbt sich auch zuerst die Bauchdecke grün. Nach und nach kommen dann die anderen Innereien dran. Die Leiche mumifiziert regelrecht. Denn die Haut bleibt dabei erhalten, die schaffen die Bakterien nicht. In Särgen, die hermetisch abgeschlossen sind, passiert übrigens das Gleiche. Auf vielen Friedhöfen werden die Deckel der Särge zertrümmert, bevor ein Grab mit Erde zugeschüttet wird – damit die Leichen schneller verwesen. Keine schöne Vorstellung für die Hinterbliebenen, aber die meisten wissen das gar nicht. Der Bagger rückt natürlich immer erst an, wenn die Trauergemeinde weg ist. Allerdings kenne ich einige Leute, die das Grab ihres Angehörigen bewacht haben, damit das eben nicht gemacht wird, der Sarg mit dem Verstorbenen heil bleibt.

Von den Eingeweiden der Leiche, die Felix Kellenhorst vor sich hatte, war nicht mehr viel übrig. Was ihn offenbar weiterhin nicht abschreckte. Er war derart begeistert von seiner Entdeckung, dass er einen Freund anrief, der sich die Leiche unbedingt ansehen sollte. Anscheinend war der Knabe, der sich nicht zweimal bitten ließ, aus ähnlichem Holz geschnitzt wie sein Kumpel Felix. Während er vor der Leiche stand, rauchte er in aller Ruhe eine Zigarette. Die Kippe warf er achtlos auf den Boden, was er wahrscheinlich überall so machte, nur dass das an einem Tatort nicht unbedingt das Cleverste ist. Aber selbst danach kam den beiden nicht etwa in den Sinn, bei uns anzurufen. Erst einmal verständigten sie noch einen anderen Bekannten, der sofort neugierig wurde und sich schnurstracks auf den Weg zu ihnen begab.

Entweder hatten die drei nie einen Krimi gesehen, oder sie waren einfach zu bekifft. Sie machten alles falsch, was man in solch einer Situation falsch machen konnte. Sie gingen dicht an die Leiche heran, trampelten drumherum das Gras nieder und hinterließen auf diese Weise eine Menge Schuhabdrücke. Falls es vorher andere Fußspuren gegeben haben sollte, vom Täter vielleicht – damit waren sie gründlich ruiniert. Sogar an der Leiche stocherten sie herum, und die Lage der Kleidung veränderten sie auch. Zwar nur geringfügig, dusselig war es trotzdem. Hätte nur noch gefehlt, dass sie die Leiche umdrehten, um einen Blick auf ihr Gesicht werfen zu können. Wenigstens das trauten sie sich nicht.

Es vergingen Stunden, bis Felix Kellenhorst und seine Kumpane sich endlich durchrangen, die 110 anzurufen. Warum sie für diesen Entschluss so lange brauchten, konnte – oder wollte – uns hinterher keiner von ihnen erklären. Ich vermute, sie hatten gewartet, bis der Cannabis-Nebel in ihren Hirnen einigermaßen verdampft war.

Da sie bei den Vernehmungen ganz schön herumeierten und überhaupt ihr ganzes Verhalten mehr als ungewöhnlich war, mussten wir sie ebenfalls als Verdächtige in Betracht ziehen. Umso mehr, da alle drei bei der Sitte wegen verschiedener Sexualstraftaten aktenkundig waren. Außerdem sagten sie, sie hätten von Anfang an vermutet, dass es sich bei der Toten um Nadine handelte, die sie wohl auch gekannt hatten. Immerhin wäre es möglich gewesen, dass sie doch nicht der Gestank dorthin gelockt hatte, sondern Täterwissen. Die Geschichte mit den gegenseitigen Anrufen mussten wir ja erst einmal überprüfen.

Der Gestank hatte nicht nachgelassen, als wir anrückten. Nur wenn eine Windböe durchzog, in die entgegengesetzte Richtung, wurde er für den Moment etwas schwächer. Ich habe schon oft gehört, Leichen würden süßlich riechen. Das ist Quatsch. Was soll an dem Geruch süßlich sein? Schon gar nicht bei Leichen, die von Fäulnis und Verwesung halb zersetzt sind wie die, die vor uns im Gebüsch lag. Es war ein penetranter, beißender Gestank, der sich sofort auf die Bronchien legte und einem die Lunge zuschnürte. Man traute sich nicht mehr zu atmen. Manche meiner Kollegen behaupteten, man käme mit Minztropfen, die man sich unter die Nase träufelt, gegen solche Gerüche an. Oder mit einem Mundschutz. Ich habe beides probiert, mir hat weder das eine noch das andere etwas gebracht. Es half auch nicht, wenn ich mir die Nase zuhielt oder versuchte, nur oberflächlich zu atmen. Wie hätte man so seine Arbeit vernünftig erledigen sollen? Dabei war die Lösung ganz einfach, man musste sich nur überwinden: Einmal richtig tief einatmen, gleich wenn man an einem Tatort eintraf, die volle Dosis, danach konnte es nicht mehr schlimmer werden – und es war irgendwie auszuhalten. Jedenfalls für mich.

Aufgrund der fortgeschrittenen Verwesung konnte man nicht mit Sicherheit sagen, ob es sich bei der Leiche wirklich um Nadine handelte. Allerdings war es mehr als wahrscheinlich, alles andere hätte uns überrascht. Die Kleidung, die schwarz lackierten Fingernägel, die Größe der Statur – alles stimmte. Trotzdem wurde auf dem Leichentransportschein unter der Rubrik »Name und Vorname« lediglich »unbekannt / weiblich« vermerkt – vorschriftsgemäß.

Die letzten Zweifel räumte dann der Rechtsmediziner aus, der den Neueingang noch am selben Tag obduzierte. Üblicherweise bittet man Angehörige, den Toten zu identifizieren. In diesem Fall jedoch konnte man den Anblick niemandem zumuten. Mit Fingerabdrücken wäre man wahrscheinlich ebenso wenig weitergekommen, so, wie die Fingerkuppen aussahen. Am Ende half das gute alte Zahnschema – es waren Nadines sterbliche Überreste. Hier traf die Bezeichnung »Reste« leider allzu wörtlich zu.

Auch dass wir es mit einem Tötungsdelikt zu tun hatten, stand nun außer Frage. Der Rechtsmediziner zählte im hinteren Schulterbereich mehrere Messerstiche. An einigen Knochen fand er Beschädigungen, die beim Hineinrammen der Klinge entstanden sein mussten. Ob der Täter auf die Vorderseite des Mädchens ebenfalls eingestochen hatte, konnte er nicht mehr feststellen – eine Folge des Madenfraßes. Aus dem gleichen Grund blieb unklar, ob es sexuell missbraucht oder vergewaltigt worden war. Die heruntergezogenen Hosen könnten ein Indiz dafür gewesen sein, doch als Beweis reichte das nicht aus.

Der Fall landete nun endgültig bei uns. Ich stellte eine Mordkommission zusammen, ein Kollege, den ich sehr schätzte, übernahm die Leitung. Einige von den Beamten der Vermisstenstelle, die bisher in der Sache ermittelt hatten, wurden praktischerweise gleich in unser Team integriert, sonst hätten wir fast noch mal von vorn anfangen müssen.

Zu den ersten Amtshandlungen der Mordkommission gehörte, Liane Braakfeld und ihrer Familie die Nachricht vom Tod Nadines zu überbringen. Eine der undankbarsten Aufgaben, die der Beruf mit sich brachte. Dafür konnte man ihn manchmal hassen. Diesmal musste ich die Sache nicht selbst erledigen, aber ich konnte mir die Szenerie nur zu gut vorstellen.

Es gab Situationen in meinem Beruf, die ich mein Lebtag nicht vergessen werde, und dazu gehört der Tag, an dem ich das erste Mal eine Todesnachricht zu überbringen hatte. Es muss in den Siebzigerjahren gewesen sein. Ich war noch Schutzpolizist und nicht lange dabei. In unserem Bereich passierte ein Unfall. Heiligabend, am Nachmittag. Ein Autofahrer übersah beim Abbiegen einen Radfahrer. Ich erinnere mich noch genau an die Stelle. Jedes Mal, wenn ich daran vorbeifahre, kommt die Geschichte wieder hoch, bis heute. Den Radfahrer hatte es schlimm erwischt. Er war nicht sofort tot, starb aber im Rettungswagen, bevor der das nächstgelegene Krankenhaus erreichte. Der Mann war höchstens Mitte dreißig gewesen.

Unser Dienstgruppenleiter gab einem Kollegen und mir die Adresse des Verunglückten, und wir fuhren los. Es war immer noch Nachmittag, inzwischen aber dunkel. Wir hielten vor einem kleinen Reihenhaus. Durchs Fenster sahen wir die Kerzen am Weihnachtsbaum. Wir klingelten. Kurz darauf riss jemand die Tür auf, ein kleiner Junge, vielleicht fünf. Hinter ihm tauchte seine Mutter auf, die ein Mädchen im Arm hielt. Die Situation kann man schwer beschreiben. Wie das Lächeln aus ihren Gesichtern wich, mit dem sie den Familienvater begrüßen wollten. Und dann sieht man sie an und weiß, dass sie es wissen, ohne es zu wissen. Das ist irgendwie immer so. Oder es kommt einem nur so vor. Ehe wir auch nur eine Silbe herausbrachten, sagte die Frau direkt: »Es geht um meinen Mann, nicht wahr?«

So erschütternd die Nachricht für Nadines Familie war, wir hofften durch den Fund der Leiche endlich Spuren zu finden, die uns helfen würden, Thorsten Fännert zu überführen. Felix Kellenhorst und seine Kumpel waren inzwischen als Verdächtige wieder ausgeschieden, also blieb nur der Siebzehnjährige. Er wusste inzwischen, dass wir ihn für den Täter hielten. Falls ihn das verunsichert haben sollte, ließ er es uns nicht merken.

Das meiste versprachen wir uns von einem Stück Teppichband, das wir in der Nähe der Leiche gefunden hatten, zusammen mit dem zweiten Schuh des Mädchens. Es entsprach dem Klebeband, mit dem Nadines Hände gefesselt worden waren. Tatsächlich ließ sich darauf ein Fingerabdruck sicherstellen. Das war die gute Nachricht. Die schlechte folgte auf dem Fuß: Der Abdruck war nicht vollständig und die Qualität zu schlecht, um beweisen zu können, dass er mit Fännerts identisch war.

Ähnlich schnell verpuffte unsere Hoffnung, mit Hilfe von DNA-Spuren weiterzukommen. Sosehr sich die Experten vom Landeskriminalamt bemühten, es ließ sich an der Leiche einfach keine Fremd-DNA isolieren, DNA also, die jemand anderer dort hinterlassen hatte, durch eine Berührung vielleicht oder in Form von Speichelresten, Haaren, Hautschuppen oder sogar Blut. Das musste nicht bedeuten, dass es nichts davon dort irgendwann gegeben hatte. Nur hatten die Leiche und also auch die Kleidungsstücke fast sechzig Tage unter freiem Himmel gelegen, bei Wind und Wetter.

Es brachte uns nicht einmal weiter, als die Kollegen im Labor an dem Teppichband, das um Nadines Handgelenke gewickelt worden war, winzigkleine Fasern entdeckten, die offensichtlich nicht von ihrer Kleidung stammten. Dabei hätten sie nur noch vergleichbare Fasern an den Kleidungsstücken von Thorsten Fännert zu finden brauchen, die er an dem Sonntag getragen hatte – und wir hätten ihn gehabt. Aber das wäre wohl zu einfach gewesen.

Schließlich war es Thorsten Fännert selbst, der uns darin bestätigte, auf der richtigen Fährte zu sein. Killer, die von Berufs wegen Leute töten, schweigen. Schweigen ist ein Teil ihres Kapitals. Würden sie nicht schweigen, würden sie keine Aufträge erhalten und wären wohl selbst bald eine Leiche. Gelegenheitsmörder dagegen, oder Totschläger, die im Affekt handeln – für die ist eine solche Tat ein fundamentaler Einschnitt in ihr Leben. Die wenigsten kommen damit zurecht. Mir ist noch keiner begegnet, dem das gelungen wäre. Außer vielleicht Wertstädter, der Juwelier, der Susanne Leichsenbrinck erschossen hat und vermutlich auch deren Liebhaber, den Immobilienunternehmer. Alle anderen eher nicht. Und weil das so ist, die Leute aber irgendwie weiterleben wollen, fangen sie an zu reden. Es gibt ja die schöne Redewendung: »Sich etwas von der Seele reden« – genau das ist es.

Zunächst versuchen sie, es mit sich allein auszumachen. Sie legen sich eine Erklärung zurecht, die nichts anderes als eine Rechtfertigung ist, mit der sie vor sich selbst bestehen können. Warum die Tat geschehen war, dass sie einfach geschehen musste, weil sie gar nicht anders handeln konnten. Irgendetwas in der Art – um den Druck von sich zu nehmen. Was in der Regel nicht wirklich funktioniert oder nur für einen relativ kurzen Zeitraum. Wenn man jemanden getötet hat und die Tat nicht verdrängen kann, holt sie einen immer wieder ein – man schleppt sie bis zum letzten Tag mit sich herum. Und irgendwann genügen die Selbstgespräche nicht mehr. Weil man meint, sich für das Geschehene rechtfertigen zu müssen. Niemand soll denken, dass man ein Schuft ist oder gar ein eiskalter Mörder. Dabei ist es oft eine vorweggenommene Rechtfertigung. Die meisten Täter rechnen nämlich damit, bewusst oder unbewusst, dass eines Tages herauskommt, was sie getan haben.

Ich steckte nicht in Fännerts Kopf, aber so ähnlich muss es auch ihm ergangen sein. Denn er erzählte einem Freund, er habe Angst, auf dem Teppichband, das wir gefunden hatten, könnten sich seine Fingerabdrücke befinden. Dabei konnte er gar nicht wissen, dass die Kollegen im Labor darauf tatsächlich einen Fingerabdruck sichtbar gemacht hatten. Oder zumindest einen Teil davon. Das hatten wir geheim gehalten.

Und damit sein Freund nichts Schlechtes über ihn dachte, erklärte Fännert ihm, er habe mit dem Klebeband Nadines Handtasche repariert, ihr sei einer der Henkel abgerissen.

Sein Kumpel mag ihm das abgenommen haben. Doch wir wussten inzwischen, dass die Tasche so gut wie neu war. Falls sie trotzdem kaputt gewesen wäre, rein hypothetisch, hätte Nadine sie gar nicht erst genommen. Immerhin hatte sie drei oder vier andere zu Hause. Und uns fiel auch keine Erklärung ein, wodurch sie hätte auf dem kurzen Weg bis zum Tatort kaputtgehen sollen. Es sei denn, es hatte zwischen Fännert und dem Mädchen eine Rangelei gegeben. Aber das hätte ihn umso verdächtiger gemacht.

Warum Thorsten Fännerts Freund uns das nicht gleich erzählt hatte? Das war sein Geheimnis. Wir hatten den jungen Mann inzwischen mehrere Male vernommen, immer mit dem Gefühl, dass er uns irgendetwas verschweigt. Und wir hatten uns nicht geirrt. Sollte es bis dahin noch einen winzigen Zweifel an Fännerts Täterschaft gegeben haben, vielleicht weil er sich hartnäckig weigerte, ein Geständnis abzulegen und für einen Siebzehnjährigen, der ein Mädchen umgebracht haben sollte, ungewöhnlich abgeklärt wirkte – spätestens jetzt war er ausgeräumt.

Am Ziel waren wir damit trotzdem noch nicht. Wäre Thorsten Fännert bei seinen Unschuldsbekundungen geblieben, hätten wir für einen Indizienprozess gerüstet sein müssen. Und dafür hatten wir zu wenig gegen ihn in der Hand. Er hätte zum Beispiel bloß behaupten brauchen, dass er seinem Freund die Geschichte mit dem Klebeband und der Handtasche nie erzählt habe, dass sie eine Erfindung von ihm sei.

Also ließen wir die Mikrofaserspuren, die die Experten im Labor des Landeskriminalamts auf dem beidseitig klebenden Teppichband entdeckt hatten, noch einmal gründlicher untersuchen und mit Kleidungsstücken von Fännert abgleichen.

Dazu muss man wissen, dass es sich um Fasern handelte, die ausschließlich auf dem Klebeband und sonst nirgends an der Leiche oder in unmittelbarer Nähe gefunden worden waren. Sie waren demnach nicht bei der Tat, möglicherweise nicht einmal am Tatort, sondern schon vorher übertragen worden. Das konnte sogar bedeuten, dass der Täter ganz andere Kleidung angehabt hatte, als er Nadine umbrachte.

Die Faserspurenkunde ist eine Wissenschaft für sich. Ich vereinfache die Fakten etwas, um es verständlich auszudrücken: Stoffgewebe bestehen in der Regel aus horizontalen und vertikalen Fasern, die ineinander verschlungen sind. In unserem Fall ging es um ein Kunststoffgewebe und dabei um die vertikalen Fasern, die wiederum sogenannte glatte Fasern waren. Beim ersten Vergleich hatten die LKA-Spezialisten in Fännerts Jacke, im Futter, zwar solche glatten Fasern ausgemacht. Doch das Gewebe wies zusätzlich mattierte Fasern auf, und es erschien unwahrscheinlich, dass von beiden Faserarten ausschließlich die glatten an dem Teppichband haften geblieben waren. Als die Experten dann bei der neuen Untersuchung feststellten, dass auch an anderen Kleidungsstücken von Fännert solche glatten Fasern zu finden waren, nahmen sie seine Jacke noch einmal genauer unter die Lupe. Dabei stellte sich heraus, dass das Jackenfutter an einer Stelle beschädigt war – mit bloßem Auge nicht sichtbar –, und zwar so, dass sich dort nur glatte Fasern lösten.

Wir waren dicht dran.

Aber wir hatten noch einen anderen Trumpf im Ärmel – einen V-Mann. Heute kann ich das so sagen, damals war ich nicht sicher, ob der uns weiterbringen würde. Die Clique, in der Thorsten Fännert verkehrte, war überschaubar, wie gesagt zwanzig Leute vielleicht, eher weniger. Außerdem waren die Jungs und Mädels ziemlich jung, im Schnitt zwischen sechzehn und achtzehn. Wie sollten wir bei ihnen einen Fremden einschleusen? Vor allem: Woher bekamen wir jemanden in diesem Alter, der auch als V-Person taugte?

Nur so viel: Dafür gibt es spezielle Dienststellen bei den Polizeibehörden. Und die Kollegen dort trieben einen jungen Mann auf, mit dem wir es versuchen wollten. Er war neunzehn Jahre alt, stammte irgendwo aus Norddeutschland und hatte beste Referenzen. Das heißt, sein V-Mann-Führer hielt große Stücke auf ihn. Er passte schon deshalb gut, weil er Kroate war. Fännerts Clique bestand ungefähr zur Hälfte aus Kroaten oder Jugendlichen mit osteuropäischem Migrationshintergrund, wie man heute sagt. Das Ziel war klar: Er sollte sich unter die jungen Leute mischen, nach und nach Thorsten Fännerts Vertrauen gewinnen, um ihm dann – bestenfalls – ein Geständnis zu entlocken.

Ganz ehrlich, ich habe nicht daran geglaubt. Aber der Mann war gut, richtig gut. Wir bastelten ihm eine Legende, eine erfundene Biografie, mit der er bei der Clique auftauchen konnte. Er sei mit seinen Eltern gerade hergezogen, habe jetzt seine eigene kleine Bude, kenne aber niemanden in der Gegend. Bevor er sich an die Arbeit machen konnte, musste eine Wohnung angemietet und entsprechend eingerichtet werden. Falls er wirklich Zugang zu Fännert finden sollte, hätte er sich schlecht in einem Hotel mit ihm verabreden können. Oder gar im Polizeipräsidium.

Solche V-Mann-Einsätze sind aufwendig. Jedes kleine Detail, jede Eventualität muss vorher bedacht werden. Das Entscheidende ist natürlich die V-Person selbst. Wie gut sie es beherrscht, in eine neue Identität zu schlüpfen und zu schauspielern, selbst dann, wenn etwas Unvorhergesehenes geschieht, ihre Tarnung aufzufliegen droht oder die V-Person sonst wie in Gefahr gerät. Dafür muss man flexibel im Kopf sein – und ganz schön abgebrüht.

Dreieinhalb Monate waren seit Nadines Tod vergangen, als sich unsere »Geheimwaffe« das erste Mal den Leuten aus Fännerts Clique näherte. Sie trafen sich nach wie vor an denselben Orten. Deshalb war es nicht schwierig, sie zu finden. Inzwischen war der Sommer eingekehrt, und da zugleich Ferien waren, trieben sich die meisten von ihnen tagsüber draußen herum. Unser Mann schien keinen Verdacht zu erwecken, alles lief nach Plan. Dazu gehörte, dass er mit ihnen Bier trank, ausführlich übers Kiffen redete und auch nicht vergaß, wie die anderen ein paar Worte über die »Scheißbullen« zu verlieren.

Er schaffte es sogar, dass ihm gleich am ersten Abend eins von den Mädchen seine Handynummer gab. Immerhin ein kleiner Vertrauensbeweis. Thorsten Fännert war da noch nicht dabei, aber das konnte nur gut sein. Denn als er beim nächsten Mal aufkreuzte, am Tag darauf, war unser Mann für seine Kumpel schon kein Fremder mehr. Wodurch bei Fännert offenbar gar nicht erst irgendwelches Misstrauen aufkam und er sich gleich wie die anderen mit dem Neuen abgab.

Wie er es anstellte, blieb sein Geheimnis, aber der V-Mann schaffte es, sich innerhalb kürzester Zeit in Fännerts Dunstkreis zu etablieren. Nicht einmal zwei Wochen brauchte er dafür. Die Gesprächsthemen waren im Wesentlichen immer die gleichen: Vögeln, Kiffen, Saufen. In der Reihenfolge. Und der Tod von Nadine – sogar ohne dass er danach fragen musste.

Thorsten Fännert machte nicht als Einziger abfällige Bemerkungen über die Mädchen in der Clique, die alle Schlampen seien, und über Frauen allgemein, aber seine waren die heftigsten. Einmal ging der V-Mann mit ihm in ein Schwimmbad. Die ganze Zeit gaffte Fännert nur alle möglichen Mädchen an und kommentierte jedes, das vorbeikam, mit Sprüchen wie: »Scharfe Titten!« oder »Guck dir mal die geile Schnitte an!« oder »Bei der kannst du die Möse sehen!« Und das waren noch die harmloseren Varianten seiner Ausfälle. Bei einer anderen Gelegenheit brachte er es fertig, fremde Frauen nicht nur mit peinlichen Sprüchen zu belästigen, er griff ihnen dabei auch einfach an den Busen oder sonst wohin.

An einem der nächsten Tage sah es für einen Moment fast so aus, als hätte unser V-Mann seinen Job abbrechen müssen. Fännert und er besuchten ein Open-Air-Konzert. Irgendeine Metal-Band, die aber noch nicht angefangen hatte. Fännert muss vorher kräftig gebechert haben, er torkelte schon ordentlich. Auf einmal fing er an, von seinen Vorstrafen zu erzählen. Und mittendrin meinte er plötzlich: »Gib's zu, du bist doch ein Bulle!«

Auf solche Situationen werden V-Leute in Schulungen vorbereitet. Trotzdem wissen sie nie, ob sie sich im Ernstfall überzeugend herauswinden können. Unser Mann behielt die Nerven und zählte seine eigenen Vorstrafen auf. Die Liste fiel sogar länger aus als Fännerts – dank seiner Erfindungsgabe. Nun sind Worte eine Sache, Taten eine ganz andere. Und da der V-Mann meinte, Fännert am ehesten durch eine Tat von seinem Verdacht abbringen zu können, besorgte er ihm umgehend einen Joint. Damit war die Sache aus der Welt geschafft.

Überhaupt schien es nachher, als hätte Fännert sich nur vergewissern wollen, ob er seinem neuen Begleiter auch wirklich vertrauen konnte. Denn danach wartete er nicht lange, um das Gespräch auf Nadine zu lenken. Er meinte, die Bullen würden ihn verdächtigen, weil er als Letzter mit ihr zusammen gewesen sei. »Aber ich war's nicht. Ich hab das nicht gemacht!«

Danach war Nadine fast jedes Mal ein Thema, wenn sich die beiden trafen. Der V-Mann musste gar nichts sagen, Fännert fing immer allein davon an. Allerdings sagte er nichts Neues, er wiederholte sich nur: Er habe mit ihrem Tod nichts zu tun, die Bullen würden ihm nur etwas anhängen wollen. Die Tatsache jedoch, dass er nicht aufhören konnte, darüber zu sprechen, obwohl er nicht danach gefragt wurde, sagte dem V-Mann genau das Gegenteil – uns auch.

Die Falle schnappte langsam zu. Ausnahmsweise hatten wir die Zeit einmal auf unserer Seite. Bei einem der nächsten Treffen änderte der V-Mann seine Taktik. Als Fännert wieder auf Nadine zu sprechen kam, sah er ihn an und konfrontierte ihn mit dem Satz: »Na los, sag's schon, du hast sie abgemurkst!« So hatte er es vorher mit dem Beamten besprochen, der ihn auf seine Einsätze vorbereitete und betreute. »Such die Konfrontation«, hatte der ihm gesagt, »der Kerl vertraut dir.«

Die Szene hatte sich irgendwo in der Innenstadt abgespielt. Fännert, der ziemlich wütend wurde und den Vorwurf energisch bestritt, hatte plötzlich keine Lust mehr, durch die Gegend zu latschen. Sie nahmen die nächste Straßenbahn und fuhren zurück. Die Fahrt dauerte höchstens eine Viertelstunde. Fännert sagte so lange keinen Ton. Das änderte sich auch nicht, als sie ausstiegen und auf dem Bürgersteig eine Straße entlanggingen – nicht gleich. Fännert brütete eine ganze Weile, dann aber blieb er urplötzlich stehen und sagte: »Scheiße, doch – ich war das!«

Es war, als würden bei ihm alle Dämme brechen. Die Worte purzelten nur so aus seinem Mund: Sie waren sich in die Haare geraten, weil er sie belogen hatte. Die Sache mit dem Gras. Nur deswegen war sie überhaupt gekommen. Erst beschimpfte sie ihn, dann brüllte er los. Ein Wort ergab das andere. Bis sie ihm eine Ohrfeige verpasste, was ihn nur noch mehr aufbrachte. Irgendwann griffen seine Hände nach ihrem Hals. Er versuchte, sie zu würgen, doch sie war größer als er, und zu stark, sie wehrte sich. Da packte er ihren Arm und zerrte sie von der Straße in ein Gebüsch und dann den Abhang hinunter. Und auf einmal hatte er das Messer in der Hand und stach zu, einmal, zweimal … fünfmal, er zählte nicht.

Fännert beichtete alles, auch, dass seine Kleidung hinterher voller Blut war und er sie deshalb verbrannte, alles, was er anhatte, bis nur noch Asche davon übrig war.

Auf einmal war Fännert wieder still. Er atmete schwer. Es schien, als sei er selbst verblüfft, was ihm da herausgerutscht war – und als müsste er erst mal wieder zur Besinnung kommen. Auch der V-Mann schwieg. Fännerts Geständnis hatte ihn völlig überrascht. Nicht so sehr, dass es überhaupt aus ihm herausgeplatzt war, sondern dass er sich so schnell dazu durchgerungen hatte – noch dazu mitten auf der Straße.

Am nächsten Tag wurde Thorsten Fännert verhaftet. Acht Monate später begann der Prozess gegen ihn. Die Anklage lautete: Mord. Aus Heimtücke und zur Verdeckung einer

Straftat. Obwohl Fännert bis zuletzt bestritt, sich sexuell an Nadine vergangen zu haben und ihm das aufgrund des Verwesungsgrads der Leiche auch nicht nachgewiesen werden konnte, ging das Gericht davon aus, dass er es getan hatte. Da der Angeklagte zur Tatzeit erst siebzehn Jahre alt war, wurde das Jugendstrafrecht angewendet. Aus demselben Grund fand die Verhandlung unter Ausschluss der Öffentlichkeit statt. Am Ende forderte der Staatsanwalt die Höchststrafe für ihn – zehn Jahre Haft. Fännerts Anwalt dagegen wollte dessen Geständnis, das er vor Gericht wiederholte, als strafmildernd bewertet wissen. Das Gericht folgte dieser Bitte. Thorsten Fännert wurde zu neun Jahren Gefängnis verurteilt. Er hat seine Haft inzwischen verbüßt und ist wieder frei.

Die Frau

Es war Mittag, kurz nach dreizehn Uhr, als die Frau die Arztpraxis in der Innenstadt von Bad Neuenahr verließ. Dort arbeitete die gelernte medizinisch-kaufmännische Assistentin als Arzthelferin. Sie verdiente zweitausendsiebenhundert Mark brutto im Monat. Ihr Chef war zufrieden mit ihr. Vor der Praxis hatte sie ihr Fahrrad abgestellt, damit fuhr sie nach Hause. Seit ihre Mutter gestorben war, vor knapp einem Jahr, wohnte sie wieder in dem Haus, in dem sie aufgewachsen war, beim Vater. Sie meinte, sie müsse sich um ihn kümmern. Sonst hatte die Zweiundvierzigjährige niemanden, um den sie sich kümmern konnte. Sie war verheiratet gewesen, hatte mit ihrem Mann in Nürnberg gelebt, doch die Ehe war vor neun Jahren geschieden worden. Kinder hatte sie keine.

Der Vater war nicht zu Hause, als sie kam. Sie hatte ihm gesagt, sie wolle am Nachmittag nach Bonn fahren, um einen Einkaufsbummel zu machen. Deshalb war er zum Mittagessen zu seiner anderen Tochter gefahren, die mit ihrer Familie in einem Nachbarort lebte. Die Frau aß eine Kleinigkeit, trank dazu einen Malteser Aquavit, den sie mit einem Glas Sprudelwasser verdünnte. Danach wechselte sie ihre Kleidung. Als sie das Haus verließ, trug sie unter ihrem beigefarbenen Sommermantel einen weißen Rock und eine weiße Bluse und an den Füßen schwarze Riemchensandaletten. Die Lippen hatte sie leuchtend rot geschminkt, wodurch ihre

Gesichtshaut noch blasser wirkte als sonst. Sie hatte eine Tasche bei sich, die ebenfalls beigefarben war, etwas dunkler als ihr Mantel, fast schon braun. In der Tasche befanden sich ein teleskopierbarer Regenschirm, so etwas wie ein Knirps, ein Poesiealbum, noch unbeschrieben, und zwei Küchenmesser.

Das größere Messer, ein englisches Fabrikat, dessen Klinge zwanzig Zentimeter maß, hatte sie in einem Kaufhaus erstanden, für achtundzwanzig Mark. Auch das kleinere stammte von dort. Sie hatte es eine Woche später geholt und sechzehn Mark dafür bezahlt. Ursprünglich hatte sie nur das erste kaufen wollen, bis ihr der Gedanke gekommen war, dass zwei besser wären, falls eins abbrechen sollte. Dabei waren beide Messer äußerst stabile Modelle mit Klingen aus gehärtetem Stahl, darauf hatte sie geachtet.

Sie hätte lieber eine Pistole bei sich gehabt.

Auf dem Weg zum Bahnhof legte sie einen Zwischenstopp in einer Pizzeria ein. Der Wirt kannte die Frau. Sie war in letzter Zeit mehrmals da gewesen, hatte ihm, aber auch einigen Gästen erzählt, sie sei vergewaltigt worden, einmal im Urlaub in Griechenland und dann hier im Ort. Seitdem fühle sie sich von Männern verfolgt und brauche dringend eine Waffe, um sich zu schützen. Aus demselben Grund schaute sie heute vorbei. Der Wirt sagte, was er jedes Mal gesagt hatte: Er könne ihr nicht helfen.

Vor Wochen hatte sie schon den Filialleiter eines Supermarkts angesprochen. Er müsse doch eine Waffe besitzen, hatte sie gemeint, schließlich bringe er jeden Tag eine Menge Geld zur Bank. Sie wisse das, sie sei Geschäftsfrau. Er bräuchte also nur zu sagen, wie viel er für die Waffe wolle, sie sei bereit, jeden Preis zu zahlen.

Überhaupt war die Vorstellung, eine Pistole zu besitzen, zu einer fixen Idee bei ihr geworden. Eine Walther P5 schwebte ihr vor, eine Selbstladepistole, Kaliber 9 Millimeter, die von einigen Polizeidienststellen verwendet wurde, hauptsächlich im süddeutschen Raum. Sie hätte aber auch jedes andere Modell genommen.

Zweimal hatte sie bei der Kreisverwaltung einen Antrag für einen Waffenschein gestellt, der beide Male abgelehnt wurde. Als Grund hatte sie Eigenschutz genannt und sich dabei auf die Vergewaltigungen bezogen – die es vermutlich nie gegeben hatte. Zumindest war sie weder in Griechenland noch in ihrem Heimatort zur Polizei gegangen, um jemanden deswegen anzuzeigen.

Zuletzt hatte sie so ziemlich jeden nach einer Waffe gefragt, mit dem sie in Kontakt kam. Das ging so weit, dass sie manchmal durch den Ort gelaufen war und wahllos bei Leuten geklingelt hatte – bis jemand ihrem Vater und ihrer Schwester davon erzählte. Ihnen war das peinlich. Um die Frau von solchen Aktionen abzuhalten, versprach der Mann ihrer Schwester, er würde ihr einen Waffenschein besorgen. Aber das war eine Lüge – um Zeit zu gewinnen.

Gegen vierzehn Uhr dreißig erreichte die Frau den Bahnhofsvorplatz. Auch der Taxifahrer, den sie nach dem Preis für eine Fahrt nach Köln fragte, erkannte sie sofort. Er hatte sie vor einiger Zeit einmal nach Bonn gefahren. Aber es gab wohl kaum einen Taxifahrer in Bad Neuenahr, der sie nicht kannte. Sie nahm häufiger ihre Fahrdienste in Anspruch. Einmal wollte sie nach Wachtberg kutschiert werden, und dort in den Ortsteil Pech, zum Haus von Hans-Dietrich Genscher, der war damals Bundesaußenminister. Beim nächsten Mal fragte sie nach den Adressen von zwei anderen Politikern, die aber niemand wusste. Nicht nur wegen solcher Fragen hielten die Taxifahrer die Frau, die kaum größer als ein Meter fünfzig war und meistens helle, oft weiße Kleidung trug, für sonderbar. Manche meinten, sie habe nicht alle beisammen.

Sie selbst sah das anders, hielt sich für völlig normal, aber das war das Tückische an ihrer Krankheit. Wann die ersten Symptome aufgetreten waren, ist schwer zu sagen. Für ihre Familie begannen die Auffälligkeiten, als ihre Ehe zerbrach. Sie soll sich von ihrem Mann ausgenutzt gefühlt haben. Solange er studiert habe, sei sie gut genug gewesen, für beide den Lebensunterhalt zu verdienen. Als er nach dem Studium eine Anstellung bei einer Bank bekam, mit einem recht stattlichen Einkommen, setzte er sie eines Tages ins Auto, fuhr sie zu ihren Eltern und soll zu ihnen gesagt haben: »Ich bringe euch eure Tochter zurück.«

Damals fing sie an, von inneren Stimmen und Erscheinungen zu reden. Ihr Kopf gehe auf, und sie empfange kosmische Strahlen, über die sie die Weisheit der Erde in sich aufnehme. Sie sprach auch von riesigen unterirdischen Tötungsfabriken, in denen Menschen zu Fleisch verarbeitet und in Konserven gepresst würden. Eine andere ihrer Wahnvorstellungen beinhaltete Bilder von Operationen, bei denen Menschen die Köpfe abgeschnitten und gegen neue ersetzt wurden – mit Hirnen ausgestattet, die genau das dachten, was Politiker wollten. Dieses Wissen habe sie Jesus Christus zu verdanken, der ihr eines Tages in ihrer Wohnung erschienen sei und sie mitgenommen habe in eine dieser unterirdischen Fabriken, in denen Menschenfleisch verarbeitet würde. Jesus Christus sei es auch gewesen, der ihr den Auftrag erteilt habe, die Bevölkerung darüber aufzuklären, was ihr die Politiker verheimlichten. Denn all diese Grausamkeiten würden mit Billigung der Regierung in Bonn – damals saß sie noch dort – geschehen oder gar in ihrem Auftrag.

Um die sich selbst auferlegte Mission zu erfüllen, hatte die Frau ihre wirren Fantasien in Kurzversion auf Zettel gekrakelt und diese im Ort an Bäumen und Laternenpfählen aufgehängt. Aus Angst, sie könnte selbst Menschenfleisch essen, verzichtete sie auf Wurst und Fleisch und phasenweise auch auf andere Nahrungsmittel.

Die Frau streifte ihren Mantel ab, faltete ihn einmal und legte ihn zusammen mit der Tasche auf den Rücksitz des 200er Mercedes; es war ein Diesel. Sie selbst nahm vorn auf dem Beifahrersitz Platz. Die Fahrt im Taxi dauerte etwas länger als eine Dreiviertelstunde. Die meiste Zeit schwieg sie. Nur einmal rang sie sich ein paar Worte ab – zwei, drei Sätze, nicht mehr. Übers Wetter.

Als sie die Stadtgrenze von Köln erreichten, bat sie den Fahrer wie aus heiterem Himmel, den Kassettenrekorder anzuschalten und die Kassette, die aus der Öffnung lugte, hineinzuschieben.

»Das wollen Sie bestimmt nicht hören«, sagte der.

»Warum denn nicht?«

»Da sind nur Opernarien drauf …«

Aber sie meinte: »Lassen Sie mal hören!«

Nach einer Weile wollte der Taxifahrer wissen, ob ihr die Musik gefalle. Doch sie stierte nur aus dem Fenster und tat so, als hätte sie seine Frage gar nicht erreicht.

Dann waren sie auch schon bald da. Der Mann stoppte den Wagen vor der Mülheimer Stadthalle. Das Taxameter zeigte hundertsechzehn Mark achtzig an, sie gab ihm hundertachtzehn. Während der Fahrer das Wechselgeld heraussuchte, fragte er: »Was ist denn heute eigentlich los hier?«

»Da spricht nachher der Rau«, antwortete die Frau, »den will ich mir mal anhören.«

Als sie ausstieg, nieselte es.

Die Krankheit der Frau trat in Schüben auf. Paranoide Schizophrenie ist die häufigste Form von Schizophrenie. Charakteristisch sind Wahnvorstellungen und Halluzinationen, aber auch sogenannte Ich-Störungen in verschiedenen Ausprägungen. In akuten Phasen verwandelte sie sich in eine andere. Ihr Gesichtsausdruck änderte sich, ihr Blick wurde starr, sie wirkte nervös und reagierte unbeherrscht. Eine Kleinigkeit, die ihr nicht in den Kram passte, konnte dazu führen, dass sie die halbe Wohnung verwüstete oder sogar auf jemanden einschlug. Ihre Eltern bekamen das mehrfach zu spüren, auf schmerzvolle Weise. Und einmal hätte sie beinahe das Anwesen eines Verwandten abgefackelt. Sie hatte im Keller – in der Überzeugung, dort würden Menschen gequält – mehrere Kerzen, die mit Papier umhüllt waren, angezündet. Das Feuer wurde jedoch schnell entdeckt, so dass der Schaden gering ausfiel. Die Polizei verhörte sie, aber bestraft wurde sie nicht. Die Staatsanwaltschaft stellte das Verfahren wegen Schuldunfähigkeit ein.

Bereits davor war die Frau in einer psychiatrischen Klinik behandelt worden. Ihre Schwester hatte eine Gebrechlichkeitspflegschaft für sie beantragt. Diese wurde ihr auch übertragen, und daraufhin hatte sie die Einweisung veranlasst.

Die Unterbringung in der Nervenklinik schien dringend erforderlich. Die Ärzte meinten, die neue Patientin sei völlig unberechenbar und stelle für ihre Mitmenschen eine erhebliche Gefahr dar. Begleitend zur Therapie gaben sie ihr Medikamente, die helfen sollten, die Krankheitsschübe kontrollierbar zu machen – oder wenigstens kontrollierbarer. Nach sechs Wochen wurde sie entlassen. Die Medikamente sollte sie jedoch unbedingt weiter einnehmen – auf unbestimmte Zeit und in der gewohnten Dosierung. Es sei denn, ein neuer Schub kündige sich an, dann müsse die Dosis erhöht werden.

Tatsächlich schien sich die Situation zu entspannen. Nach ungefähr anderthalb Jahren hob das Amtsgericht die angeordnete Pflegschaft wieder auf. Mutter und Schwester der Frau hatten einen entsprechenden Antrag gestellt. Die Begründung des Gerichts: Die Frau habe sich komplett von ihren psychotischen Wahnideen distanziert. Der Wahrheit entsprach das nicht – sie nahm nur regelmäßig ihre Tabletten.

Es vergingen Monate, in denen keine größeren Zwischenfälle auftraten. Dann aber starb die Mutter der Frau, und ihre Krankheit kam wieder stärker zum Vorschein. Die Trauer um ihre Mutter war allerdings nur ein Grund dafür. Sie hatte inzwischen auch die Medikamente abgesetzt, weil sie der Meinung war, sie sei geheilt. Ihre Schwester redete ihr ins Gewissen, aber deren Warnungen ignorierte sie. Kurz darauf kündigte die Frau ihre Wohnung und zog zum Vater, um für ihn da zu sein. Dabei war sie es, die Hilfe benötigt hätte.

Draußen blieb sie einen Moment neben dem Taxi stehen, um sich zu orientieren. Sie war schon häufiger in Köln gewesen, doch immer auf der anderen Rheinseite, in dieser Ecke kannte sie sich nicht aus. Sie überlegte, ob sie ihren Schirm aus der Tasche nehmen und aufspannen sollte, verzichtete aber darauf. Dann lief sie hinüber zum Wiener Platz, wo sich eine Reihe von Geschäften befanden. Sie ging in das erste Kaufhaus, an dem sie vorbeikam, um sich eine Strumpfhose zu kaufen, ihre hatte eine Laufmasche. Aus der Kosmetikabteilung nahm sie eine kleine Flasche »4711« mit; sie mochte den Duft. Nachdem sie den Einkauf erledigt hatte, überquerte sie an einer Fußgängerampel die Straße, um sich gegenüber in eine Gaststätte zu setzen. Sie bestellte eine Tasse Kaffee und danach eine zweite. Hunger verspürte sie keinen.

Da sie anschließend noch genügend Zeit hatte, sah sie sich in einigen Geschäften um, ohne sich jedoch für etwas entscheiden zu können. In einer Boutique fragte sie nach einem Blumenladen. Der Verkäufer zeigte sich nicht übermäßig hilfsbereit, dafür erklärte ihr ein Kunde ausführlich den Weg, begleitete sie sogar ein Stück in die Richtung, in die sie gehen sollte. Als der Mann sich verabschiedet hatte und ihrem Blickfeld entschwunden war, überlegte sie es sich jedoch anders. Sie machte kehrt und steuerte den Blumenstand vor dem Kaufhaus an, in dem sie die Strumpfhosen und das Kölnisch Wasser gekauft hatte.

Dem Blumenhändler fielen ihre ungewöhnlich dunklen Augenränder auf – als hätte sie mehrere Nächte nicht geschlafen, dachte er. Sie ließ sich einen Strauß aus zwölf roten Rosen binden. Warum sie ausgerechnet zwölf wollte? Vielleicht, weil die Zwölf im Christentum als heilige Zahl der Begegnung Gottes mit der irdischen Welt betrachtet wird. Aber das ist nur eine Vermutung.

Die Frau nahm noch einen zweiten Strauß, Margeriten gemischt mit roten Rosen, der bereits gebunden war und in einem Eimer mit Wasser stand. Der Verkäufer wickelte die Blumen in einen Bogen Papier. Für beide Sträuße zusammen verlangte er siebenundzwanzig Mark fünfzig. Die Frau zahlte mit einem Fünfzigmarkschein. Danach schob sie die Blumen in ihre braune Tasche – zu den beiden Messern.

Ein halbes Jahr nach dem Tod ihrer Mutter hatte die Frau versucht, sich umzubringen. Eines Nachts, zwei Wochen vor Weihnachten, löste sie einen ganzen Stapel Schlaf- und Schmerztabletten, die sie in einem Schrank in ihrem Zimmer gehortet hatte, in einer Flasche Wasser auf und trank von dem Gebräu, so viel sie herunterbekam. Hätte sie alles in sich behalten, wäre sie wahrscheinlich nach einer Weile hinüber gewesen. Doch ihr Magen rebellierte. Sie musste sich übergeben und röchelte dabei so laut, dass ihr Vater nebenan aus dem Schlaf schreckte. Sofort rief er einen Notarzt. Im Krankenhaus wurde ihr der Magen ausgepumpt. Nach ein paar Tagen kam sie wieder zu sich.

Da sie sich danach sträubte, in eine psychiatrische Klinik zu gehen, beantragte ihre Schwester erneut eine Gebrechlichkeitspflegschaft – um sie vor sich selbst zu schützen, aber auch andere, besonders ihren Vater, den sie vor ihrem Selbstmordversuch mehrfach angegriffen und geschlagen hatte. Die Begründung des Antrags hätte nicht deutlicher formuliert sein können. Dennoch reagierte niemand, seit drei Monaten nicht, trotz mehrmaliger Nachfrage. Als wäre das Schreiben der Schwester irgendwo im Behördensumpf versickert. Hätte das Vormundschaftsgericht dem Antrag in der sonst üblichen Frist stattgegeben, wäre sie heute vermutlich gar nicht nach Köln gefahren, da sie dann unter der Kontrolle ihrer Schwester gestanden und von ihr die Erlaubnis dafür gebraucht hätte.

Obwohl sie sich Zeit gelassen hatte, kam sie zu früh in die Halle. Bevor sie den Saal betrat, verschwand sie auf einer Toilette, um die Strumpfhose zu wechseln. Anschließend ging sie hinein, den Mittelgang entlang, bis sie die vorderste Sitzreihe erreichte. Da diese für Ehrengäste und Pressevertreter reserviert war, suchte sie sich einen Platz in der Reihe dahinter. Sie wählte den zweiten Stuhl links vom Gang, wenn man zur Bühne blickte. Ihren Mantel und die Tasche mit den Blumen und den Messern legte sie auf den Sitz neben sich.

Mit der Frau verloren sich zu diesem Zeitpunkt ungefähr ein Dutzend anderer Besucher in dem Saal, der über tausend Sitzplätze und fast noch einmal so viele Stehplätze verfügte. Auf der Bühne waren die Musiker einer Band, die sie nicht kannte, mit dem Soundcheck beschäftigt.

Der Saal, das Foyer und ein kleines Restaurant, das sich ebenfalls in dem Gebäude befand, wurden von Polizisten mit einem Sprengstoffspürhund durchsucht. Die Frau, die den Beamten zwar auffiel, die sie aber für eine SPD-Sympathisantin hielten und als »nicht verdachtserregend« einstuften, kontrollierte niemand.

Dabei gab es keine Partei, für die die Frau Sympathien hegte. Und auch keinen Politiker, von dem sie eine hohe Meinung hatte. Trotzdem standen in ihrem Kalender – ein kleines weißes Büchlein, das sie zu Hause aufbewahrte – Adressen und Telefonnummern namhafter Politiker. Von Helmut Kohl zum Beispiel, damals Bundeskanzler, von Volker Rühe und eben von Hans-Dietrich Genscher.

Ihr Interesse richtete sich nicht auf Politiker einer bestimmten Partei. Für das, was sie vorhatte, zählte vor allem, dass sie bekannt waren und Einfluss hatten. In Nordrhein-Westfalen lief zu der Zeit gerade die heiße Phase des Wahlkampfs für die bevorstehende Landtagswahl an. Dadurch war sie überhaupt erst darauf gekommen. Sie hatte die Geschäftsstellen von SPD, CDU und FDP in Düsseldorf kontaktiert, sogar mehrfach, telefonisch oder schriftlich oder beides, um herauszubekommen, wann und wo Wahlkampfveranstaltungen stattfanden und welche Politiker dort auftreten sollten. Erst vor wenigen Tagen hatte sie erneut bei der SPD angerufen und von dem Termin in Köln erfahren. Die Veranstaltung war als Auftakt des Landtagswahlkampfs in der Stadt gedacht. Angekündigt waren Nordrhein-Westfalens Ministerpräsident Johannes Rau und dessen saarländischer Amtskollege Oskar Lafontaine, der damals gleichzeitig Kanzlerkandidat der SPD war.

Als die Ordner kurz nach achtzehn Uhr die Türen der Mülheimer Stadthalle zum Einlass öffneten, saß die Frau noch immer auf dem Stuhl in der zweiten Reihe, die Tasche neben sich. Es dauerte eine gute halbe Stunde, dann hatte sich der Saal bis auf den letzten Platz gefüllt. Selbst auf dem Boden der Gänge zwischen den Stuhlreihen drängten sich Menschen.

Die Veranstaltung begann mit einer kurzen Ansprache des Kölner Oberbürgermeisters. Rechts und links des Rednerpults standen mehrere Tische, jeweils wie eine Tafel aneinandergereiht, festlich mit weißen Tüchern bedeckt. Dahinter saßen mehr oder weniger bekannte SPD-Funktionäre aus Köln, die Kandidaten für den zukünftigen Landtag und Mitglieder der nordrhein-westfälischen Landesregierung – die übliche Riege eben bei Veranstaltungen dieser Art. Doch alle im Saal warteten nur auf das Erscheinen von Johannes Rau und Oskar Lafontaine.

Die beiden befanden sich bereits in der Halle, hielten sich jedoch nebenan im Restaurant auf, wo sie ein Abendessen zu sich nahmen. Lafontaine war erst kurz vorher aus Bonn angereist, begleitet von seiner Büroleiterin, seinem Fahrer und drei Personenschützern, die nicht von seiner Seite wichen.

Der Auftritt von Lafontaine und Rau wurde zelebriert wie der Einmarsch der Gladiatoren. Der Oberbürgermeister unterbrach seine Rede. Im hinteren Teil des Saals öffnete sich eine Tür. Die zwei Spitzenkräfte der Partei schritten – flankiert von Personenschützern und Ordnern, die ihnen den Weg freimachten – durch den Mittelgang Richtung Bühne. Das Publikum applaudierte überschwänglich, die Fotografen sprangen auf, um ein Blitzlichtgewitter zu veranstalten.

Vor der ersten Zuschauerreihe mussten Rau und Lafontaine nach links, bis zum Rand, dort befanden sich sechs Treppenstufen, über die sie auf die Bühne gelangten. Oben winkten sie dem Publikum zu, bevor sie hinter einem der weiß gedeckten Tische Platz nahmen, nebeneinander, links vom Rednerpult.

Rau wollte als Erster seine Rede halten, doch Lafontaine kam ihm zuvor. Jemand rief: »Johannes raucht noch.«

Während der Saarländer sprach, rutschte die Frau unruhig auf ihrem Stuhl hin und her. Ein paar Mal nahm sie ihre Tasche in die Hand, um sie dann wieder auf dem Boden abzulegen. Den Platz neben sich hatte sie freigeben müssen. Sie versuchte, sich auf Lafontaines Worte zu konzentrieren, aber seine Rede gefiel ihr nicht. Sie wünschte sich eine soziale Regierung, war jedoch der Meinung, dass sie eine solche von keiner Partei in Deutschland erwarten konnte.

Als Lafontaine nach fünfunddreißig Minuten seine Ausführungen beendete und im Saal tosender Beifall aufbrandete, erhob sich die Frau, um nach vorn zur Bühne zu gehen. Sie lief keine zwanzig Schritte, bis sich ihr ein Mann in den Weg stellte. Er sagte, sie könne die Blumen ebenso gut von unten auf die Bühne reichen – was sie aber nicht wollte –, und schickte sie zurück. Dass es ein Polizist war, der sie aufhielt, konnte sie nicht erkennen. Da er keine Uniform trug, unterschied er sich äußerlich nicht von den Ordnern, die als Sicherheitskräfte vor der Bühne postiert waren.

Zu den Ordnern, die den Zugang zur Bühne bewachten, gehörte eine junge Krankenschwester. Sie hatte die Frau beobachtet, wie sie auf die Bühne zugegangen war. Unwillkürlich musste sie an Patienten denken, mit denen sie während ihrer Ausbildung in der Psychiatrie zu tun gehabt hatte. Die weiße Kleidung, der Blick, die verlangsamten Bewegungen – als wäre die Frau in Trance gewesen. Sie sprach kurz mit ihrem Freund darüber, der wie sie als Ordner eingesetzt war und die Frau ebenfalls merkwürdig fand, irgendwie daneben.

Die Frau setzte sich wieder auf ihren Platz und brabbelte vor sich hin: »Sie lassen mich nicht durch!« – und das ein paar Mal.

Rau war der letzte Redner. Jedenfalls fürs Publikum. Danach sprach zwar noch eine Politikerin, die relativ bekannt war und der nordrhein-westfälischen Landesregierung angehörte, aber da strömten die meisten Zuschauer bereits aus dem Saal. Und die anderen, die nicht gingen, hörten kaum hin. Sie drängten vor zur linken Seite der Bühne, wo Rau und Lafontaine standen, um die Politstars einmal aus der Nähe zu sehen.

Auch die Polizisten, die dafür sorgen sollten, dass die beiden Spitzenpolitiker abgeschirmt vom Publikum den Saal verlassen konnten, betrachteten die Veranstaltung als beendet. Sie hatten bereits einen kleinen Seitenausgang geöffnet und eine Gasse gebildet. Die zwei Limousinen, in denen Lafontaine und Rau herchauffiert worden waren, parkten vor der Tür. Während Rau anschließend zu einem Pressegespräch nach Bonn kutschiert werden wollte, wartete Lafontaines Fahrer darauf, seinen Chef nach Hause zu fahren, nach Saarbrücken.

Aber noch standen die beiden auf der Bühne. Und die Frau aus der zweiten Reihe unternahm erneut den Versuch, zu ihnen vorzudringen. Der Kollege in Zivil, der vor der Bühne auf seinem Posten wachte, hätte ihr auch diesmal den Zutritt verwehrt. Genauso wie dem Kamerateam des Bayerischen Rundfunks, das ein kurzes Interview mit Rau aufnehmen wollte. Doch jemand vom Veranstalter, von der SPD also, schien weniger Bedenken zu haben. Erst durften die Fernsehleute hoch, und dann rief einer: »Lasst sie endlich durch!« – womit die Frau gemeint war. Es ist nur eine Vermutung, aber offenbar dachte derjenige, eine treue SPD-Anhängerin, die den beiden Spitzenleuten der Partei vor laufender Kamera Blumen überreichte – das käme gut rüber.

Die Frau näherte sich von hinten und tauchte plötzlich wie aus dem Nichts zwischen Rau und Lafontaine auf. Die beiden gingen anscheinend davon aus, dass ihre eigenen Leute sie auf die Bühne geholt hatten, dass es also in Ordnung war. Es gibt ein Foto, das in dem Moment entstand, als die Frau

Lafontaine einen der beiden Blumensträuße überreichte. Darauf lächelt er sie an, ein wenig verschmitzt vielleicht, doch keineswegs argwöhnisch oder gar ängstlich. Er neigt seinen Oberkörper sogar ein wenig nach vorn, ihr entgegen. Der Ausdruck in ihrem Gesicht ist schwer zu deuten. Es scheint ebenfalls ein Lächeln zu sein, aber es wirkt wie eingefroren, irgendwie maskenhaft. Rau dagegen steht aufrecht wie ein Zinnsoldat seitlich neben der Frau, ohne sich ihr in irgendeiner Weise zuzuwenden. Sein Blick wirkt fast ein wenig gekränkt, wie bei jemandem, der sich nicht genug beachtet fühlt. Was man verstehen konnte, immerhin spielte sich die Szene nicht im stillen Kämmerlein ab, sondern vor den Objektiven zahlreicher Fotografen und dem Kamerateam. Die Frau schien ihn tatsächlich zu ignorieren, denn auch den zweiten Strauß gab sie Lafontaine.

Dabei war sie zunächst auf Rau zugegangen, hatte es sich dann aber in letzter Sekunde anders überlegt. Lafontaine erschien ihr plötzlich politisch wertvoller, wie sie es später ausdrückte. Während sie dort oben stand, zwischen den beiden Männern, spürte sie die Wärme der Scheinwerferlichter, die sich nun auch auf sie richteten, das erste Mal in ihrem Leben. Aber das war nicht der Grund, der sie dorthin getrieben hatte. Sie war da, um ein Signal zu setzen. Noch ein Gedanke, den sie später so äußern wird.

Nachdem sie die Blumen überreicht hatte, nahm sie das Poesiealbum aus ihrer Tasche, hielt es Lafontaine hin und bat ihn, ein Autogramm hineinzuschreiben. Der schlug das Büchlein auf und platzierte es auf dem Tisch neben sich, wo inzwischen die beiden Blumensträuße lagen. Dann fischte er einen Kugelschreiber aus der Innentasche seines Jacketts, beugte sich hinunter und wollte gerade mit dem Schreiben ansetzen. Auf diesen Moment hatte sie gewartet.

Blitzschnell griff sie noch einmal in ihre Tasche, mit der rechten Hand, zog das größere Messer hervor und stach zu. Dass sie seinen Hals traf, war kein Zufall. Als Arzthelferin wusste sie, an welcher Körperstelle ein Mensch am verletzbarsten war. Sie wollte die Luftröhre treffen. Auf diese Weise würde sie ihn sicher töten. Das war ihr Plan, den sie sich vorher ausgedacht hatte. Es sollte jemand sterben, am besten ein bekannter Politiker, damit sie vor Gericht gestellt würde und die Sache mit den unterirdischen Menschentötungsfabriken endlich ans Licht gebracht würde. Nur deswegen hatte sie die Messer gekauft, und nur deswegen hatte sie sich auf den Weg nach Köln gemacht.

Den Griff des Messers hatte sie mit einem Papiertaschentuch umwickelt. Sie rammte die Klinge in Lafontaines Hals, auf der rechten Seite, zog sie wieder ein Stück heraus, so, als wollte sie ein zweites Mal zustechen, doch dazu kam sie nicht mehr.

Mehrere Ordner und Polizisten stürzten sich auf die Frau und rissen sie zu Boden. Diese Szene wurde von dem Kamerateam des Bayerischen Rundfunks gefilmt und noch am selben Abend gesendet – und danach in unzähligen Wiederholungen. Darin hörte man, wie jemand die Frau nach ihrem Namen fragte, immer wieder und bei jedem Mal eine Spur eindringlicher. Was überhaupt keinen Sinn machte. Der Name der Frau war in dieser Situation so ziemlich das Unwichtigste. Das Rätsel löste sich, als wir später den Kameramann vernahmen. Er selbst hatte sich in der Sequenz verewigt. Weil ihn die Ordner von der Bühne drängen wollten, tat er so, als würde er auf ihrer Seite stehen, etwas machen, was in ihrem Sinne war, also eine wichtige Aufgabe erfüllen. So sollte es jedenfalls wirken – und das funktionierte tatsächlich, wie man sah.

Die Aufnahmen, die zuerst in den *Tagesthemen* liefen, sah auch der Vater der Frau, der sich zuvor das Fußballfreundschaftsspiel zwischen Deutschland und Uruguay im Fernsehen angeschaut hatte. Für ihn war es ein Schock zu sehen, wie seine Tochter abgeführt wurde, und mehr noch, zu erfahren, was sie Sekunden vor dieser Sequenz getan hatte. Kurz darauf klingelte sein Telefon – der Arzt, bei dem seine Tochter zuletzt gearbeitet hatte. Eine Patientin hatte den Beitrag ebenfalls gesehen und ihn aufgeregt angerufen. Bis zu diesem Moment hatte der Arzt nichts von der Krankheit seiner Assistentin gewusst.

Bei der Polizei in Bad Neuenahr stand das Telefon die ganze Nacht nicht mehr still. Allein in den ersten zwanzig Minuten nach der Sendung meldeten sich sechzig Personen, die den Beamten mitteilten, dass sie die Frau kannten, die das Attentat in Köln verübt hatte.

Oskar Lafontaine stürzte zu Boden. Seine Leibwächter waren sofort bei ihm. Die Messerklinge war unterhalb des rechten Ohrs, hinter dem Kieferwinkel, acht Zentimeter tief in seinen Hals eingedrungen. Dabei hatte sie den großen Kopfnickermuskel und die Oberkieferarterie durchtrennt, die innere Halsschlagader aber um einen Millimeter verfehlt. Die Einstichwunde war sechs Zentimeter breit, aus ihr schoss das Blut schwallartig heraus, im Rhythmus seines Herzschlags. Einer der Leibwächter drückte die Wunde so gut es ging zu. Er dürfte ihm das Leben gerettet haben. Aber auch die Krankenschwester, die als Ordner an der Treppe zur Bühne gestanden hatte, half, indem sie geistesgegenwärtig eine der Tischdecken vom Tisch riss und ihm reichte, damit er die Wunde besser abdrücken konnte.

Als der Notarzt eintraf, war Lafontaine bei Bewusstsein, konnte zwar nicht sprechen, reagierte aber, wenn man auf ihn einredete. Fast eine Dreiviertelstunde brauchte der Arzt, um seinen Zustand so weit zu stabilisieren, dass er transportfähig war. In dieser Zeit sicherte ein Rettungssanitäter einige Tropfen Blut aus der Lache, die sich auf dem Bühnenboden neben Lafontaine gebildet hatte, um sie für eine Kreuzprobe zur Blutgruppenverträglichkeit in die Universitätsklinik bringen zu lassen. Lafontaine benötigte dringend Spenderblut, jede Minute zählte.

Bis der Rettungswagen mit dem prominenten Patienten in der Klinik ankam, hatte der Sechsundvierzigjährige fast drei Viertel seines Bluts verloren. Seine Organe wurden kaum noch mit Sauerstoff versorgt. Er schwebte in akuter Lebensgefahr.

Die Frau wurde umgehend ins Polizeipräsidium gebracht und dort erkennungsdienstlich behandelt – Fotos, Fingerabdrücke und so weiter. Obwohl sie als Täterin unzweifelhaft feststand und es genügend Zeugen für die Tat gab, verfuhren wir wie bei jedem anderen Fall. Als Erstes stellten wir ihre Kleidung sicher, damit keine Spuren verlorengingen, falls sich welche daran befanden. Jedes Stück wurde einzeln in eine Papiertüte gesteckt. In Krimis im Fernsehen werden zur Aufbewahrung von Beweisstücken meistens Plastiktüten verwendet. Das kam bei uns gelegentlich auch vor, aber nur, wenn ein Ahnungsloser am Werk war. Plastiktüten sind für diesen Zweck denkbar ungeeignet, besonders wenn Beweisstücke mit Blut behaftet sind. Werden diese dann luftdicht verpackt, feiern die Fäulnisbakterien darin ein Fest. Sie vermehren sich nicht nur ziemlich rasant, sondern zersetzen nach und nach auch das Blut, so dass wichtiges Spurenmaterial vernichtet wird.

Damit die Frau nicht nackt in eine Zelle im Keller des Präsidiums gesperrt werden musste, gab man ihr Ersatzkleidung, die jemand aus der Asservatenkammer holte. Nachdem sie sich umgezogen hatte, begleitete sie eine Beamtin zur Toilette, um eine Urinprobe von ihr zu erhalten. Später erschien dann noch eine Ärztin, die ihr zwei Röhrchen Blut abnahm. Das Ergebnis der Analysen fiel in beiden Fällen negativ aus. Außer dem Coffein von den zwei Tassen Kaffee hatte sie keine körperfremden Substanzen zu sich genommen, weder irgendwelche Medikamente noch Alkohol. Das Gläschen Aquavit hatte ihr Körper inzwischen abgebaut.

Vernommen wurde die Frau in dieser Nacht nicht mehr. Was hätten wir mit ihr auch besprechen sollen? Erst einmal mussten wir die wichtigsten Fakten zusammentragen und alle Informationen, die hereinkamen, sortieren.

Obwohl es mittlerweile auf zweiundzwanzig Uhr zuging, herrschte im Präsidium eine Hektik, wie ich es selten erlebt habe. Mordfälle waren immer besondere Fälle, doch ein Attentat auf den möglichen neuen Bundeskanzler sprengte alle Dimensionen.

Da die Mordkommission, die an diesem Abend Bereitschaftsdienst hatte, seit Stunden in einem anderen Fall unterwegs war, hatte der Kommissariatsleiter mich zur Dienststelle beordert, damit ich die Ermittlungen im Fall Lafontaine übernahm, als Chef einer neu zusammengesetzten Mordkommission. Ich lebte damals gerade in Scheidung, war mit meiner halbwüchsigen Tochter allein zu Hause und hatte – als es klingelte – für einen Moment überlegt, ob ich ans Telefon gehen sollte. Bei den alten Geräten sah man ja nicht, wer einen zu erreichen versuchte. Als ich den Hörer dann doch abnahm, hörte ich kein »Guten Abend« oder irgendeinen anderen Gruß, sondern nur: »Jetzt hast du Pech gehabt!«

Bei unserer Arbeit machte es also keinen Unterschied, ob ein Fall ungeklärt war oder der Täter bereits hinter Schloss und Riegel saß – beziehungsweise die Täterin. Gut, einen Unterschied gab es schon: Der größte Druck war erst mal weg, sobald man den Täter gefasst hatte. Trotzdem mussten wir natürlich alles dransetzen, um möglichst lückenlos aufzuklären, was geschehen war.

Die wichtigsten Tatzeugen wurden noch am Abend zur Vernehmung ins Präsidium gebracht, darunter die Krankenschwester und einige andere Ordner, die die Bühne gesichert hatten. Aber auch der Kameramann und dessen Assistent. Und natürlich jener Ordner, der sich für die Frau in der auffällig weißen Kleidung eingesetzt und ihr überhaupt erst den Zutritt zur Bühne verschafft hatte. Alle sagten dasselbe aus, bis auf kleine Details, die Nebensächlichkeiten betrafen wie die Farbe der Blumen, die Blumensorte oder die Beschreibung der Tasche, aus der die Frau die Tatwaffe gezogen hatte.

Aber all diese Dinge nahmen die Kollegen der Spurensicherung ohnehin am Tatort selbst in Augenschein. Als sie eintrafen, war die Blutlache hinter dem Rednerpult und seitlich davon auf den Holzbrettern der Bühne bereits stellenweise eingetrocknet. Von einer richtigen Blutlache, wie man sie sich vorstellt, konnte man eigentlich auch gar nicht sprechen. Personenschützer, Rettungssanitäter und der Notarzt hatten sich verständlicherweise nicht darum geschert, auf irgendwelche Spuren zu achten. Dadurch war es eher eine blutverschmierte Fläche. An manchen Stellen war die Blutschicht dicker, an anderen konnte man das helle Holz darunter durchschimmern sehen. Mittendrin lagen Kleidungsstücke, die Lafontaine getragen hatte, sein Oberhemd und das Jackett zum Beispiel, die man als solche allerdings kaum erkannte, da sie blutdurchtränkt und zerschnitten waren.

Auch drum herum sah es wüst aus. Ein Tisch war umgestürzt, Flaschen, Aschenbecher und Mikrofone lagen durcheinandergewürfelt auf dem Boden. Ein anderer Tisch war im Tumult beiseitegeschoben worden. Darauf befanden sich die zwei Blumensträuße, die die Frau mitgebracht hatte, und das Poesiebüchlein, dessen Einband hellgrün und mit einem Landschaftsmotiv aus Häusern und Bäumen verziert war. Die Seiten darin waren leer. Anscheinend hatte die Frau Lafontaine nicht einmal Zeit gelassen, den ersten Buchstaben seines Namens zu Papier zu bringen.

Zwei oder drei Schritte vor dem Rednerpult, an der Bühnenrampe, fanden die Kollegen den beigefarbenen Mantel der Frau und darunter eine kleine braune Handtasche mit ihrem Ausweis. Beides hatte sie offenbar dort abgelegt, bevor sie auf die Bühne gestiegen war. Die andere Tasche, in der sie den Knirps, die Messer und die Blumen transportiert hatte, lag ebenfalls auf dem Bühnenboden, allerdings ein Stück entfernt, hinter den Tischen. Der Schirm und das kleinere Messer, das sie nicht benutzt hatte, befanden sich darin – und eine einzelne Margeritenblüte.

Natürlich zählte auch so jemand wie Johannes Rau, der Ministerpräsident, zu den wichtigen Zeugen. Er stand während der Tat dichter als jeder andere neben der Attentäterin. Und um ein Haar wäre er selbst ihr Opfer geworden. Das steckt niemand einfach so weg. Zumal kurz darauf beim *Kölner Stadtanzeiger* per Telefon eine Morddrohung einging, die gegen ihn gerichtet war und über die er umgehend vom Einsatzleiter der Schutzpolizei informiert wurde. Zu diesem Zeitpunkt hatten ihn Personenschützer und Ordner bereits aus der Halle nach draußen auf eine Wiese geleitet. Dort wartete sein Fahrer mit dem Dienstwagen, der für ihn über Autotelefon eine Verbindung zu Hans-Jochen Vogel herstellte, dem damaligen SPD-Vorsitzenden, der in Bonn saß.

So weit konnte ich alles nachvollziehen. Sogar dass Rau es anschließend für wichtiger erachtete, selbst in die alte Bundeshauptstadt zu fahren, um Parteichef Vogel noch einmal ausführlich über die Geschehnisse in Kenntnis zu setzen, anstatt uns als Zeuge zur Verfügung zu stehen, erschien mir irgendwie plausibel. Schließlich gibt es nicht umsonst den Begriff »Parteisoldat«. Dass er uns allerdings auch am folgenden Tag hinhielt – dafür fehlte mir dann doch ein wenig das Verständnis.

Dabei hatte er sich mit den beiden Kollegen, die seine Vernehmung durchführen sollten, bereits verabredet. Er wollte sie in der Universitätsklinik treffen, nach seinem Besuch bei Oskar Lafontaine, dessen Zustand sich nach der Notoperation am Abend deutlich verbessert hatte. Die Beamten erschienen pünktlich und warteten, bis er aus Lafontaines Zimmer kam. Doch da meinte Rau auf einmal, er sei zu müde und fühle sich außerstande, eine Aussage zu machen. Ohnehin könne er ihnen so gut wie nichts zu den Einzelheiten des Anschlags mitteilen. Anstatt sich einer Vernehmung, also den Fragen der Kollegen zu stellen, was für einen Ministerpräsidenten genauso staatsbürgerliche Pflicht gewesen wäre wie für jeden anderen auch, wollte er seine Aussage auf Band sprechen und dieses durch einen Kurier zu uns bringen lassen, gleich am nächsten Tag.

Was sollten wir machen? Als Polizei konnten wir niemanden zu einer Vernehmung zwingen. Dafür hätten wir eine Vorladung der Staatsanwaltschaft gebraucht. Doch wer wollte sich deswegen mit dem Landesvater persönlich anlegen?

Rau ließ uns noch drei oder sogar vier Tage warten, ehe ein Kurier mit einen Briefumschlag aus Düsseldorf eintraf, in dem sich eine Mikrokassette befand, wie sie in Diktiergeräten und Anrufbeantwortern verwendet wurde. Den Umschlag hatte Rau handschriftlich mit schwarzer Füllhaltertinte an das Polizeipräsidium Köln adressiert und zusätzlich mit meinem Namen versehen. Als Absender stand in der linken oberen Ecke, ebenfalls von Hand geschrieben: »Johannes Rau«. Beigelegt war ein kurzes Anschreiben, in dem er um Verständnis bat. Er sei zu beschäftigt und von den Ereignissen innerlich so aufgewühlt gewesen, dass er vorher nicht die nötige Ruhe gefunden habe.

Wir hörten uns die Kassette sofort an. Raus Stimme hatte denselben pastoralen Klang, wie man ihn von seinen Reden kannte. Er sprach langsam, fast bedächtig, und ohne sich einmal zu verhaspeln. Sein Monolog dauerte ungefähr fünfzehn Minuten. Über den Inhalt darf ich nichts verraten, nur, dass er uns keine neuen Informationen lieferte. Zumindest nicht, was das Tatgeschehen anbelangte. Zum überwiegenden Teil drehten sich seine Ausführungen darum, was er selbst vor und nach dem Attentat gemacht und wo er sich aufgehalten hatte.

Aber damit bin ich den Ermittlungen etwas vorausgeeilt. Kurz noch einmal zurück zu dem Abend, an dem das Attentat geschehen war: Nachdem ich mir einen groben Überblick über die Ereignisse in der Mülheimer Stadthalle verschafft hatte, fuhr ich in die Universitätsklinik, um mich über Lafontaines Zustand zu informieren, vor allem aber, um seine Kleidung für den Erkennungsdienst sicherzustellen. Vor einem Nebeneingang hatte sich eine kleine Menschentraube versammelt, in der ich einige Politiker erkannte. Falls ich mich nicht irrte, stand dort auch Hans-Jochen Vogel. Rau und Willy Brandt kamen erst später. Die Tür war verschlossen, aber nicht bewacht. Auf mein Klingeln öffnete eine Krankenschwester. Als ich meine Dienstmarke zeigte, ließ sie mich hinein. Dabei hörte ich, wie hinter mir halblautes Gemurmel einsetzte, warum *der* – also ich – reindurfte und sie nicht.

Es war kurz vor Mitternacht. Lafontaine lag noch im OP. Die Operation schien aber bereits beendet. In der nächsten halben Stunde sollte er auf die Intensivstation verlegt werden. Die Ärzte, die den lebensrettenden Eingriff vorgenommen hatten, bekam ich nicht zu Gesicht. Auch über den Zustand des Patienten erfuhr ich kaum etwas, außer dass er recht stabil war. Ein anderer Arzt händigte mir immerhin eine Tüte mit den Kleidungsstücken aus, die Lafontaine getragen hatte, als er eingeliefert wurde. Viele waren es nicht mehr: eine blaue Hose, schwarze Schuhe, graue Socken.

Ich nahm die Sachen mit ins Präsidium, wo sie gemeinsam mit den anderen, die auf der Bühne gelegen hatten, auf großen Papierbahnen zum Trocknen ausgebreitet wurden. Trocknet Blut an der Luft, können Kriminaltechniker auch Jahre danach noch etwas damit anfangen.

Die Nacht verbrachte ich im Präsidium, unter anderem damit, die Vernehmung der Attentäterin vorzubereiten. Ich wollte sie nicht selbst durchführen, obwohl es mich durchaus gereizt hätte. Aber das durfte kein Kriterium sein. Eitelkeiten hatten bei Ermittlungen nichts zu suchen. Jedenfalls verstand ich meinen Job so. Wir hatten einen Kollegen, den wir den »Pastor« nannten. Ich kannte niemanden, der einfühlsamer mit Menschen umgehen konnte als er. Allein seine Stimmlage wirkte beruhigend wie das gleichmäßige Plätschern eines Gebirgsbachs. Er brachte es fertig, bei einem Todesfall den Hinterbliebenen die traurige Nachricht so zu vermitteln, dass sie hinterher beinahe erleichtert waren, dass derjenige das Zeitliche gesegnet hatte.

Die Vernehmung begann am nächsten Morgen um acht Uhr in einem Raum der Mordkommission. Die Frau verzichtete auf die Anwesenheit eines Anwalts. Sie meinte, den brauche sie nicht. Ihre Tat schien sie nicht im Geringsten zu bedrücken. Sie wirkte geradezu gelassen und machte einen zufriedenen Eindruck. Als der »Pastor« sie fragte, wie es ihr gehe, sagte sie, sie habe gut geschlafen und fühle sich auch gut. Danach ließ sie nicht viel Zeit verstreichen, um das Motiv ihrer Tat zu erklären: Sie habe Herrn Lafontaine töten wollen, damit sie vor Gericht gestellt werde und alles in die Presse komme – die Sache mit den Menschenfabriken und den unterirdischen Operationssälen, in denen Menschen körperlich und geistig umfunktioniert würden. Allerdings habe es keine besondere Bewandtnis damit, dass es Lafontaine getroffen habe. Sie habe sich nach Köln fahren lassen, um einen Politiker zu töten, darum sei es ihr gegangen, ebenso gut hätte es Rau treffen können. Den habe sie sogar zuerst im Visier gehabt.

Die Atmosphäre war surreal. Die Frau hatte versucht, einen Mann zu töten, saß jetzt aber auf ihrem Stuhl und plauderte in einem Ton darüber, als handele es sich um den neuesten Nachbarschaftstratsch. Dazu passte, dass sie zwischendurch um eine Tasse Tee bat, die sie auch bekam. Bereitwillig und unbekümmert schilderte sie detailliert, wie sie ihre Tat mit dem Kauf der Messer und der Beschaffung der Wahlkampftermine vorbereitet hatte und ließ dabei selbst Kleinigkeiten nicht aus – etwa, dass das Papier, mit dem der Blumenhändler die Sträuße eingewickelt hatte, mit Werbeaufdrucken versehen war. Sie erinnerte sich an den Preis für die Taxifahrt und wusste noch auf den Pfennig genau, was sie für die Messer und die Blumen ausgegeben hatte. Selbst der Moment, als sie auf der Bühne zu Rau und Lafontaine getreten war, um ihren Plan umzusetzen, schien in ihrem Kopf präsent wie eine Filmszene, die sie sich unzählige Male angeschaut hatte. Lafontaine habe geschmunzelt, sagte sie, und dass sie beide im Scheinwerferlicht gestanden hätten, sie davon aber nicht geblendet worden sei, sondern genau gesehen habe, wer da vor ihr stand.

Als der Kollege wissen wollte, was sie empfunden habe, als sie auf ihr Opfer einstach, meinte sie, dass es jedenfalls kein Mitleid gewesen sei. Sie entschuldigte sich, weil sie das so sage, aber um einen deutschen Politiker tue es ihr nun mal nicht leid. Politiker dürften ihrer Meinung nach genauso getötet werden, wie sie die Tötung von Menschen aus der Bevölkerung akzeptierten.

Später kamen sie auf ihre Gesundheit zu sprechen. Sie sagte, bis auf gelegentliche Wirbelsäulenbeschwerden fühle sie sich ganz in Ordnung, völlig normal, wie immer. Ihre früheren Aufenthalte in einer psychiatrischen Klinik verschwieg sie nicht, zumindest von einem sprach sie, deutete nur das Resultat der Behandlung etwas anders als die Ärzte. Die seien von dem Verdacht ausgegangen, sie leide unter Schizophrenie, das habe sich aber nicht bestätigt. Dazu könnten wir die Ärzte ihretwegen gern selbst befragen.

Interessant war, wie sie sich ihre Zukunft vorstellte: Sie gehe von einem fairen Prozess aus, bei dem alles aufgeklärt und aufgedeckt werde – vor allem, warum geschehen musste, was geschehen war. Nicht die Spur von Schuldbewusstsein. Sie rechnete fest mit einem Freispruch, etwas anderes schien für sie nicht denkbar.

Während der Vernehmung war ein Psychiater anwesend, der sich einen Eindruck vom geistigen Zustand der Attentäterin verschaffen sollte. Dabei ging es in erster Linie darum zu klären, ob sie überhaupt haftfähig war. Seine Beobachtungen bestätigten, was wir bereits vermutet hatten. Wir hatten es mit einer Person zu tun, die einerseits schwere seelische Störungen aufwies, andererseits aber durchaus in der Lage war, den Fragen des Vernehmers zu folgen und sich verständlich zu artikulieren. Der Psychiater drückte es vorsichtig aus, ungefähr so: Die Frau sei haftfähig, an ihrer Schuldfähigkeit sei jedoch zu zweifeln, da sie deutliche Anzeichen für das Vorliegen einer psychotischen Erkrankung aufweise.

Die Vernehmung zog sich länger als sechs Stunden hin und wurde nur einmal von einer kurzen Mittagspause unterbrochen. Danach war der Fall für den zuständigen Staatsanwalt klar: Er verzichtete darauf, gegen die Frau einen Haftbefehl wegen versuchten Mordes zu beantragen. Nach dem, was wir bis dahin über sie in Erfahrung bringen konnten, auch durch die Vernehmung ihrer Schwester und des Vaters, deutete alles darauf hin, dass man ihr spätestens vor Gericht Schuldunfähigkeit bescheinigen würde. Deshalb regte der Staatsanwalt stattdessen an, sie gleich in einer geschlossenen psychiatrischen Klinik unterzubringen. Der Haftrichter, der am selben Nachmittag im Präsidium erschien und festlegen musste, was mit ihr geschehen sollte, schloss sich der Ansicht des Staatsanwalts an. Die Vorführung der Frau nahm nur wenige Minuten in Anspruch, dann verkündete er ihr seinen Beschluss, und kurz darauf wurde sie in eine Klinik nach Düren gebracht. Eine Entscheidung, die später auch per Gerichtsbeschluss bestätigt wurde. Die Frau befindet sich bis heute in einer geschlossenen Anstalt.

Mit der Vernehmung Oskar Lafontaines mussten wir uns einige Tage gedulden, aber dafür hatte jeder Verständnis, seine Gesundheit ging vor. Das Krankenzimmer im Bettenhaus der Uniklinik, in dem er untergebracht war, wurde Tag und Nacht von Personenschützern bewacht. Sie kontrollierten jeden, der zu ihm wollte. Auch wir – ein Kollege und ich – mussten uns ausweisen, bevor wir dem Kanzlerkandidaten gegenübertreten durften.

Als wir ins Zimmer kamen, saß er auf dem Bett, seine Beine baumelten herunter, Oberkörper und Gesicht waren zur Tür gewandt. Auf einem kleinen Tisch lagen mehrere Zeitungen, die aussahen, als hätte sie jemand durchgeblättert. Ich erinnerte mich, dass er bereits am Tag nach dem Attentat nach seiner Lesebrille verlangt hatte, die Kollegen vom Erkennungsdienst auf der Bühne sichergestellt hatten. Lafontaine trug einen Trainingsanzug – wie die meisten Patienten, die uns auf den Gängen begegnet waren. Seiner war dunkelblau, auf der linken Brust prangte das Logo einer bekannten Sportartikelmarke.

Dafür, dass er dem Tod gerade noch so von der Schippe gesprungen war, wirkte der Politiker überraschend aufgeräumt. Man sah ihm an, was er durchgemacht hatte, aber er schien nicht deprimiert oder niedergeschlagen zu sein. Im Gegenteil, nach einer kurzen Begrüßung meinte er: »Sie müssen schon meinen Aufzug entschuldigen« – und setzte dabei ein schelmisches Grinsen auf. Worauf mein Kollege, der nicht auf den Mund gefallen war, erwiderte: »Da machen Sie sich mal keine Sorgen, Herr Lafontaine, Helmut Kohl hätte in dieser Situation auch keine bessere Figur abgegeben.«

Damit war das Eis gebrochen. Es wurde ein – unter den gegebenen Umständen – recht lockeres Gespräch. Nur die Rollenverteilung musste noch geklärt werden. Als wir ihm nämlich sagten, wir hätten ein Diktiergerät dabei und würden die Vernehmung gern aufnehmen, streckte er einen Arm aus und meinte, wir sollten ihm das Ding mal geben, er würde seine Aussage draufsprechen. Ich musste an die Querelen mit Rau denken und an seinen wenig ergiebigen Monolog. Noch mehr Aussagen dieser Qualität brauchten wir nicht. Wir hatten Fragen vorbereitet, mit deren Hilfe wir verschiedene Punkte nacheinander abhaken wollten. Das erschien mir sinnvoller. Es war mein Kollege, der die Situation rettete, indem er im Ton gespielter Entrüstung sagte: »So läuft das nicht, Herr Lafontaine! Jetzt spielen wir mal nach unseren Regeln: Wir fragen – Sie antworten!« Vielleicht nicht wortwörtlich, aber doch sinngemäß.

Und das funktionierte. Wir blieben ungefähr eine Stunde. In der Zeit erfuhren wir, wie er die Tat erlebt hatte und dass ihm die Frau bereits während seiner Rede aufgefallen war – als merkwürdig, wie er es nannte, ohne dass er diese Einschätzung begründen konnte. Aber das kennt wahrscheinlich jeder von sich selbst. Manchmal sieht man jemanden und denkt sofort: Was ist denn das für einer! Einfach so, ohne dass man wüsste warum.

Auch Lafontaines Schilderungen fielen nicht so aus, dass man den Fall noch einmal hätte neu überdenken müssen. Es blieb die Wahnsinnstat einer Wahnsinnigen, wenn ich das so salopp formulieren darf.

Eine Information fand ich allerdings bemerkenswert, obwohl sie mit dem Attentat und unseren Ermittlungen wenig zu tun hatte: Lafontaine erzählte, er würde seine Reden nie vom Blatt ablesen, sondern immer frei sprechen. Das gab ihm die Möglichkeit, während seines Auftritts ins Publikum zu schauen. Von den hinteren Reihen wird er dabei nicht viel gesehen haben, aber die Frau in der Mülheimer Stadthalle saß ganz vorn, gleich hinter den Ehrengästen.

Deshalb also – und wegen ihrer auffälligen Kleidung – war sie in sein Blickfeld geraten.

Bevor wir gingen, erklärte sich Lafontaine bereit, die Ärzte von der Schweigepflicht zu entbinden. Sie dürften ruhig seine Verletzungen darstellen, es gäbe nichts zu verheimlichen. Uns wiederum ermächtigte er, seine nicht mehr benutzbaren Kleidungsstücke zu vernichten. Das traf auf so ziemlich alle zu, bis auf die Socken und seine Schuhe.

Ostern

Der Anruf erreichte mich mitten in der Nacht. Es war ein Osterwochenende. Ich hatte frei, aber Bereitschaftsdienst – also nicht wirklich frei. Zumal zu der Zeit Mobiltelefone noch eine Seltenheit waren. Das modernste transportable Telekommunikationsgerät, über das unsere Dienststelle damals verfügte, nannte sich Euro-Signalempfänger. So lang wie der Name, so sperrig war das Gerät. Davon hatten wir genau eins, und das benutzte natürlich der Dienststellenleiter, mein Chef. Ich dagegen war gewöhnlicher Todesermittler. Und als gewöhnlicher Todesermittler in Bereitschaft hatte ich mich in der Nähe meines häuslichen Telefonapparats aufzuhalten. Selbst wenn ich nur kurz zum Supermarkt fahren wollte, erwartete man, dass ich mich bei der Kriminalwache im Präsidium ab- und hinterher wieder zurückmeldete. Im Handy-Zeitalter kann man sich das kaum noch vorstellen.

Ostern war für mich seit jeher ein Familienfest. Als Kind besuchte ich mit meinen Eltern, meinem Bruder und meiner Schwester am Ostersonntag immer die Großeltern. Sie wohnten in einem Bauerndorf im Emsland, in der Nähe von Meppen. Dort traf sich die gesamte Familie – meine Onkel und Tanten, Cousins und Cousinen. Das Schönste an dem Tag – abgesehen vom Eiersuchen – war das Ostereierweitwerfen, das wir jedes Jahr veranstalteten. Dazu zog Großvater am Nachmittag mit allen Enkelkindern – und das waren nicht wenige – auf eine Wiese am Dorfrand. Jeder bekam zwei hart gekochte Eier in die Hand und musste versuchen, sie so weit zu werfen wie es irgendwie ging. Großvater spielte den Schiedsrichter. Eigentlich, so verlangte es der Brauch, sollten die Eier dabei heil bleiben. Aber das schafften wir so gut wie nie. Zumindest wir Jungs nicht, uns ging es auch mehr um die Weite. Und Großvater nahm es mit den alten Regeln nicht so genau. Wer am weitesten warf, bekam als Belohnung ein Stück süßen Kandis, den Großmutter immer selbst machte.

Als ich später eine eigene Familie gründete und Vater wurde, ließ ich unsere Tradition wieder aufleben. Meine Tochter, ein sportliches Mädchen, schien genauso viel Spaß daran zu haben wie ich früher. Bei dem Osterfest, um das es geht, war sie elf oder zwölf Jahre alt, glaubte also nicht mehr an den Osterhasen. Sie wusste, dass ihre Eltern am Samstagabend, nachdem sie im Bett verschwunden sein würde, die Eier färbten, die sie am nächsten Tag suchen durfte. Und auch unseren kleinen Wettstreit zum Eierweitwurf hatten wir wie üblich für Ostersonntag verabredet.

Doch als meine Tochter am Morgen aufwachte, war ich längst nicht mehr zu Hause, sondern seit Stunden mit einem der schlimmsten Fälle beschäftigt, die ich bei der Mordkommission je zu bearbeiten hatte. Superlative sind sonst nicht meine Sache. Wenn man es genau nimmt, ist jedes Tötungsdelikt auf seine Art ein Superlativ. Aber der Fall, mit dem wir es diesmal zu tun hatten, war selbst nach solchen Maßstäben außergewöhnlich.

Verständigt hatte uns – und damit meine ich die Polizei – Wolfgang Hölster, ein siebenundzwanzig Jahre alter Drucker, der als Schichtleiter arbeitete. Er war in der Nacht gegen zwei Uhr nach Hause gekommen. Als er die Wohnung betrat, wunderte er sich über die Unordnung. Der Wäscheständer stand mitten im Wohnzimmer, auf der Couch stapelten sich alte Zeitschriften, und in der Küche lagen Wurst und Brot auf dem Tisch. Das war mehr als ungewöhnlich, da seine Frau sonst beinahe penibel Ordnung hielt. Wahrscheinlich, überlegte er, war sie eingeschlafen, als sie den Sohn zu Bett gebracht hatte. Benjamin war fast drei Jahre alt, schlief noch immer im Ehebett und hatte es gern, wenn seine Mama beim Einschlafen neben ihm lag und Händchen hielt.

Da der Familienvater Hunger verspürte, blieb er in der Küche, holte Butter aus dem Kühlschrank und schmierte sich eine Scheibe Brot, die etwas trocken und schon leicht verbogen war. Er aß im Stehen und sah dabei zum Fenster hinaus. Ihm war ein bisschen wehmütig zumute. Bald, dachte er, würde es solche Momente nicht mehr geben.

Die junge Familie wohnte im dritten Stock eines fünfgeschossigen Mietshauses. Für Wolfgang Hölster und seine Frau Dorothee, die ziemlich genau einen Monat jünger war als er, war es die erste gemeinsame Wohnung. Ernst Wollenscheidt, Dorothees Vater, hatte sie ihnen besorgt, nicht weit von der eigenen entfernt. Dorothee war damals schwanger gewesen, und damit das Kind nicht unehelich zur Welt kam, richtete er auch eine Hochzeit für die beiden aus, obwohl er von seinem Schwiegersohn nicht besonders angetan war. Er war ihm zu liederlich, zu wenig strukturiert, einfach zu chaotisch. Wobei er das nach seinen eigenen Maßstäben beurteilte, die für andere kaum zu erreichen waren.

Ernst Wollenscheidt war jemand, bei dem sämtliche Bankunterlagen, Sparbücher, Versicherungspapiere und was es an mehr oder weniger wichtigen Dokumenten so gab, jederzeit akkurat geordnet im Schrank zu liegen hatten. Er führte pfenniggenau Buch darüber, was er verdiente und ebenso exakt, wann und wofür er und seine Frau das Geld ausgaben. Wenn sie in Urlaub fuhren, den er spätestens am Jahresanfang, wenn nicht gar ein Jahr im Voraus buchte, fertigte er Wochen vorher mehrere Listen an, auf denen er detailliert festhielt, was sie bis zur Abreise erledigen mussten, was sie mitnehmen wollten und was sie für die Zeit ihrer Abwesenheit zu organisieren hatten. Kurz: Für Ernst Wollenscheidt mussten die Dinge im Leben geregelt sein, alles musste seine Ordnung haben.

Davon konnte nun nicht mehr die Rede sein. Wolfgang Hölster hatte sich in eine andere Frau verliebt, die in derselben Firma arbeitete wie er. Am Anfang hatte er die Liebschaft noch geheim gehalten, doch inzwischen wusste seine Frau davon. Weil sie mit der Situation überfordert war, hatte sie ihre Eltern um Rat gebeten. Die brachen sofort jeglichen Kontakt zu ihrem Schwiegersohn ab. Selbst wenn sie ihm zufällig auf der Straße begegneten oder in einem Geschäft, machten sie einen Bogen um ihn, als hätte er plötzlich eine ansteckende Krankheit. Kein Blick, kein Gruß – nichts.

Ernst Wollenscheidt fühlte sich in seiner schlechten Meinung bestätigt, die er von seinem Schwiegersohn von Anfang an gehabt hatte. Für ihn kam nur eine Scheidung in Betracht. Die Möglichkeit, seine Tochter eventuell dabei zu unterstützen, sich mit ihrem Mann wieder zusammenzuraufen, zog er gar nicht erst in Erwägung. Obwohl die beiden gerade ihr zweites Kind erwarteten. Dorothee Hölster war im sechsten Monat schwanger.

Ihr Vater hatte sich sofort die Nummer eines Anwalts besorgt und einen Termin für sie vereinbart, zu dem er sie begleitete. Das Geld für Anwalt und Scheidung hätte er sich gern gespart, doch die Dinge mussten schließlich geklärt werden. Und Tochter Dorothee besaß ja selbst keins, da sie nicht mehr arbeiten ging, seit Benjamin auf der Welt war. Bisher zahlte ihr Mann alles. Das war auch so ein Problem, für das Ernst Wollenscheidt eine Lösung suchte. Seiner Tochter drohte der Gang zum Sozialamt. Nach der Scheidung würde sie sich nicht einmal mehr die Wohnung leisten können.

Doch noch wohnte die Siebenundzwanzigjährige zusammen mit ihrem Mann dort. Die beiden schliefen sogar im selben Bett, Benjamin zwischen ihnen, aber das war vorher schon so gewesen. Sie kümmerte sich auch nach wie vor um die Wäsche. Nur seine Hemden, die musste Wolfgang Hölster neuerdings selbst bügeln. Das hatte er erst am frühen Abend wieder getan, nachdem er von seinen Eltern gekommen war. Sie hatten ihn zum Mittagessen eingeladen, weil Ostern war und sie nicht wollten, dass er ausgerechnet an so einem Tag allein zu Hause saß.

Dabei hatte er das gar nicht vorgehabt. Seine Frau und Benjamin waren zwar nicht da. Sie unternahmen mit seinen Schwiegereltern einen Ausflug in den Zoo. Zumindest hatten sie das vorgehabt. Es sollte ein Geschenk für den Jungen sein, der am nächsten Tag seinen dritten Geburtstag hatte. Aber Wolfgang Hölster war sowieso mit seiner neuen Liebe verabredet. Sie wollten am Abend das erste Mal gemeinsam ausgehen. Das war bisher nicht möglich gewesen, da sie zwei kleine Kinder hatte, die sie nicht allein lassen konnte. Diesmal würde eine gute Freundin auf die beiden aufpassen.

Wolfgang Hölster hatte seine Eltern gegen achtzehn Uhr verlassen. Er sagte, er wolle später noch zu seinem Freund Joachim, doch das war gelogen. Die Eltern wussten nicht, dass es eine neue Frau in seinem Leben gab. Er hatte ihnen zwar erzählt, mit seiner Ehe würde es zu Ende gehen, nicht aber, was der eigentliche Grund dafür war. Dass es Probleme zwischen ihrem Sohn und seiner Frau gab, war ihnen nicht entgangen. Besonders seit ihre Schwiegertochter wieder schwanger war. Doch jedes Mal, wenn sie ihn darauf ansprachen, meinte er nur: »Das ist unsere Angelegenheit, damit müssen wir allein fertigwerden.«

Sie hatten mitbekommen, dass die beiden bei ihrer Bank Schulden gemacht hatten, allerdings keine riesige Summe, fünf- oder sechstausend Mark. Bei dem, was ihr Sohn verdiente, fast viertausend Mark netto im Monat, nicht zuletzt durch die Schichten, schien ihnen das keine Katastrophe zu sein. Sie wussten auch, dass die Schwiegertochter es nicht leiden konnte, wenn ihr Mann abends mit Freunden unterwegs war und erst nachts zu Hause eintrudelte, was in letzter Zeit immer häufiger passierte. Wobei man sich fragen musste, ob es sich bei den Freunden nicht in Wirklichkeit um besagte Freundin handelte. Aber darauf wären sie nicht gekommen, wie auch? Einen anderen Grund für die ehelichen Spannungen hatte ihnen die Schwiegertochter selbst genannt: Wenn ihr Mann dann mal zu Hause sei, würde er nicht mit ihr sprechen, sondern nur in die Glotze starren – als sei sie Luft für ihn.

Wolfgang Hölster war dann in seinen Citroën gestiegen und nach Hause gefahren. Nach ein paar Kilometern hatte er seine Fahrt unterbrochen, um an einem Bankautomaten Geld abzuheben. Kurz vor dem Ziel hielt er ein zweites Mal, als er ein Büdchen entdeckte, das noch geöffnet hatte. Dort kaufte er Zigaretten, gleich fünf Packungen auf Vorrat, damit sie übers Osterwochenende reichten.

Als er in die Wohnung kam, war niemand da. Demnach hatte es mit dem Ausflug in den Zoo geklappt. Er wäre gern dabei gewesen, seinem Sohn zuliebe, doch das hatten die Schwiegereltern nicht gewollt. Er ging ins Schlafzimmer, um sich frische Unterwäsche aus dem Schrank zu nehmen. Anschließend suchte er das Bad auf, rasierte und duschte sich, bevor er das Bügelbrett aus der Abstellkammer holte und sich dranmachte, eins von den Hemden zu bügeln, die seine Frau gewaschen und zum Trocknen auf den Wäscheständer gehängt hatte. Kurz darauf verließ er die Wohnung und fuhr zu seiner Freundin, die in einem kleinen Ort bei Siegburg wohnte.

Und jetzt also stand er in der Küche, kaute das Brot und schien sich allmählich zu wundern, warum seine Frau sich nicht blicken ließ. Jedenfalls erzählte er das später so. Zu dieser Uhrzeit – wie gesagt, es muss gegen zwei Uhr morgens gewesen sein – hätte mich das weniger gewundert. Aber deswegen kam meinen Kollegen die ganze Sache auch etwas Spanisch vor. Doch dazu gleich mehr. Entscheidend war, dass er sich entschloss nachzusehen, ob seine Frau und Benjamin tatsächlich im Schlafzimmer waren.

Als er die Tür öffnete, drang Licht vom Flur hinein, so dass ihm gleich auffiel, dass auf seiner Seite des Betts keine Decke mehr lag. Von Benjamin war nichts zu sehen. Seine Frau dagegen schien sich ihre Decke bis über den Kopf gezogen zu haben. So schlief sie sonst nie.

Wolfgang Hölster schaltete das Licht im Schlafzimmer an, ging zum Bett und hob die Decke, unter der er seine Frau vermutete. Da er das Daunenbett ungefähr in der Mitte anfasste, fiel sein Blick zuerst auf ihre rechte Hand. Sie war voller Blut, und dort, wo keins war, sah die Haut der Finger ungewöhnlich blass aus, beinahe weiß.

Was er danach sah, konnte er später kaum beschreiben: Seine Frau lag auf dem Rücken. Sie trug eine ihrer Schwangerschaftshosen, dazu eine weite Bluse, unter der sich deutlich ein Bauch wölbte. Ihr Kopf lag auf dem Kissen, das fast komplett dunkelrot verfärbt war. Blut.

Die Verletzung, durch die sie das Blut verloren hatte, musste am Hinterkopf sein, denn ihr Gesicht wies keine auf. Bei der Obduktion stellte man später fest, dass Dorothee Hölster durch einen Genickschuss aus nächster Nähe getötet worden war. Das Projektil steckte in ihrer Kinnspitze.

Wolfgang Hölster wandte sich ab, weil er den Anblick nicht ertragen konnte, und sah dabei nach rechts, zum Kleiderschrank, aus dem er am späten Nachmittag seine Wäsche genommen hatte. Die mittlere Tür des Schranks war verspiegelt. Darin sah er sich jetzt selbst – seinen versteinerten Gesichtsausdruck. Doch im gleichen Moment entdeckte er die Decke, die auf dem Bett fehlte – sie lag auf dem Boden, zwischen Bett und Kleiderschrank. Es kann sein, dass ihm vorher schon die Blutspritzer am Spiegel aufgefallen waren. An die genaue Abfolge konnte er sich hinterher nicht mehr erinnern.

Es war nur eine furchtbare Ahnung, aber sie bestätigte sich, als er die Decke vom Boden hochnahm: Darunter lag Benjamin. Auch er war tot. Und noch übler zugerichtet. Der

Junge lag auf dem Bauch. Seine Hose war bis zu den Unterschenkeln heruntergezogen, als sei er beim Ausziehen getötet worden. Sein Kopf war so verdreht, dass Wolfgang Hölster das kreisrunde Loch in seiner rechten Schläfe sah – ein kleiner dunkler Punkt, aus dem Blut gequollen war, nicht einmal besonders viel. Ein Einschuss. Offenbar das Werk einer kleinkalibrigen Waffe. Dass außerdem Brust und Bauch mit mehreren Messerstichen perforiert worden waren, sahen wir erst, als der Rechtsmediziner die Leiche des Kindes untersuchte, an Ort und Stelle, und sie dabei auch umdrehte.

Wolfgang Hölster taumelte aus dem Schlafzimmer, griff im Flur nach dem Telefon und wählte die Nummer seiner Eltern. Drei- oder viermal ließ er es klingeln – das wird später seine Mutter zu Protokoll geben, ihm selbst war das in dem Moment gar nicht bewusst –, dann drückte er die Gabel am Telefon herunter und wählte erneut, diesmal die 110. Der Beamte auf der Leitstelle im Polizeipräsidium hatte Mühe, den aufgeregten Anrufer zu verstehen. Doch nach einigen Nachfragen wusste er, was zu tun war. Er schickte eine Streifenwagenbesatzung los.

Wolfgang Hölster schossen alle möglichen Gedanken durch den Kopf. Erst nahm er an, seine Frau könnte ihren Sohn und dann sich selbst getötet haben. Doch im selben Augenblick schien ihm das unwahrscheinlich. Sie hatte nie etwas angedeutet und in keiner Weise depressiv gewirkt, auch wegen der bevorstehenden Trennung nicht. Er hatte ihr versprochen, die Hälfte seines Einkommens als Unterhalt zu zahlen, und sie war damit einverstanden gewesen. Nach der Geburt ihres zweiten Kindes, das hatten sie ebenfalls ausgemacht, wollte er sich sogar Urlaub nehmen, um sie in der ersten Zeit zu Hause zu unterstützen. Eine Trennung, wie sie ihnen bevorstand, würde nicht leicht sein, doch von ihm aus wäre sie einvernehmlich, also friedlich vonstattengegangen.

Die nächste Vermutung, die er anstellte, betraf seine Schwiegereltern. Vielleicht war seine Frau nach dem gemeinsamen Ausflug aus irgendeinem Grund mit ihnen in Streit geraten. Der Schwiegervater hatte in letzter Zeit anscheinend extrem nervös gewirkt, wie er von seiner Frau wusste. Er war nie länger als zehn Minuten auf einem Stuhl oder in einem Sessel sitzen geblieben und dann immer wie ein aufgescheuchtes Huhn durch die Wohnung gelaufen, als habe er etwas gesucht, sich aber nicht erinnern können, was es war, das er suchte. Und war er beim letzten Geburtstag seiner Frau, die er sonst immer liebevoll »Schnuckelchen« nannte, nicht beinahe auf sie losgegangen, nur weil er sich über eins der Enkelkinder geärgert hatte? Aber deswegen würde er doch niemanden umbringen.

Bevor Polizisten, Rettungssanitäter und ein Notarzt eintrafen, rief Wolfgang Hölster die Nummer seiner Schwiegereltern an, aber dort meldete sich niemand. Er versuchte es noch einmal bei seinen Eltern, und diesmal ging seine Mutter ans Telefon. Er hätte ihr gern alles erzählt, um mit dem Schrecklichen nicht allein zu sein, doch es ging nicht, seine Stimme versagte. Und aus den wenigen Worten, die er herausbekam, wurde seine Mutter nicht schlau. Sie dachte, er habe jemanden totgefahren und fragte ihn danach. Erst da brachte er es über die Lippen. Er schrie es regelrecht heraus: »Dorothee und Benjamin … sie sind tot!«

Solche Nachrichten kommen bei niemandem sofort an. Das Gehirn braucht einen Moment, um sie zu entschlüsseln und an die richtige Stelle zu sortieren, damit derjenige, für den sie bestimmt ist, sie auch wahrnimmt. Das ist so ähnlich, als würde man eine E-Mail erhalten. Man sieht das Briefsymbol in seinem Postfach, weiß also, dass eine Botschaft eingegangen ist. Doch erst wenn man daraufklickt und den Text liest, begreift man, was einem da geschickt wurde. Der Vorteil beim Internet ist, dass es gegen ungewollte Nachrichten Antivirenprogramme und Spamfilter gibt, die einigermaßen verlässlich sind. In unseren Köpfen existiert für Situationen wie diese lediglich ein schwacher Abwehrmechanismus – und der funktioniert, falls überhaupt, nur für einen kurzen Moment: Man glaubt es erst einmal nicht. Und dabei neigt man zu Reaktionen, die man später selbst nicht versteht. Bei Wolfgang Hölsters Mutter äußerte sich das so, dass sie ihrem Sohn sagte, er solle ganz ruhig bleiben und noch einmal ins Schlafzimmer gehen, sicher habe er sich geirrt – »die beiden können doch nicht tot sein«.

Für die Schutzpolizisten, die als Erste am Tatort erschienen, deutete alles auf eine Familientragödie hin: Frau und Kind tot – der Mann am Leben, aber völlig neben der Spur. An seiner Kleidung war zwar kein Blut zu sehen, aber die konnte er inzwischen längst gewechselt haben. Frau und Kind schienen bereits einige Stunden tot zu sein. Die Leichenstarre war noch nicht komplett ausgeprägt, aber doch schon über das Anfangsstadium hinaus, das – abhängig von der Umgebungstemperatur – nach ein bis zwei Stunden an den Augenlidern und Kaumuskeln begann. Die Totenflecken konnte man deutlich erkennen.

Auch dass Wolfgang Hölster ihnen eine Geschichte erzählte, die von einem Geständnis weit entfernt war, hielten die

Kollegen nicht für ungewöhnlich. Wie häufig kam es denn vor, dass jemand auf Anhieb seine Sünden beichtete? Die meisten Täter tischten einem erst einmal Lügen auf. Außerdem: Die Tatsache, dass Wolfgang Hölster als verheirateter Mann eine Geliebte als Alibi anführte, mit der er den Abend und einen Teil der Nacht verbracht haben wollte, ließ ihn nicht weniger verdächtig erscheinen. Scheidungskosten, Unterhaltszahlungen, bald auch für das zweite Kind – es wäre teuer für ihn geworden. Wenn das kein Motiv war!

In der Zwischenzeit hatte Wolfgang Hölsters Mutter ihren Mann geweckt und über das ungewöhnliche Telefonat informiert. Da sie beide nicht wussten, was sie davon halten sollten, aber das Gefühl hatten, ihr Sohn könnte Hilfe gebrauchen, zogen sie sich an und fuhren mit dem Auto zu seiner Wohnung.

Dort kamen sie aber nur bis zur Haustür, da diese von einem Schutzpolizisten bewacht wurde. Inzwischen waren auch die Kollegen der Kriminalwache alarmiert worden und zum Tatort ausgerückt. Anstatt mit ihrem Sohn sprechen oder ihn überhaupt sehen zu können, wurden die Hölsters umgehend zur Vernehmung ins Präsidium gebracht.

Spätestens dort wurde ihnen klar, dass die Schwiegertochter und Benjamin, ihr Enkelkind, tatsächlich nicht mehr lebten. Während sie in einem Besprechungszimmer der Mordkommission dazu befragt wurden, was sie über die Eheprobleme ihres Sohnes wussten und darüber, was er am Samstag gemacht hatte, saß Wolfgang Hölster einige Etagen tiefer in einer Zelle im Gewahrsamskeller.

Er mag die Welt nicht mehr verstanden haben angesichts des Verdachts, den wir gegen ihn hegten. Andererseits wäre es bei dem Wissensstand, über den wir zu diesem Zeitpunkt verfügten, ganz klar ein Fehler gewesen, ihn nicht vorläufig festzunehmen. Er galt als Verdächtiger, daran änderten auch die Aussagen seiner Eltern nichts. Umso weniger, da wir auf diese Weise erfuhren, dass er ihnen seine Geliebte verschwiegen und sie deswegen mehrfach belogen hatte. Zuletzt bei seinem Besuch am Nachmittag, als er vorgegeben hatte, später einen Freund besuchen zu wollen.

Wir konnten aber ebenso wenig ausschließen, dass seine Frau erst Benjamin und dann sich selbst – und damit auch ihr ungeborenes Baby – umgebracht hatte. Natürlich sprach die Schussverletzung in ihrem Genick eindeutig dagegen, und eine Waffe war auch nirgends in der Wohnung zu finden, aber von beidem wussten wir da noch nichts.

Ich erwähnte es bei einem anderen Fall schon einmal: Man darf sich Ermittlungen bei einem Tötungsdelikt nicht im Eiltempo vorstellen. Klar muss es schnell gehen, doch vor allem ist Gründlichkeit gefragt. Was man in Filmen sieht, stellt immer eine Art Zeitraffer dar. Allein bis wir von der Mordkommission in dieser Nacht in den Fall eingriffen, dürften drei Stunden vergangen sein. Da waren die Jungs von der Spurensicherung nicht einmal annähernd mit ihrer Arbeit fertig. Und erst danach durfte der Rechtsmediziner überhaupt an die beiden Leichen heran.

Die Wendung in dem Fall trat allerdings überraschend schnell ein. Wolfgang Hölster hatte, wie gesagt, von der Wohnung aus versucht, seine Schwiegereltern zu erreichen – auch später im Beisein der Kollegen von der Kriminalwache. Und das mehrfach, immer wieder. Und jedes Mal hatte er es länger klingeln lassen. Trotzdem war niemand ans Telefon gegangen. Was dem jungen Mann – obwohl er in der Situation kaum einen klaren Gedanken fassen konnte – immerhin ungewöhnlich erschienen war.

Ich war gerade am Tatort eingetroffen, als er es wieder einmal versucht hatte. Da wir sowieso dringend mit den Wollenscheidts reden mussten, schickten wir zwei Kollegen von uns zu ihrer Adresse.

Ernst Wollenscheidt und seine Frau Sigrid bewohnten ein Reihenhaus, das von außen so gut gepflegt war, dass es sich von den Nachbarhäusern auffällig abhob. Dabei sahen schon die alles andere als vernachlässigt aus. Der kleine Vorgarten schien frisch angelegt, und der Rasen hinterm Haus wirkte, als hätte es den letzten Winter gar nicht gegeben.

Wie die Kollegen ins Haus kamen, kann ich nicht mehr sagen, vermutlich mit Hilfe eines Schlüsseldienstes. Auf ihr Klingeln hatte niemand geöffnet, und die Nachbarn meinten, das Ehepaar sei verreist. So hatte es Ernst Wollenscheidt gesagt, als er ihnen am Tag zuvor, kurz nach dem Mittag, einen Karton gebracht hatte, der für seinen Sohn bestimmt war. Der, hatte er gemeint, würde ihn in den nächsten Tagen bei ihnen abholen.

Das Ehepaar lag im Bett. Ernst Wollenscheidt auf der linken Seite, wenn man davorstand, seine Frau rechts daneben – beide auf dem Rücken. Es war schwer zu unterscheiden, wo sich mehr Blut befand, auf dem Bett oder an der Wand über dem Kopfende. Die Gesichter der beiden waren vor lauter Blut kaum zu erkennen. Das Blut war bereits eingetrocknet. Jemand hatte Sigrid Wollenscheidt den Schädel eingeschlagen, mit mindestens achtzehn Schlägen, wie der Rechtsmediziner später herausfinden sollte. Den Verletzungen nach musste es sich bei dem Tatwerkzeug – in dem Fall war der Begriff sogar wörtlich zu nehmen – um einen Hammer gehandelt haben, mit einer Schlagfläche von etwa drei mal drei Zentimetern.

Dass ein Hammer oder zumindest ein sehr ähnlicher Gegenstand benutzt worden war, dafür sprachen auch die Blutspuren auf und neben der Leiche. Spätestens beim zweiten Schlag dürfte die Schlagfläche mit Blut in Berührung gekommen sein, wovon ein Teil beim Auftreffen beiseitespritzte, ein anderer beim Zurücknehmen des Hammers ein Stück mit hochgezogen wurde, dann aber nach unten tropfte. Den ganzen Vorgang muss man sich in einer hohen Geschwindigkeit vorstellen und mit einer ziemlichen Wucht dahinter.

Zugegeben, der Film, den man dafür vor seinem geistigen Auge ablaufen lassen muss, ist ein bisschen gruselig. Doch so kann man sich wohl am ehesten vorstellen, wie das Spurenbild aussieht, das ein Angriff dieser Art hinterlässt. Und wie solche Faktoren wie Schlaggeschwindigkeit, Schlagwinkel, die Form des Schlaggeräts und die Zahl der Schläge das Ergebnis beeinflussen. Jede Waffe markiert andere Spuren, genauso wie die Art der Tatausführung. Man muss diese Spuren nur zu lesen verstehen.

Den Hammer fanden wir dann übrigens im Keller, wo sich Ernst Wollenscheidt eine kleine Werkstatt eingerichtet hatte. Dass das Werkzeug keinerlei Spuren von Blut aufwies, wunderte uns nicht besonders. Zumal da schon klar zu sein schien, dass der Achtundfünfzigjährige selbst es gewesen sein musste, der ihn benutzt hatte – um seine Frau zu töten.

Zwar lag er ebenfalls tot im Bett, doch im Gegensatz zu seiner Frau hatte er selbst sein Leben beendet – durch einen Schuss in den Mund. Das Geschoss hatte sein Schädeldach durchschlagen und eine ziemliche Sauerei angerichtet. Die Pistole lag auf seiner Brust, als wir die beiden fanden. Bei der Waffe handelte es sich um eine halbautomatische Gaspistole mit Schlagbolzenschloss. Eine sogenannte Taschenpistole, die so klein war, dass sie unter meiner Handfläche verschwunden wäre. Das Modell war etwas älter und relativ selten, unter Sammlern recht begehrt. Und: Die Pistole hatte jemand umgebaut – zu einer scharfen Waffe, Kaliber 6,35 Millimeter.

Ernst Wollenscheidt hatte sich zum Sterben mit schwarzer Stoffhose und gestreiftem Hemd ins Bett gelegt. Er trug Unterwäsche, und seine Socken hatte er auch noch an. Die Hauspantoffeln standen neben dem Bett, am Fußende, exakt ausgerichtet, wie man es anders von ihm nicht erwartet hätte. Seine Frau dagegen schien bereits geschlafen zu haben, als er ihr den Schädel einschlug. Es gab keine Spuren, die darauf hindeuteten, dass sie sich gewehrt hatte. Sie war mit einem Schlafanzug bekleidet. Ihre Brille lag auf dem Nachttisch, auf einem zugeschlagenen Buch, in dem sie vermutlich vor dem Einschlafen noch gelesen hatte.

Im gesamten Haus sah es nirgendwo aus, als hätte zwischen den Eheleuten eine körperliche Auseinandersetzung stattgefunden. Alle Zimmer waren picobello aufgeräumt. Das Einzige, was nicht in das Bild eines perfekt sortierten Haushalts passte, war eine dunkelgrüne Tasche, die in der Küche auf dem Fußboden stand, beinahe so, dass man hätte drüber stolpern können. Darin befanden sich Kinderwindeln, das Portemonnaie von Dorothee Hölster, ihrer Tochter, und deren Wohnungsschlüssel.

Die Tasche schien die Verbindung zwischen beiden Fällen zu sein. Ohne den Schlüssel wäre die junge Frau mit ihrem

Sohn Benjamin nicht in die Wohnung gekommen, in der jetzt die Leichen von beiden lagen. Also musste einer von den Eltern dort gewesen sein und die Tasche mitgenommen haben.

Denkbar war auch, dass ihre Tochter und der Junge nach dem Ausflug – falls der überhaupt stattgefunden hatte – mit zu den Wollenscheidts gegangen waren und die Tasche dort vergessen hatten. Das wäre ihnen aber spätestens vor der eigenen Wohnung aufgefallen, wenn sie ohne Schlüssel dagestanden hätten. Doch Wolfgang Hölster konnte sie hereingelassen haben. Vielleicht waren sie genau in der Zeit angekommen, als er zu Hause war, um sich zu duschen und für seine Freundin schick zu machen. Eben darüber könnten sie in Streit geraten sein.

Und danach war er dann zu seinen Schwiegereltern gefahren, hatte seine Schwiegermutter erschlagen und bei seinem Schwiegervater einen Selbstmord vorgetäuscht?

Ganz außer Acht lassen konnten wir diese Theorie nicht. Aber es war auch nicht so, dass sie uns restlos überzeugt hätte. Wie ein fingierter Selbstmord sah mir das hier nämlich nicht aus. In dem Fall wäre das Blutspurenbild ein anderes gewesen.

Das Blut und Teile der Hirnmasse, die aus Wollenscheidts Schädel gespritzt waren, hatten sich gleichmäßig verteilt – an der Wand, auf dem Bett und daneben. Sozusagen bei freier Flugbahn. Hätte jedoch jemand dicht dabeigestanden – und wie sonst hätte man es bewerkstelligen sollen, dem Opfer den Lauf der Waffe in den Mund zu halten und abzudrücken? –, wäre zumindest ein Teil der Blutspritzer an dessen Arm und Oberkörper und mit Sicherheit auch in dessen Gesicht gelandet. Das Blutspurenbild auf dem Bett und zumindest links davon wäre also unvollständig gewesen – war es aber nicht.

Die Lösung lag bei den Nachbarn. In dem Paket, dass ihnen Ernst Wollenscheidt für seinen Sohn übergeben hatte. Es war ein ziemlich großer Karton, und darin befanden sich sämtliche Dokumente, die er all die Jahre sorgsam geordnet und aufbewahrt hatte, angefangen beim Familienstammbuch. Dazu Steuerunterlagen, Versicherungsdokumente, Kontoauszüge und Euroschecks, alle möglichen Autopapiere, der Kaufvertrag des Hauses, eine Kopie des Grundbucheintrags und der Mietvertrag für die Garage, die sich nicht am Haus befand. Und das war noch nicht alles. Kein einziges Blatt Papier hatte er einzeln in den Karton getan. Entweder war es in einem Ordner abgeheftet, natürlich nach einem bestimmten Prinzip, oder er hatte es in einen Briefumschlag gesteckt und diesen entsprechend beschriftet. Allein zwei Mappen waren mit Sparbüchern gefüllt, mit eigenen, aber auch mit welchen, die seiner Frau, der Tochter, seiner Mutter und der Schwiegermutter gehörten. Ganz unten im Karton kam eine Schatulle zum Vorschein, die das Ausmaß eines Aktenkoffers besaß und mit Ketten, Ringen, Uhren und anderen Schmuckstücken gefüllt war, goldenen und silbernen, echten wie unechten. Unabhängig vom Wert waren die Schmuckstücke zusätzlich in Schachteln verpackt, jedes einzeln natürlich, außer wenn es sich um Ohrringe handelte.

Überhaupt schien Ernst Wollenscheidt den gesamten Inhalt nach einem ausgeklügelten System in den Karton gepackt zu haben. Zuoberst lag ein wattierter Briefumschlag, in dem sich offensichtlich ein Schlüsselbund befand. Er war zugeklebt und mit der handschriftlichen Aufforderung »Bitte erst den Brief lesen!!!« versehen. Direkt darunter lugte eine Klarsichthülle mit mehreren Blättern Papier hervor.

Gleich der Text auf der ersten Seite, ebenfalls per Hand geschrieben, ließ uns nichts Gutes ahnen, falls man das nach vier Leichen überhaupt noch sagen konnte. Er enthielt neben der Anweisung, von den Sparbüchern nach den Feiertagen einen bestimmten Betrag abzuheben und das Auto aus der Garage zu fahren, da diese nur bis Ostern gemietet sei, auch den Satz: »Oma Magdalena liegt im Kofferraum.«

Oma Magdalena war Sigrid Wollenscheidts Mutter. Die Sechsundachtzigjährige war Witwe und lebte seit drei Jahren in einem Altenheim. Dieses befand sich ganz in der Nähe, wodurch es ihrer Tochter ohne großen Aufwand möglich gewesen war, regelmäßig bei ihr vorbeizuschauen. Vor zweieinhalb Monaten war die alte Dame in ihrem Zimmer gestürzt und hatte sich einen komplizierten Beckenbruch zugezogen, der operiert werden musste. Seit sie das Krankenhaus wieder verlassen hatte, war Sigrid Wollenscheidt beinahe täglich zu Besuch gekommen, um sie bei den Gehversuchen, die ihr schwerfielen und Schmerzen bereiteten, zu unterstützen. Ostersonntag, so hatten sie verabredet, wollte sich die ganze Familie bei Oma Magdalena im Heim treffen.

Dem Hinweis mit der Garage gingen wir natürlich sofort nach. Das braune Holztor war zu, aber nicht abgeschlossen. Der Schlüssel steckte von innen. Auch das Auto hatte Ernst Wollenscheidt nicht verriegelt. Ein silberfarbener Peugeot, etwas in die Jahre gekommen, aber gut gepflegt. Der Lack glänzte. Fast hätte man meinen können, er sei mit dem Wagen noch einmal in der Waschstraße gewesen. Aber das lag daran, dass die Garage recht eng war und einem dadurch nicht gleich ins Auge fiel, dass die Seitenfronten – besonders im Bereich der Kotflügel – aussahen, als wäre sein Besitzer mit ihm über matschige Sandwege oder durch Pfützen gefahren. Den Zündschlüssel fanden wir auf dem Fahrersitz. Also würde auch der Kofferraum offen sein.

Oma Magdalena lag tatsächlich dort – in einer Art Fötushaltung. Dass sie noch leben könnte, daran mussten wir keinen Gedanken verschwenden. Leichenstarre, Totenflecken – beides wie im Lehrbuch. In ihren Haaren, am Hinterkopf, und am Kragen ihrer Bluse klebte Blut, nicht viel. Wenn man das ansonsten schlohweiße Haar beiseiteschob, sah man das Einschussloch – wieder im Genick, wie bei ihrer Enkelin Dorothee. Mit dem Unterschied, dass das Geschoss bei der alten Frau durch den Mund wieder ausgetreten war. Was die Verletzung keineswegs ansehnlicher machte.

Damit hatten wir Leiche Nummer fünf. Und das war nicht die letzte. Das konnten wir jetzt schon ahnen. Offenbar hatten wir die Nachricht, die Ernst Wollenscheidt auf einem Zettel in der Küche hinterlassen hatte, bisher falsch gedeutet. »Hoffentlich sind alle tot – es war furchtbar«, stand da drauf, dünn mit Bleistift geschrieben, dass man es kaum lesen konnte. Wir hatten gedacht, mit »alle« hätte er sich und die drei anderen Toten gemeint, die wir bis dahin gefunden hatten. Trotzdem hatten wir in Erfahrung gebracht, wer noch alles zu seiner Familie gehörte. Den Sohn konnten wir als potenzielles Opfer wohl ausschließen, sonst hätte das mit dem Paket keinen Sinn gemacht.

Nichtsdestotrotz versuchten wir, ihn zu erreichen. Es war schon jemand von uns zu ihm unterwegs. Er wohnte ein Stück von Köln entfernt, in einem kleinen Ort im Rhein-Sieg-Kreis. Einen Bruder von Ernst Wollenscheidt gab es auch, doch der war mit Frau und Kindern über Ostern nach

Rom gereist, wie wir inzwischen wussten. Blieb also noch die Mutter von Ernst Wollenscheidt. Sie lebte in Köln, im Haus seines Bruders, der für sie eine separate Einliegerwohnung eingerichtet hatte.

Falls jemand von uns die Hoffnung hatte, Amalia Wollenscheidt lebend zu finden, so starb diese bereits an der Tür zu ihrer Wohnung, die wir sofort aufbrachen. Die Schrift auf dem Zettel, der mit einem Streifen Tesa an das weiß lackierte Holz geklebt war, kam uns bekannt vor: »Erschreck dich nicht, Oma liegt tot im Keller.«

Und so war es auch. Wir fanden die Leiche der alten Frau im Heizungskeller, hinter einem Wäscheständer, der kaum die Sicht verstellte, da er leer war. Sie lehnte an der Wand, den Kopf vornübergebeugt, so dass es aussah, als wäre sie nur eingenickt. Blut war fast keins zu sehen. Beinahe ein friedliches Bild.

Getötet hatte Ernst Wollenscheidt sie allerdings im Schlafzimmer, mit zwei Schüssen aus seiner Pistole, beide Male aufgesetzt. Wobei sie bereits nach dem ersten Treffer tot gewesen sein dürfte, unabhängig von der Reihenfolge, in der er die Schüsse abgefeuert hatte. Einen Schuss hatte er ihr ins Genick gejagt – das Projektil war durch den Mund wieder ausgetreten, wie bei seiner Schwiegermutter –, den anderen in die linke Schläfe. Auch das ein glatter Durchschuss, horizontal, wobei er auf der anderen Seite ihres Kopfes ein ziemlich großes Loch gerissen hatte. Entweder war sie sein erstes Opfer gewesen und er noch unsicher, welche Wirkung er mit seiner Waffe erzielen würde. Oder er wollte bei seiner Mutter nur besonders gründlich vorgehen.

Wolfgang Hölster wurde wenige Stunden nach seiner vorläufigen Festnahme, am Morgen des Ostersonntag, aus der Zelle geholt und freigelassen. Das Präsidium verließ er allerdings erst zwei Stunden später, da wir noch einige Fragen hatten. Während der Vernehmung telefonierte jemand von uns mit seiner Freundin, die bestätigte, dass sie am Abend vorher zusammen waren. Wir informierten ihn darüber, dass wir in der Zwischenzeit die Leichen seiner Schwiegereltern und der beiden Großmütter seiner Frau entdeckt hatten. Und dass vermutlich sein Schwiegervater derjenige gewesen war, der die Familie ausgelöscht hatte – bis auf seinen Sohn und den Bruder.

Hölster reagierte sichtlich geschockt, erzählte uns aber, dass sein Schwiegervater nie große Stücke auf ihn gehalten habe. Warum er das erwähnte, ging mir erst auf, als wir mit ihm fertig waren und uns verabschieden wollten. Bevor er durch die Tür verschwand, sah er mich an und meinte: »Können Sie sich vorstellen, wie ich mich fühle? Wäre ich nicht bei meiner Freundin gewesen, wäre ich jetzt auch tot. Der hätte mich bestimmt nicht verschont.«

Wir brauchten einige Tage, bis wir den Amoklauf des Ernst Wollenscheidt rekapituliert hatten, zumindest in groben Zügen. Einige Einzelheiten blieben bis zuletzt unklar. Zum Beispiel, wann er überhaupt mit dem Töten begonnen hatte. Und ob es wirklich zu dem Ausflug mit Benjamin und seiner Mutter gekommen war. Ich konnte mir das schwer vorstellen. Denn das hätte bedeutet, dass er mit seiner Frau, Tochter Dorothee und dem Enkel im Auto durch die Gegend kutschiert war, während im Kofferraum die Leiche seiner Schwiegermutter lag. Die hatte er Ostersamstag nämlich bereits kurz vor elf Uhr im Altenheim abgeholt. Auf dem Weg dorthin muss er bei seiner Tochter einen Zwischenstopp eingelegt haben. Eine Nachbarin hatte ihn gesehen, als er ihre Wohnung verließ und vor dem Haus in seinen Wagen stieg. Im Altenheim wiederum erinnerte sich eine Pflegerin. Da Oma Magdalena nach ihrer Operation immer noch schlecht laufen konnte, hatte sie die alte Dame zum Auto begleitet und ihr beim Einsteigen geholfen. Die Pflegerin hatte sich gewundert, dass Ernst Wollenscheidt sagte, er würde seine Schwiegermutter über Nacht zu Hause behalten und erst am nächsten Tag zurückbringen. Das sei vorher nie vorgekommen. Außerdem habe er irgendwie gehetzt gewirkt und stark geschwitzt, obwohl es an dem Tag nicht besonders warm war.

Ziemlich genau eine halbe Stunde später registrierte der Pförtner der Firma, bei der Ernst Wollenscheidt als Buchhalter angestellt war, seine Ankunft. Demnach hatte er ein Päckchen bei sich, das in Geschenkpapier eingewickelt war. Dieses Päckchen fanden seine Kollegen am Dienstag, als sie wieder zur Arbeit kamen, auf seinem Schreibtisch. Dazu eine Glückwunschkarte, die für eine junge Mitarbeiterin bestimmt war, die über Ostern geheiratet hatte. Wie wir erfuhren, sollte Ernst Wollenscheidt das Geschenk im Auftrag der Kollegen seiner Abteilung besorgen. Falls ich mich richtig erinnere, war es ein Satz Töpfe.

Da Ernst Wollenscheidt das Firmengelände zu Fuß betrat und der Parkplatz, auf dem er seinen Wagen abgestellt hatte, für den Pförtner nicht einsehbar war, blieb ungeklärt, wo sich Oma Magdalena in dieser Zeit aufhielt. Wartete sie auf dem Beifahrersitz oder war er auf dem Weg dorthin schnell in ein Waldstück gefahren, hatte sie getötet und in den Kofferraum verfrachtet? Auf jeden Fall hielt er sich knapp vierzig Minuten in der Firma auf, bevor er sie wieder verließ, auch das hatte der Pförtner in seinem Buch vermerkt.

Die nächste Spur – was den Zeitablauf betraf – lieferte uns die Nachbarin, der Ernst Wollenscheidt den Karton gebracht hatte. Sie meinte, er sei gegen zwei Uhr da gewesen. Entweder hatte er die Sachen bereits vorher gepackt, oder er hatte seine Frau mit Tochter Dorothee und Benjamin allein in den Zoo geschickt. Letzteres schien mir noch am plausibelsten. Wie sonst hätte er den Karton zur Nachbarin bringen wollen, ohne dass es seiner Frau aufgefallen wäre. Und nur so hätte er genügend Zeit gehabt, danach zu seiner Mutter zu fahren, um sie zu töten. Falls er das nicht schon Freitagabend getan hatte. Oder Samstagmorgen, bevor er zu Oma Magdalena ins Heim gefahren war.

Das ließ sich eben nicht genau klären. Auch deshalb nicht, weil er in der Wohnung seiner Mutter die Heizung auf die höchste Stufe gedreht hatte, was die Berechnung des Todeszeitpunkts erschwerte. Klingt unlogisch, weil ihre Leiche im Keller lag? Stimmt, aber nur, wenn man davon ausging, dass er sie sofort in den Keller geschleppt hatte. Was offenbar nicht der Fall war. Ich glaube sogar, dass er zweimal ihre Wohnung aufsuchte. Denn auf dem Zettel, den er an die Tür geklebt hatte, stand zuerst, die Oma läge tot im Bett. Er wird sich kaum verschrieben haben. Wahrscheinlicher war, dass er sie tatsächlich erst ins Bett gelegt und die Heizung aufgedreht hatte. Vielleicht, damit sie nicht so schnell abkühlte, wobei er durch die Wärme die Verwesungsprozesse beschleunigte. Dann hatte er sich entweder gleich eines anderen besonnen und sie in den Keller geschafft, oder er war noch einmal zurückgekommen, um ihre Leiche nach unten zu bringen. Jedenfalls hatte er irgendwann das Wort »Bett« auf dem Zettel durchgestrichen und dafür »Keller« daruntergesetzt.

Seine Tochter und Benjamin musste er am Samstagabend nach halb acht umgebracht haben. Bis zu dieser Uhrzeit war Wolfgang Hölster für etwa eine Stunde in der Wohnung gewesen, und da lagen die Leichen der beiden definitiv noch nicht im Schlafzimmer – das wäre ihm aufgefallen, spätestens, als er sich Wäsche aus dem Schrank holte.

Fest stand auch, dass Ernst Wollenscheidt anschließend nach Hause gefahren war, das Auto in die Garage stellte, dort alles so vorbereitete, wie wir es später vorfanden, und dann seine Frau und sich selbst tötete.

So weit hatten wir den Fall geklärt. Die Opfer waren gefunden, und wir wussten, wer der Täter war – nur: Das ergab alles keinen Sinn! Wie konnte ein sonst eher unscheinbarer Mensch wie Ernst Wollenscheidt, der sein Lebtag penibel darauf geachtet hatte, ja nirgends anzuecken und sich bloß nichts zuschulden kommen zu lassen, auf einmal derart ausrasten und ein solches Massaker anrichten? Wo lag das Motiv?

In dem Umschlag mit den Schlüsseln, der im Karton für seinen Sohn obenauf lag, fanden wir einen Abschiedsbrief. Einen zweiten hinterließ er seinem Bruder. Offenbar hatte Wollenscheidt den an seinen Sohn bereits vor Ostern geschrieben. Denn darin hoffte er noch, er möge den Mut und die Kraft finden, sein Vorhaben umzusetzen. Davon war in dem anderen nicht mehr die Rede. Ansonsten waren beide Schreiben nahezu identisch.

Für uns lasen sie sich etwas kryptisch. Aber von uns hatte auch niemand Ernst Wollenscheidt gekannt. Sich im Nachhinein über jemanden ein Bild zu machen, ist immer schwierig. Herauszulesen war zumindest, dass ihn die bevorstehende Scheidung seiner Tochter sehr beschäftigt und psychisch stark unter Druck gesetzt hatte. Anscheinend war er der Meinung gewesen, sie und ihre Kinder würden dadurch in Not und Elend landen – was er nicht zulassen könne.

Und genau das war wohl der Punkt: Ernst Wollenscheidt hatte sich für alles verantwortlich gefühlt, an seinem Arbeitsplatz, aber noch viel mehr, sobald es um seine Familie ging. Er organisierte sämtliche Feste, die anstanden, und er kümmerte sich bei seiner Mutter und bei der Schwiegermutter um jeglichen Papierkram. Rentenbescheide, Behördenbriefe und dieses ganze Zeug. Plagten einen seiner Angehörigen Sorgen, welcher Natur die auch immer waren, betrachtete er sie automatisch als seine eigenen. Was wiederum dazu führte, dass er sich überall einmischte – weil er meinte, er müsse das tun, als Familienoberhaupt sei es seine Pflicht. In diese Rolle schien er sich regelrecht hineingesteigert zu haben, bis er irgendwann geglaubt hatte, die anderen könnten ohne ihn nicht leben. Und mehr noch: Er schien sich eingebildet zu haben, dass sie ohne ihn nicht leben *wollten*.

Mit Ausnahme seines Sohnes und des Bruders. Die hatten aber selbst dafür gesorgt, indem sie die von ihm praktizierte Form familiärer Nähe einfach nicht zuließen. Und falls er doch einmal den Versuch unternahm, sich in ihre Angelegenheiten einzumischen, blockten sie ihn ab: »Das ist unsere Sache, die regeln wir.«

In den Briefen erwähnte Ernst Wollenscheidt verschiedene Probleme, ohne diese jedoch konkret zu benennen. Jedes für sich sei nicht einmal dramatisch gewesen. Erst ihre Häufung habe dazu geführt, dass ihm sein Leben nicht mehr lebenswert erschien. Wir versuchten, das etwas genauer zu ergründen. Dass ihm die Geschichte mit seiner Tochter am meisten zu schaffen gemacht hatte, das schien auf der Hand zu liegen. Aber was gab es da noch?

Oma Magdalena hatte – auch das wussten wir ja schon – eine Operation hinter sich gehabt. Da sie privat versichert war, hatten die Wollenscheidts die Kosten für den Eingriff – einen fünfstelligen Betrag – zunächst vorschießen müssen. Das Geld hätten sie jedoch erstattet bekommen, zumindest den größten Teil davon. Wollenscheidts Mutter war ebenfalls im Krankenhaus gewesen, in den letzten Monaten sogar mehrmals. Eine Darmgeschichte, von der sie sich allerdings recht gut erholt hatte. Für ihr Alter war sie topfit. Und was die Behandlungskosten betraf: Dafür trat die gesetzliche Krankenversicherung ein. Damit wäre das also geregelt gewesen. Ernst Wollenscheidt wird es nur nicht so empfunden haben.

Sein Bruder, der anscheinend nicht wie er einer pedantischen Ordnungsliebe verfallen war, erzählte uns von einem Gespräch, das die beiden wenige Wochen zuvor geführt hatten. Es ging darum, was man alles regeln müsse, wenn einer von ihnen stürbe. Er könne gar nichts für ihn regeln, meinte Ernst Wollenscheidt, wo bei seinem Bruder doch alles so durcheinander sei. Das schien ihm ernsthaft Sorgen zu bereiten. Er klang ziemlich verzweifelt. Dabei war weder er krank noch sein Bruder. Vor allem aber war sein Bruder verheiratet und hatte Kinder, die sich um alles gekümmert hätten. Es wäre überhaupt nicht seine Baustelle gewesen.

Das schien Ernst Wollenscheidts eigentliches Problem gewesen zu sein, aus meiner Sicht: Er zog sich jede Jacke an, die irgendwo an einem Haken hing, selbst wenn es nicht seine war. Scheinbar gerade, wenn es nicht seine war. Vor allem schien er keine wieder ausgezogen zu haben. Irgendwann müssen die Jacken zu schwer für ihn geworden sein, so dass er selbst eine leichte, die dazukam, als Belastung empfand – weil er eben schon all die anderen trug.

So wird es vermutlich auch mit der Krankheit seiner Frau gewesen sein. Dabei hatte der Arzt lediglich gesagt, sie solle etwas auf ihren Cholesterinspiegel achten, da sonst irgendwann die Gefahr eines Herzinfarkts bestünde.

Für jemanden wie Ernst Wollenscheidt wird das ungefähr so geklungen haben, als müsse er sofort los, um schon mal die Beerdigungsformalitäten zu erledigen.

Das Messer

Das kleine Dorf lag im Dunkeln. Nur hier und da das Licht einer Straßenlaterne. Es war weit nach Mitternacht. Wir befanden uns nicht einmal zwanzig Kilometer von der Stadtgrenze Kölns entfernt, doch das hier war eine andere Welt. Eine einzige breitere Straße, sie führte direkt ins Dorfzentrum. Rechts und links Ein- und Zweifamilienhäuser, hinter jedem ein Hof mit Stallungen, aber davon sah man kaum mehr als Umrisse. Die einzige Gaststätte hatte seit Stunden geschlossen. Die Straße endete an einem Platz, in dessen Mitte eine Kirche thronte. Ich stellte den Motor ab. Die Lichtkegel der Scheinwerfer verloren sich auf dem Asphalt. Ich atmete einmal tief durch – und schaltete dann auch die Scheinwerfer aus. Hinter mir tauchte der Wagen des Rechtsmediziners auf.

Wir kamen beide von einem Mordfall in Köln. Eine siebzig Jahre alte Frau war in ihrer Küche getötet worden. Nebenan im Wohnzimmer hatte ihr pflegebedürftiger Mann geschlafen, um den sie sich seit Jahren gekümmert hatte. Die Leiche der Frau wies Stichverletzungen an den Armen und am Hals auf. Es gab keine Einbruchsspuren. Das Tatmesser war nirgends zu finden. Es sah nicht so aus, als wäre der Fall bis zum Morgengrauen zu lösen.

Gerade hatte ich mir einen Eindruck vom Tatort verschafft, als jemand von der Kriminalwache anrief – ein neuer Fall, außerhalb der Stadt. Bei Tötungsdelikten waren wir für den betreffenden Bereich aber ebenfalls zuständig. Als Kommissariatsleiter hatte ich schnell eine neue Mordkommission zusammengestellt und war dann gleich selbst losgefahren.

Vor dem Gehöft standen zwei Streifen- und ein Notarztwagen. Auf der Straße war kein Laut zu hören. Bevor ich das Haus betrat, erklärte mir einer der Schutzpolizisten, die als Erste zur Stelle waren und nun den Tatort sicherten, was mich erwartete. Ich versuchte, mich darauf einzustellen. Normalerweise gelang mir das ganz gut. Professionelle Distanz war wichtig, wenn man seinen Job ordentlich erledigen wollte. Aber es gab eben auch Ausnahmen. Das war so eine.

Um in die Wohnung zu gelangen, musste man von außen eine Treppe hinaufsteigen. Stufen aus Metall. Auf halber Höhe ein Absatz. Als ich oben die Tür öffnete und einen Schritt in den Flur machte, fiel mir gleich das Blut auf dem Boden auf. Blutauftropfungen – also Blut, das von oben heruntergetropft war, fast senkrecht, das konnte man an der Form der Blutflecken erkennen.

Vom Flur gingen mehrere Türen ab. Rechts führte eine ins Gäste-WC, geradeaus ging es in die Küche, links daneben ins Wohnzimmer. Die Schlafräume unter dem Dach erreichte man über eine Holztreppe. Dort oben befand sich auch das Bad.

Im Flur, links in der Ecke, auf dem Fußboden, lagen eine Plastiktüte und ein Stofftuch – an beidem war reichlich Blut – und ungefähr einen halben Meter daneben ein Messer. Geschätzt fünfundzwanzig Zentimeter lang, die Klinge etwa vier Zentimeter breit, heller Holzgriff. Wobei das Helle des Holzes nur noch am äußeren Rand zu erkennen war. Der größte Teil der Fläche war rot – durch Blutantragungen, das sah man ebenfalls. Von Blutantragungen wird gesprochen, wenn sich das Blut vorher zum Beispiel an der Hand von jemandem befand und durch Anfassen des Griffs auf denselben übertragen wurde. Aber auch die Klinge war überwiegend rot. Hier handelte es sich im Unterschied zum Griff allerdings um Blutanhaftungen. Womit gemeint war, dass die Klinge direkt mit Blut in Kontakt gekommen sein musste, das dann haften geblieben war – wie es das Wort sagt.

Auf dem Boden, ein Stück weiter, lag auch noch ein dunkelblauer Rucksack. In einer der Seitentaschen steckte eine Lederhülle, die anscheinend zu dem Messer gehörte.

Von allen Türen war die Tür zum Wohnzimmer am stärksten mit Blut beschmiert bzw. behaftet bzw. betropft. Das Türblatt sah aus wie eine Sammlung verschiedenster Blutbildspuren. Also ging ich zuerst dort hinein. Die Größe des Raums überraschte mich. Fast vierzig Quadratmeter, wie sich später herausstellte, als die Kollegen der Spurensicherung die Fläche ausmaßen. Der Boden war mit Birkenholz nachempfundenem Laminat ausgelegt. Rechts neben der Tür stand eine Schrankwand, dunkles Holz, überwiegend offene Regalfächer mit einer Menge Kleinzeug, hauptsächlich Nippes aus Glas und Holz. Direkt gegenüber, an der Fensterfront, war hinter einem Couchtisch mit beigefarben gefliester Platte ein braunes, stoffbezogenes Sofa postiert. Es befanden sich noch mehr Möbel in dem Zimmer, aber darum kümmerte ich mich erst später.

Auf dem Fußboden vor der Schrankwand lag eine Frau. Der Notarzt hatte bereits ihren Tod protokolliert. Das heißt: Dass es eine Frau war, wusste ich von dem Beamten, der mich vor dem Haus empfangen hatte. Gesehen hätte ich das nicht sofort. Ihre Leiche war komplett mit einer Decke abgedeckt. Erst als wir die herunternahmen, sah man den Körper, der mit nichts weiter als einem längeren T-Shirt bekleidet war, ihren Kopf, die Gliedmaßen – und die Stichverletzungen. Im Gesicht, unter dem rechten Auge, klaffte eine Wunde, oberhalb der Brust eine zweite. Ein dritter Einstich fand sich im Bereich des Unterbauchs. Hier hatte die Tatwaffe – vermutlich das Messer, das im Flur lag – die Darmwand durchstochen und die linke Beckenarterie erwischt. Dadurch war eine Menge Blut in die Bauchhöhle geströmt. Die Frau musste innerlich verblutet sein – und das in kürzester Zeit.

Im Todeskampf hatte sie die Augen aufgerissen und ihren Kopf so gedreht, dass man denken konnte, sie hatte zuletzt – bevor sie starb – noch einmal zum Sofa hinübergesehen.

Auf dem Sofa lag ein Kind, das – soweit hatte mich der Kollege draußen vorbereitet – ebenfalls tot war. Viel sah man von dem kleinen Körper nicht, der in einem gelben Schlafanzug steckte. Kopf und Oberkörper waren mit einem mintfarbenen Sommerkleid mit Blumenmuster abgedeckt, das offenbar seiner Mutter gehört hatte. Unter dem Kleid lag eine gehäkelte Wolldecke, die den Kopf und einen Teil des Oberkörpers verhüllte. Die Decke schien einmal weiß gewesen zu sein, jetzt war sie fast vollständig rot eingefärbt. Als wir auch die entfernten, sahen wir, dass es ein Junge war. Er trug noch eine Windel. Das Oberteil seines Schlafanzugs war voller Blut. Auf der Brust und auf dem Rücken wies der Stoff dort, wo das Rot des Bluts am dunkelsten war, Schlitze auf, nicht sehr groß.

Mit fünf Messerstichen war der Junge traktiert worden. Davon hatte einer sein Herz getroffen.

Mein Enkel war damals im selben Alter wie der Kleine, der

vor mir auf dem Sofa lag. Die beiden hatten dieselbe Statur. An so etwas sollte man in solchen Situationen niemals denken. Aber das klappte in dem Moment genauso wenig, wie ich vorher vergeblich versucht hatte, mich auf den Anblick einzustellen, der mich hier oben erwarten würde. Auf einmal war die professionelle Distanz dahin. Mich packte eine ungeheure Wut.

Zu allem Überfluss stiegen in dem Augenblick auch noch Erinnerungen an einen ähnlichen Fall hoch. Wahrscheinlich, weil er sich ganz in der Nähe zugetragen hatte. Und weil es wie hier um ein Kind gegangen war.

Der Fall hatte sich etwa ein Jahr vorher zugetragen, aber so lange kam mir das gar nicht vor. Die Bilder in meinem Gedächtnis waren so deutlich, als hätte ich sie eben erst gesehen. Das Opfer, ebenfalls ein Junge, war gerade ein Jahr alt geworden. Wir fanden den Kleinen in seinem Gitterbettchen, er lag auf dem Rücken, und alles war voller Blut. Genauso wie hier fünf Messerstiche, vier in die Brust, ein Stich in den Hals. Die Tatwaffe lag vor dem Bett, ein Küchenmesser, die Klinge fünfzehn Zentimeter lang. Umgebracht hatte ihn sein Vater – während vor dem Haus Polizisten standen, die die Mutter des Jungen aus einer nahen Kneipe gerufen hatten. Die Beamten waren nicht in die Wohnung gekommen, selbst mit Gewalt nicht. Der Mann hatte die Tür verrammelt, sie war mit zwei Schließbolzen gesichert. Zwar wurde ein Sondereinsatzkommando alarmiert, doch bevor das anrückte, war es schon zu spät. Die Geschichte ließ mich lange nicht los. Erst recht nicht, nachdem wir erfuhren, unter welchen Bedingungen der Junge gelebt hatte. Vater Alkoholiker, Mutter Alkoholikerin. Die beiden waren nicht einmal verheiratet, hatten sich aber trotzdem nicht getrennt, obwohl Schlägereien zwischen ihnen zur Tagesordnung gehörten. Die gesamte Wohnung sah aus wie eine Müllhalde. Im Kinderzimmer war das Dach undicht. Bei Regen tropfte es von der Decke. Anstatt die Stelle reparieren zu lassen, hatten sie einfach eine aufblasbare Hüpfburg daruntergeschoben. Und das alles war dem Jugendamt bekannt gewesen. Denn die Familie stand unter Betreuung. Der Mutter, damals dreiundzwanzig, waren zuvor bereits zwei Kinder weggenommen worden, die sie auf schlimmste Weise vernachlässigt hatte. Und auch, dass der Vater im Suff zu Gewaltausbrüchen neigte, stand in den Akten – nicht nur gegen seine Freundin. Sein Sohn war kaum zwei Monate alt gewesen, als er ihn das erste Mal über die Balkonbrüstung gehalten und gedroht hatte, ihn hinunterzuwerfen. Solche Vorfälle wiederholten sich mehrmals. Obwohl die Familie angeblich regelmäßig von Mitarbeitern des Jugendamts besucht wurde, war niemand eingeschritten. Für mich erfüllte das den Tatbestand der unterlassenen Hilfeleistung, mindestens. Sie hätten auch den Jungen aus der Familie herausholen und anderswo unterbringen müssen. Deswegen erstattete ich Strafanzeige gegen Mitarbeiter des Jugendamts. Das sorgte für einigen Wirbel, und ich machte mir nicht nur Freunde damit, besonders bei der zuständigen Stadtverwaltung nicht, zu dem das Jugendamt gehörte. Am Ende verlief die Sache allerdings im Sande. Die Verantwortlichen wanden sich irgendwie heraus, das Verfahren wurde eingestellt. Nur der Vater des Jungen wurde bestraft, er bekam lebenslänglich. Der Prozess war noch gar nicht lange her.

Doch zurück zu jener Nacht in dem Dorf: In der Wohnung waren drei Personen gemeldet: Renate Schurick, achtunddreißig Jahre alt, alleinerziehend, ledig; Sohn Adrian, acht, und Alexander, der dreijährige Sohn. Wenn Renate Schurick die Leiche im Wohnzimmer war, wovon wir ausgingen, musste es sich bei dem toten Kind um ihren Sohn Alexander handeln. Adrian, den Älteren, hatten die Beamten der Schutzpolizei oben in seinem Zimmer gefunden. Er hatte offenbar die ganze Zeit geschlafen und war erst durch den Krach aufgewacht, den die Kollegen beim Aufbrechen der Wohnungstür veranstaltet hatten. Um ihm den Anblick der Leichen im Wohnzimmer zu ersparen, hatten sie ihn sofort zu Nachbarn gebracht. Inzwischen kümmerte sich jemand von der Jugendbehörde um ihn.

Ich fuhr in dieser Nacht nicht mehr nach Hause, mal wieder nicht. Aber ich hätte sowieso nicht schlafen können. Also konnte ich auch gleich ins Präsidium zurückkehren, zu tun gab es genug.

Wenigstens mussten wir in diesem Fall den Täter nicht mehr ermitteln – er hatte sich bereits selbst gestellt: Bernd Gönnig, gelernter Maurer, arbeitslos. Nach einem ersten Geständnis, das der Sechsunddreißigjährige noch in der Nacht abgelegt hatte, wurde er am nächsten Morgen zur Vernehmung ins Präsidium gebracht:

Frage: Herr Gönnig, warum sind Sie gestern zu Renate Schurick gegangen?

Antwort: Wir waren verabredet. Ich sollte halb zehn vorbeikommen, abends, weil dann die Kinder schlafen.

Frage: Hatten sie sich an dem Tag vorher schon gesehen?

Antwort: Am Vormittag waren wir alle zusammen – also Renate, die Kinder und ich – auf einem Flohmarkt. Später bin ich mit den Jungs allein auf den Spielplatz im Dorf. Zum

Abendessen habe ich sie dann nach Hause gebracht. Ich wollte noch mit Renate reden, aber sie sagte, ich soll später wiederkommen, eben halb zehn.

Frage: Was wollten sie denn noch von ihr?

Antwort: Ich wollte mit ihr spazieren gehen und ein bisschen reden. Wir hatten einen schönen Tag zusammen verbracht, und Renate – also Frau Schurick – war meine wichtigste Bezugsperson, eigentlich auch die einzige. Wir konnten immer über alles reden. Ich hatte mich auf sie gefreut. Ich dachte, vielleicht könnten wir uns wieder zusammenraufen.

Frage: Sie hatte sich von ihnen getrennt?

Antwort: Ja, schon vor ein paar Wochen. Aber das war nicht das erste Mal, und sie hat mich auch nie richtig weggeschickt, so absolut, meine ich.

Frage: Und, sind Sie spazieren gegangen?

Antwort: Nein, sie wollte nicht. Sie wollte nur Kaffee trinken. Und dabei haben wir uns unterhalten.

Frage: Worüber?

Antwort: Erst nur belanglose Sachen. Und über die Kinder.

Frage: Alexander, der Dreijährige, ist Ihr Sohn, stimmt das?

Antwort: Ja, ich bin … war sein Vater.

Frage: Und Adrian?

Antwort: Der ist von einem anderen Mann. Den kenne ich aber nicht. Soviel ich weiß, hat er zu seinem Vater keinen Kontakt. Jedenfalls habe ich nichts mitbekommen, als ich bei ihnen gewohnt habe.

Frage: Wann haben Sie Frau Schurick kennengelernt?

Antwort: Vor vier Jahren. Also, so ungefähr. Ich glaube, es war Anfang des Sommers. Sie wohnte damals über meiner Stammkneipe, mit Adrian. Der Kleine spielte oft vor dem

Haus, meistens allein. Da habe ich mich manchmal ein bisschen mit ihm beschäftigt. Irgendwann hat er mich einfach zum Essen mit hochgenommen. Es gab Nudelauflauf. So fing das mit uns an.

Frage: Sie sind dann bei den beiden eingezogen?

Antwort: So kann man das nicht sagen. Richtig eingezogen bin ich nicht. Wir waren eigentlich auch nie richtig zusammen. Dazu muss man Renate kennen, die konnte schlecht mit jemanden zusammenwohnen. Es ging ständig hin und her. Eine Zeit lang habe ich da gewohnt, dann wieder nicht, dann doch wieder, immer so.

Frage: In der Wohnung, in der Frau Schurick zuletzt lebte, haben Sie aber schon gewohnt?

Antwort: Da war es das Gleiche. Mal habe ich da gewohnt, mal nicht.

Frage: Wo haben Sie geschlafen, wenn Sie da waren?

Antwort: Bei Renate oben, in ihrem Bett.

Frage: Wie war das Verhältnis zwischen ihnen?

Antwort: Ich würde sagen, nicht perfekt, aber gut. Es hat auch mal gekracht, aber wo kracht's nicht mal?

Frage: Die Geburt von Alexander änderte nichts?

Antwort: Nicht wirklich. Es war eigentlich nur ganz am Anfang, als wir uns kennenlernten, richtig gut. Dann wurde Renate ziemlich schnell schwanger. Das war nicht geplant, aber ich glaube, sie hat sich trotzdem aufs Kind gefreut. Ich auf jeden Fall.

Frage: Sie hätten gern eine Familie gehabt?

Antwort: Ja, ich hatte ja nie eine.

Frage: War dieser Zustand nicht schrecklich für Sie – immer dieses Hin und Her und nie klare Verhältnisse?

Antwort: Schon, ich konnte aber nichts machen. Sie hat immer alles bestimmt.

Frage: Aber Sie waren auch nicht bereit, Verantwortung für eine Familie zu übernehmen, sich eine richtige Arbeit zu suchen oder wenigstens zum Arbeitsamt zu gehen oder zum Sozialamt – oder?

Antwort: Darüber hat sich Renate auch immer aufgeregt. Sie war in diesem Punkt ganz anders, hatte sich eine eigene kleine Firma aufgebaut. Sie kochte für alte Leute und versorgte sie – so eine Art Essen auf Rädern.

Frage: Hat Sie das nicht gewurmt – sie war erfolgreich, aber Sie selbst bekamen nichts auf die Reihe?

Antwort: Ich kam damit klar. Ich hätte auch was geändert, aber Sie wollte ja nicht mehr.

Frage: Worüber haben Sie mit Frau Schurick an dem Abend noch gesprochen?

Antwort: Ein richtiges Gespräch war das eigentlich gar nicht. Ich habe gleich gemerkt, dass Renate irgendwie anders war als sonst, schon als sie die Tür aufmachte. Ihre Stimme klang so komisch. Nach einer Weile rückte sie damit raus, dass sie mit den Kindern wegziehen wollte – ohne mich. Ich sollte auch nicht mehr kommen.

Frage: Sie hatten sich für den Abend etwas anderes erhofft, richtig?

Antwort: Irgendwie schon.

Frage: Wie haben Sie auf die Ablehnung reagiert?

Antwort: Na ja … ich habe geheult und mich an ihr festgeklammert und sie angefleht, sie soll mich nicht abservieren. Weil ich doch sonst niemanden mehr habe.

Frage: Haben Sie gestern mit Frau Schurick geschlafen?

Antwort: Nein, wir hatten schon lange keinen Sex mehr – seit ich ausgezogen bin. Das ist jetzt zwei Monate her, über zwei Monate.

Frage: Haben Sie am Abend, als Sie noch mal zu ihr gingen, versucht, sie zu vergewaltigen?

Antwort: Nein, das hätte ich niemals gewagt.

Frage: Aber Sie sind vorbestraft, weil Sie schon mal jemanden vergewaltigt haben.

Antwort: Das stimmt. Aber das waren ganz andere Umstände. Das war eben auch eine andere Frau. Und eine richtige Vergewaltigung war das eigentlich auch nicht. Mit Renate hätte ich so was nie machen können. Sie ist … also, sie war ein anderer Typ, vor ihr hatte ich Respekt. Sie bedeutete mir richtig was.

Frage: Aber Sie waren sauer auf sie, weil sie nicht mehr mit Ihnen zusammen sein wollte, diesmal endgültig?

Antwort: Ich war enttäuscht. Irgendwie hatte ich gedacht, es kommt alles wieder in Ordnung. Auch wegen Alexander. Ich habe mich echt viel um ihn gekümmert, und auch um Adrian. Wir haben immer was unternommen, sind auf den Spielplatz oder so.

Frage: Wo waren die beiden Jungs zu dem Zeitpunkt?

Antwort: Die schliefen oben in Adrians Zimmer. Obwohl, vielleicht schlief Alexander auch im Bett von Renate. Das war mal so, mal so. Das weiß ich nicht genau.

Frage: Aber Alexander war nicht bei Ihnen im Wohnzimmer?

Antwort: Erst nicht.

Frage: Wann dann?

Antwort: Erst als ich gehen wollte, eigentlich.

Frage: Ist er von allein ins Wohnzimmer gekommen?

Antwort: Nein, Renate hat ihn geholt. Er muss wach geworden sein, und sie hat ihn wahrscheinlich gehört.

Frage: Haben Sie zwei so laut gestritten, oder warum wurde er wach?

Antwort: Wir haben nicht gestritten. Mich hat das viel zu sehr fertiggemacht, dass Renate nichts mehr von mir wissen wollte. Bei Alexander kam das schon mal vor, dass er sich nachts im Bett herumwälzte und dabei aufwachte. Vielleicht hatte er schlecht geträumt.

Frage: Warum hat Sie Frau Schuricks Entscheidung so fertiggemacht? Sie waren doch schon getrennt.

Antwort: Ich hatte eben gehofft, dass es wieder anders wird. Renate und ich sind in den letzten Tagen öfter abends spazieren gegangen und hatten gute Gespräche dabei. Ich war auch fest entschlossen, mir wieder eine Arbeit zu suchen und ein paar Sachen in meinem Leben zu ändern. Aber dann war sie schon an der Tür total abweisend, dass ich mir denken konnte, was kommt. Es war auch ein schlechter Zeitpunkt, mir das gerade jetzt zu sagen. Ich hatte die letzten Wochen bei den Leuten nebenan gewohnt. Aber die meinten plötzlich, ich muss mir was Neues suchen. Bis morgen sollte ich da raus sein.

Frage: Gab es Ärger zwischen Ihnen – oder warum?

Antwort. Nein, die haben nichts gegen mich. Ich verstand mich gut mit denen, aber die Wohnung ist zu klein. Nur zwei Zimmer. In einem schläft ihre Tochter. Deswegen mussten wir drei – also der Werner, die Hannelore und ich – im Wohnzimmer schlafen. Die in ihrem Bett und ich auf der Couch. Das war kein Zustand. Sie hatten mich ja auch nur aufgenommen, weil ich sonst nicht gewusst hätte, wo ich hin soll.

Frage: Noch mal zurück: Frau Schurick holte Alexander ins Wohnzimmer – wo hat sie ihn dort hingelegt?

Antwort: Aufs Sofa.

Frage: Wo da genau?

Antwort: Darauf habe ich nicht so geachtet. Es ist ein ziemlich großes Sofa, das geht um die Ecke. Ich glaube, sie hat ihn auf das lange Teil gelegt, das praktisch parallel zum Fenster steht.

Frage: Hat er dort weitergeschlafen?

Antwort: Ich denke schon. Doch, er war still.

Frage: Kam es zwischen Ihnen und Frau Schurick dann zu einer körperlichen Auseinandersetzung?

Antwort: Noch nicht.

Frage: Wann dann?

Antwort: Erst als ich mich verabschieden wollte.

Frage: Was ist da passiert?

Antwort: Ich hatte meinen Rucksack dabei, den nehme ich immer mit. Jedenfalls, als ich gehen wollte, fiel mir ein, dass da noch das Messer drin war, das ich Adrian letztes Weihnachten schenken wollte, ein echtes Lapplandmesser. Damit nehmen die Leute dort Tiere aus und so. Aber Renate hat nicht erlaubt, dass ich ihm das schenke, deswegen hatte ich es noch.

Frage: Weihnachten ist schon ein Weilchen vorbei. Das Messer befand sich immer in Ihrem Rucksack?

Antwort: Immer nicht, aber die meiste Zeit schon. Ich bin in den letzten Monaten ständig hin und her gezogen. Erst habe ich bei Renate gewohnt, dann in einem alten Bauwagen, der bei jemandem im Garten stand, und zuletzt bei den Nachbarn. Und da habe ich die wichtigsten Sachen eben immer in den Rucksack gesteckt und mit mir rumgeschleppt.

Frage: Warum war das Messer so wichtig?

Antwort: Das war nicht weiter wichtig. Das habe ich jetzt nur so gesagt. Ich hatte es einfach nur dabei.

Frage: In Ihrem Leben scheinen Messer eine besondere Rolle zu spielen. Bei der Vergewaltigung, über die wir vorhin sprachen, haben Sie das Opfer mit einem Messer bedroht. Als Sie damals festgenommen wurden, hatten Sie auch eins dabei. Und jetzt wieder. Sie müssen doch zugeben, nach Zufall sieht das nicht aus.

Antwort: Ach, das hat nichts zu bedeuten. Ich hatte schon als Kind ein Messer, mit dem ich geschnitzt habe. Ich bin im Heim aufgewachsen und war oft auf mich allein gestellt. Da habe ich mich irgendwo hingesetzt und geschnitzt. Das war dann meine eigene Welt. Deswegen wollte ich Adrian ja das Messer schenken, damit er auch schnitzt. Das würde ihm bestimmt Spaß machen.

Frage: Wieso haben Sie den Rucksack überhaupt mit zu Frau Schurick genommen?

Antwort: Ohne den gehe ich nie irgendwo hin. Da können Sie jeden fragen. Da sind auch immer meine Zigaretten drin, mein Portemonnaie und alles.

Frage: Sie hatten das Messer nicht extra eingepackt, weil Sie befürchteten, das Gespräch mit Frau Schurick könnte so ausgehen, wie es dann kam?

Antwort: Auf keinen Fall. Ich hatte Hoffnung. Mir wäre auch nie in den Sinn gekommen, ihr etwas anzutun.

Frage: Und warum haben Sie das Messer in dem Moment rausgeholt?

Antwort: Nachdem mich Renate so abgebügelt hatte, war ich echt fertig. Ich wollte nicht mehr. Ich konnte auch nicht mehr. Ich meine, wo hätte ich denn hin gesollt, wenn sie mich auch wegschickte? Und als mir dann das Messer in den Sinn kam, dachte ich, jetzt machst du Schluss!

Frage: Sie wollten Frau Schurick dafür bestrafen, dass sie …

Antwort: Ach, Quatsch, ich wollte mir das Ding selbst reinrammen. Am besten ins Herz, dann wäre Feierabend gewesen.

Frage: Sie haben also das Messer aus dem Rucksack genommen – und was passierte dann?

Antwort: Renate hatte Alexander gerade auf das Sofa gelegt, drehte sich um, und da muss sie das Messer gesehen haben. Sie fing auf einmal an zu schreien. Also, sie wollte schreien. Sie riss ihren Mund auf. Die ersten Töne kamen auch schon …

Frage: Da haben Sie zugestochen?

Antwort: Ja, weil ich tierisch Panik kriegte. Wenn sie richtig losgeschrien hätte, wäre das halbe Dorf wach geworden.

Frage: Das verstehe ich nicht: Sie hatten das Messer doch nur in der Hand. Warum hat Frau Schurick losgeschrien – und warum bekamen Sie Panik?

Antwort: Ich weiß doch auch nicht, was da mit mir abging. Ich kriegte schon Panik, als ich das Messer aus dem Rucksack holte und aus der Hülle zog. Das steckte in so einer Lederhülle.

Frage: Das ist der eine Punkt – aber warum wollte Frau Schurick schreien?

Antwort: Keine Ahnung. Wahrscheinlich, weil ich plötzlich das Messer in der Hand hatte …

Frage: … und sie töten wollten, weil sie sich gegen Sie entschieden hatte.

Antwort: Nein, ich wollte das doch gar nicht. Ich wollte nur, dass sie nicht schreit.

Frage: Haben Sie ihr das gesagt?

Antwort: Ich weiß nicht. Ich glaube, ich habe nichts gesagt.

Frage: Haben Sie versucht, ihr den Mund zuzuhalten?

Antwort: Das schon, aber nur ganz kurz und wahrscheinlich auch nicht richtig. Das ging alles so schnell.

Frage: Sie haben dann zugestochen – wohin?

Antwort: Das weiß ich nicht. Was da abging, kann ich selbst nicht verstehen. Als wäre ich in dem Augenblick ein ganz anderer Mensch gewesen.

Frage: Als Sie zustachen, wo waren Sie da?

Antwort: Im Wohnzimmer.

Frage: Wo genau?

Antwort: Scheiße, das weiß ich nicht mehr! Irgendwo im Zimmer, wahrscheinlich vor dem Couchtisch. Ich habe so gezittert, und in meinem Kopf ging alles durcheinander.

Frage: Wissen Sie noch, wie Sie das Messer hielten?

Antwort: Nein, es ging alles so schnell – zack, zack, zack.

Frage: Überlegen Sie noch mal: Wohin haben Sie gestochen?

Antwort: (schüttelt den Kopf, weint) Ich kann es nicht sagen, wirklich. Ich war wie blind, habe einfach nur zugestochen.

Frage: Wieso haben Sie auf Frau Schurick eingestochen, wenn Sie sich doch angeblich selbst umbringen wollten?

Antwort: Wenn ich das wüsste. Ich habe Renate nie etwas angetan. Sie brauchte immer nur mit den Fingern zu schnippen, schon habe ich alles für sie gemacht. Sie kriegte immer ihren Willen.

Frage: Frau Schurick war die Dominante in Ihrer Beziehung?

Antwort: Das kann man so sagen, ja.

Frage: Hatten Sie beide deswegen Probleme?

Antwort: Ja, wir haben uns ziemlich oft in die Wolle gekriegt. Sie hat nie nachgegeben, das war immer ich.

Frage: Und jetzt konnten Sie sich mal rächen. Sie hatten eine Waffe in der Hand, Frau Schurick stand mit dem Rücken zu Ihnen, sie war wehrlos. Endlich waren Sie mal der Boss.

Antwort: Das ist doch Blödsinn! Ich wollte mich umbringen, nicht sie. Warum es anders gekommen ist, kann ich auch nicht erklären. Da können Sie mir noch tausend Fragen stellen.

Frage: Bei der Vergewaltigung damals ging es um das Gefühl von Macht. Sie haben das Opfer mit einem Messer bedroht. War es bei Frau Schurick jetzt nicht genauso?

Antwort: Ich sagte doch, das war eine ganz andere Geschichte. Das war meine erste große Liebe. Sie hat mich mit einem anderen betrogen, und ich habe die beiden dabei erwischt. Deswegen wollte ich sie ein bisschen mit dem Messer verletzen. Sie hat sich gewehrt, und ich habe dann selbst mit meiner Hand in die Klinge gefasst und geblutet wie Schwein. Hinterher hat sie mich wegen Vergewaltigung angezeigt, obwohl das gar nicht stimmte. Aber Frauen kriegen bei solchen Sachen ja immer Recht.

Frage: Ging es bei Frau Schurick auch um Sex?

Antwort: Ich kapiere nicht, warum Sie so auf der alten Sache herumreiten. Nein, es ging nicht um Sex! Wir hatten seit fast drei Monaten keinen mehr, das habe ich doch schon gesagt. Aber das war auch kein Problem für mich, ich konnte warten.

Frage: Waren Sie erregt, als Sie mit dem Messer vor ihr standen? Sexuell, meine ich.

Antwort: Überhaupt nicht. So einer bin ich nicht. Gewalt törnt mich nicht an.

Frage: Kommen wir noch einmal auf die Situation im Wohnzimmer zurück: Was war mit Alexander?

Antwort: Der hat dann auch angefangen zu schreien. Er muss wach geworden sein und das gesehen haben.

Frage: Und dann?

Antwort: Ich wollte ihn beruhigen, irgendwie …

Frage: Aber Sie wollten, dass er stirbt, weil er alles gesehen hatte.

Antwort: Nein, überhaupt nicht. Auf keinen Fall. Doch nicht der Junge!

Frage: Als Sie auf Frau Schurick eingestochen haben – lag Alexander da noch auf dem Sofa?

Antwort: Ja.

Frage: Und er war wach?

Antwort: Ich glaube schon.

Frage: Haben Sie die ganze Zeit gestanden?

Antwort: Nein. Renate lag dann auf dem Boden, und ich war irgendwie über ihr, also auch auf dem Boden. Ach, ich weiß nicht, wie es genau war, es ging so wahnsinnig schnell.

Frage: Haben Sie mitbekommen, ob Alexander zugesehen hat?

Antwort: Nein, darauf habe ich nicht geachtet. Aber er war dann wach.

Frage: Sie glauben, er hat alles mitbekommen?

Antwort: (nickt mit dem Kopf) Wahrscheinlich schon.

Frage: Hat Alexander irgendwie reagiert, als er sah, dass Sie auf seiner Mutter saßen und das Messer in der Hand hatten?

Antwort: Er hat geschrien. Vielleicht hat er schon länger geschrien, dann habe ich es aber nicht mitgekriegt. Ich habe überhaupt nichts mitgekriegt. Ich habe nur auf einmal gesehen, wie Renate vor mir lag. Ihr Gesicht. Da war mir klar, was ich getan hatte. Dabei wollte ich doch gar nicht auf sie einstechen, nur auf mich.

Frage: Sie haben schon häufiger gesagt, dass Sie sich umbringen wollen – stimmt das?

Antwort: Ja, auch an dem Tag, vorher, als ich mit den Kindern auf dem Spielplatz war. Da habe ich das zu Adrian gesagt.

Frage: Seit wann wollten Sie sich denn umbringen?

Antwort: Seit ein paar Tagen. Die Arbeit war weg, ich hatte Schulden, und jetzt wusste ich auch nicht mehr, wo ich bleiben sollte. Der letzte Auslöser war, dass mir Werner sagte, ich muss bei denen raus. Da habe ich keine Perspektive mehr gesehen.

Frage: Glaubten Sie wirklich, Sie könnten sich das Messer selbst in Ihren Körper rammen, um sich auf diese Weise umzubringen?

Antwort: Nein, ich wusste, dass ich das nicht schaffe. Das war in dem Moment nur so ein Gedanke von mir – reinrammen und Ende! Aber dafür wäre ich viel zu feige.

Frage: Warum haben Sie dann überhaupt das Messer aus dem Rucksack geholt?

Antwort: Wenn ich das wüsste! Ich verstehe ja selbst nicht, was da in mir vorging.

Frage: Warum dann aber Alexander, warum haben Sie auch ihn erstochen?

Antwort: Verdammt, ich weiß es nicht. Ich wollte nur, dass er ruhig ist.

Frage: Sie hätten ihm den Mund zuhalten können.

Antwort: Ja. Vielleicht habe ich das auch. Ich weiß nicht.

Frage: Haben Sie ihn geschlagen?

Antwort: Nein, ich habe nur zugestochen … einfach nur zugestochen.

Frage: Lag Alexander die ganze Zeit auf dem Sofa?

Antwort: (weint) Ja.

Frage: Hat sich der Junge gewehrt?

Antwort: Weiß ich nicht, glaube nicht. Dafür ging es zu schnell.

Frage: Und Frau Schurick?

Antwort: Ich weiß nicht.

Frage: Wie oft haben Sie bei ihr zugestochen?

Antwort: Weiß ich nicht.

Frage: Aber Sie wussten, dass sie tot war?

Antwort: Nein, nicht wirklich. Ich meine, mir war das dann irgendwie klar, aber ich habe nicht nachgeguckt, ihren Puls gefühlt oder so. Ich habe nur ihr Gesicht gesehen, und das sah aus, als wäre sie tot.

Frage: Wie oft haben Sie auf Alexander eingestochen?

Antwort: Das weiß ich auch nicht. Es ist passiert, und dann bin ich ganz schnell rausgerannt, weil ich würgen musste.

Frage: Sie mussten sich übergeben?

Antwort: Mir war plötzlich elendig übel. Ich musste würgen, aber es kam nichts.

Frage: Und danach, was haben Sie dann gemacht?

Antwort: Ich wollte die Polizei anrufen und suchte nach einem Telefon. Die Wohnung war ja immer das reinste Chaos. Unten ging es noch, aber oben. Da ließ Renate auch niemanden hin, so schlimm sah es da aus. In der Küche lag ihr Handy, aber das war ausgeschaltet. Ich kenne die PIN-Nummer auch nicht. Irgendwo habe ich dann das normale Telefon gefunden, so ein schnurloses. Das habe ich mitgenommen.

Frage: Aber nicht die Polizei angerufen?

Antwort: Ich war völlig durcheinander. Wahrscheinlich wäre mir mein eigener Name nicht eingefallen, wenn ich angerufen hätte. Haben Sie schon mal das Gefühl von endloser Leere gehabt? Ich meine, das waren die liebsten Menschen, die ich hatte.

Hier legten wir eine kurze Pause ein. Bernd Gönnig bekam eine Pizza und eine Flasche Wasser. Nachdem er gegessen hatte, rauchte er eine Zigarette. Dann machten wir weiter:

Frage: Wir waren beim Telefon stehen geblieben. Warum haben Sie es überhaupt mitgenommen?

Antwort: Sagte ich doch, weil ich anrufen wollte. Ich habe es aber nicht geschafft.

Frage: Sind Sie noch mal ins Wohnzimmer zurück?

Antwort: Die Reihenfolge, wann ich was gemacht habe, kriege ich nicht so genau zusammen. Aber ich muss noch mal reingegangen sein, weil ich Renate mit einer Decke abgedeckt habe.

Frage: Woher hatten Sie die Decke?

Antwort: Die lag auf dem Boden.

Frage: Haben Sie Alexander auch zugedeckt?

Antwort: Daran kann ich mich nicht erinnern. Ich wollte dann nur noch raus. Da fällt mir ein: Wahrscheinlich habe ich Renate gleich zugedeckt, nachdem ich zugestochen hatte, damit Alexander ihre Leiche nicht sieht. Aber das vermute ich jetzt, weil ich nach der Sache mit Alexander sofort raus bin. Da wollte ich nur noch weg.

Frage: Aber Alexander war auch in eine Decke eingewickelt. Wissen Sie das nicht mehr?

Antwort: Nein, das ist wie ein Filmriss. Da fehlt bei mir was, da ist nichts mehr. Das ging auch alles so wahnsinnig schnell.

Frage: Sie waren dann also draußen – wo genau?

Antwort: Ich wollte mir die Hände waschen und bin dafür nach oben, die Treppe rauf. Oben sind Adrians Schlafzimmer, Renates und das Bad.

Frage: Warum wollten Sie sich die Hände waschen?

Antwort: Weil ich das Blut gesehen habe an meinen Händen. Und an meinem T-Shirt und an der Hose, überall war Blut dran.

Frage: Wieso sind Sie extra nach oben ins Bad? Unten ist doch auch ein Waschbecken, im Gäste-WC.

Antwort: Das kam noch von der Zeit, als ich da gewohnt habe. Da habe ich das auch immer so gemacht. Weil unten die ganzen Sachen zum Wickeln von Alexander lagen und man ans Waschbecken gar nicht richtig rankam.

Frage: Das Waschbecken oben war auch voller Spielzeug, da konnten Sie sich doch gar nicht die Hände waschen.

Antwort: Ich glaube, ich habe gar nicht das Licht angeschaltet – und bin dann mit den Fingern gegen die Spielsachen gestoßen. Dadurch habe ich erst gemerkt, dass ich mich an der Hand verletzt hatte. Deswegen habe ich das Wasser auch gar nicht mehr aufgedreht, sondern nur noch ein Handtuch genommen und mir um die rechte Hand gewickelt. Aber erst, als ich wieder draußen war und mehr gesehen habe.

Frage: Wo war Adrian zu der Zeit?

Antwort: In seinem Zimmer. Ich habe nur gehofft, dass er nichts mitgekriegt hatte.

Frage: Weil Sie ihn dann auch hätten umbringen müssen?

Antwort: Nein, das hätte ich nicht gemacht.

Frage: Warum haben Sie das dann gehofft?

Antwort: Eben so. Aber wenn er was mitgekriegt hätte, hätte er das Licht in seinem Zimmer eingeschaltet. Das hat er immer gemacht, wenn er nachts wach wurde. Das Licht war aber aus.

Frage: Haben Sie die Tür geöffnet und nachgesehen?

Antwort: Nein, ich wollte so schnell wie möglich wieder runter.

Frage: Woher wussten Sie dann, dass er nicht wach war und kein Licht anhatte?

Antwort: Er lässt seine Tür immer einen Spalt offen, wenn er schlafen geht. Wäre drin Licht gewesen, hätte ich das gesehen.

Frage: Sie haben nicht vor seiner Tür gestanden und gelauscht, ob er wach ist? Ich frage, weil auf dem Boden an der Stelle ziemlich viel Blut ist.

Antwort: Wenn das so war, kann ich mich nicht daran erinnern. Ich weiß nur, dass ich rauf bin und schnell wieder runter. Da das Licht aus war, ging ich davon aus, dass er nichts mitgekriegt hatte.

Frage: Auf der obersten Treppenstufe haben wir einen Damenslip gefunden. Warum lag der dort?

Antwort: Jetzt verstehe ich: Sie denken, Renate hatte keinen Slip an, weil ich versucht habe, sie zu vergewaltigen. Nee, nee, das machte sie im Sommer immer so. Zu Hause trug sie dann nur ein Kleid, ohne Slip drunter. Ich habe den nicht angerührt. Mir ist er gar nicht aufgefallen. Aber ich kenne das von ihr. Sie lässt ihre Sachen überall rumliegen, das ist völlig normal für sie. Ich meine … war. Sie haben doch gesehen, wie es in der Bude aussieht. Das ist der normale Zustand, so sah es da immer aus.

Frage: Hätten Sie Adrian auch erstochen, wenn er alles mitbekommen hätte?

Antwort: Nein. Ich hatte das Messer gar nicht mehr.

Frage: Wo war das Messer denn?

Antwort: Ich hatte es auf den Boden geworfen, im Flur. Ich glaube, in dieselbe Ecke, wo mein Rucksack lag.

Frage: Bevor Sie nach oben gingen?

Antwort: Ja, gleich als ich aus dem Wohnzimmer raus bin.

Frage: Und Sie waren nicht im Gäste-WC?

Antwort: Nein.

Frage: Wir haben dort aber Blut gefunden.

Antwort: Dann war ich vielleicht doch drin. Aber ich erinnere mich nicht. Oder ich bin vorbeigerannt – und dabei ist Blut reingespritzt; die Tür stand ja immer offen. Ich hatte die totale Panik und habe nicht überlegt, was ich mache. Ich bin einfach raus aus dem Wohnzimmer, hoch ins Bad und wieder runter. So habe ich es zumindest im Kopf.

Frage: In der Küche war auch Blut. Was haben Sie dort gemacht?

Antwort: (Schulterzucken) Das fehlt, ehrlich. Ich kann dazu nichts sagen.

Frage: Haben Sie das Licht im Wohnzimmer ausgemacht? Am Schalter war ebenfalls Blut.

Antwort: Wahrscheinlich. Wie die beiden dort lagen – dieser Anblick … (schüttelt den Kopf, weint)

Frage: Als Sie wieder unten waren, was haben Sie dann getan?

Antwort: Ich bin raus aus der Wohnung und rüber zu Werner und Hannelore. Das sind die Nachbarn, bei denen ich zuletzt gewohnt habe. Ich hatte eigentlich einen Schlüssel, habe aber gar nicht erst versucht aufzuschließen – so, wie ich gezittert habe. Ich habe geklingelt. Hannelore machte auf. Sie war sauer, weil ich geklingelt hatte. Die Kleine hätte davon wach werden können. Deswegen hatten sie mir ja den Schlüssel mitgegeben.

Frage: Wie spät war es da?

Antwort: Nach Mitternacht. Genau weiß ich es nicht.

Frage: Und weiter?

Antwort: Hannelore hat gleich gefragt, was los ist. Ich bin aber einfach an ihr vorbei zu Werner ins Wohnzimmer. Der lag im Bett, war schon eingepennt, aber das Licht brannte noch, der Fernseher war auch an. Ich habe dann irgendwas gefaselt, »Werner, ich habe Scheiße gebaut« – oder so ähnlich. Er wollte dann gleich wissen, was ich damit meine. Aber ich wollte draußen mit ihm reden, allein. Ich brauchte frische Luft, ich musste auch wieder würgen. Also habe ich gefragt, ob wir ein Stück gehen können. Werner ist ein echter Kumpel, der ist aufgestanden – und wir sind dann zusammen raus.

Frage: Hatten Sie da das Telefon noch dabei?

Antwort: Ja, am Anfang schon. Später habe ich es irgendwo weggeworfen – in ein Gebüsch oder ... ach, keine Ahnung.

Frage: Sie haben also nicht die Polizei gerufen?

Antwort: Das ging ja nicht. Das Telefon funktionierte nur im Haus oder direkt davor. Wir waren schon zu weit weg. Ich wollte auch erst mal reden. Ich glaube, ich habe die ganze Zeit irgendwas zusammengestottert. Werner wollte immer wissen, was passiert war. Aber so lange wir im Dorf waren, habe ich nichts erzählt. Ich dachte, vielleicht sitzen noch irgendwo Leute im Garten. Es war ja richtig warm.

Frage: Hat sich Werner damit zufriedengegeben?

Antwort: Nein, Werner hat ständig Fragen gestellt. Ob ich dem Horst was angetan habe. Das ist ein alter Nachbar, mit dem es ständig Zoff gab, der hat sich mit jedem angelegt. Und dann, ob ich der Renate was getan habe. Da habe ich nur genickt und »ja« gesagt.

Frage: Wann haben Sie ihm die Wahrheit erzählt?

Antwort: Als wir auf dem Feld waren, weg vom Dorf, ahnte er schon was. Also, das vermute ich, weil er fragte: »Sag bloß, du hast die Alte plattgemacht?« Werner konnte Renate nicht leiden, der fand sie eingebildet und zickig. Aber er kannte sie auch nicht so gut. Dann ging es um die Jungs. Ich habe ihm aber nichts von Alexander erzählt. Das war die ganze Zeit so ein Hin und Her – mit seinen Fragen und meinen Antworten. Er wollte alles wissen, ob Renate geschrien hat, wo ich hingestochen habe, wie oft, warum die Kinder nicht wach geworden sind, wieso meine Hand blutet ... Immerzu fragte der.

Frage: Wohin wollten Sie denn mit Werner?

Antwort: Erst mal nirgendwo hin, einfach nur laufen. Ich habe immer noch gezittert, und mir war übel, und ich war total durcheinander. Wir sind dann aber noch mal zurück.

Frage: Warum?

Antwort: Werner meinte, ich soll mit dem Telefon – das muss ich da noch in der Hand gehabt haben – die Polizei anrufen.

Frage: Und, haben Sie es getan?

Antwort: Nein, ich habe dann beschlossen, dass ich mich lieber gleich richtig stelle. Ich wollte zur nächsten Polizeiwache und fragte Werner, ob er mitkommt. Wir sind bestimmt eine halbe Stunde gelaufen. Kann auch länger gewesen sein. Dann standen wir vor einem Haus, wo so ein Polizei-Schild dran war. Ich habe an der Tür geklingelt. Ein Mann kam raus und meinte, dass das keine Polizeistation ist. Der hatte nur eine Unterhose an. Vorher hatte ich mich schon von Werner verabschiedet. Ich wollte nicht, dass er mit auf die Wache kommt. Ich hatte ihm gesagt, er soll nach Hause gehen, ich würde noch eine rauchen und mich dann stellen. Er ging dann auch. Ich setzte mich auf den Bordstein und rauchte eine. Oder zwei, das weiß ich nicht mehr – ich habe die ganze Zeit eine nach der anderen geraucht, den ganzen Weg, ohne Pause. Ich versuchte, mich ein bisschen zu ordnen im Kopf, aber das ging nicht. Ich fühlte mich völlig leer, spürte gar nichts. Als hätte mir einer das Herz rausgerissen. Also, im übertragenen Sinne.

Frage: Der Mann in der Unterhose war kein Polizist?

Antwort: Ich glaube nicht. Sonst hätte er mich bestimmt nicht weggeschickt. Aber ich wusste nicht mehr, wo ich noch hin sollte. Deswegen habe ich ihn gefragt, ob er die Polizei rufen kann.

Frage: Wollte der Mann nicht wissen warum?

Antwort: Ich habe nur gesagt, dass ich zur Polizei muss, dringend.

Frage: Was passierte dann?

Antwort: Er ist wieder rein, und ich habe draußen gewartet, bis ein Streifenwagen kam – mit zwei Polizisten. Die wollten wissen, was los ist.

Frage: Was haben Sie gesagt?

Antwort: Erst habe ich nur gesagt, sie müssen mich verhaften, weil ich was angestellt habe. Als sie dann fragten, was passiert ist, habe ich es erzählt. Also, das mit Renate, dass die hin war und der Alexander auch …

In der Zwischenzeit hatte ein Kollege die Nachbarn vernommen, bei denen Gönnig zuletzt gewohnt hatte. Seine Erkenntnisse flossen dann mit in die Vernehmung des Täters sein:

Frage: Haben Sie heute Alkohol getrunken?

Antwort: Nein.

Frage: Nicht mal ein Bier zum Abendbrot?

Antwort: Zum Abendbrot habe ich nur was gegessen, eine Scheibe Brot mit Marmelade, das war alles.

Frage: Sie haben also nichts dagegen, wenn wir Ihnen Blut für eine Blutprobe abnehmen lassen?

Antwort: Von mir aus.

Frage: Was haben Sie eigentlich gemacht, nachdem Sie die Kinder zu Frau Schurick zurückgebracht hatten?

Antwort: Ich bin zu Werner und Hannelore. Wir haben ferngesehen.

Frage: Was lief denn im Fernsehen?

Antwort: Erst haben wir nur durchgeschaltet. Viertel nach acht fing dann *Beverly Hills Cop* an. Welcher Teil das war, weiß ich aber nicht. An dem Tag war Sperrmüll im Dorf. Da stellen die Leute abends die Sachen raus, die sie loswerden wollen. Die werden dann am nächsten Morgen abgeholt. Deswegen wollten Werner und ich noch gucken, ob wir was Brauchbares finden. In irgendeiner Werbepause sind wir dann los, mit den Rädern. Aber da war nichts. Erst ganz zum Schluss haben wir einen Fernseher gefunden, so ein Riesenteil. Den haben wir mitgenommen und zu Hause ausprobiert. Der war aber kaputt.

Frage: Ihr Nachbar, dieser Werner, ist drogenabhängig – das stimmt doch, oder?

Antwort: Die sind beide drauf, Hannelore auch. Aber das sind keine schlechten Menschen. Sie versuchen gerade, von dem Zeug loszukommen. Werner kriegt jetzt Methadon. Ich glaube, Hannelore nimmt das auch.

Frage: Und Sie, nehmen Sie Drogen?

Antwort: Nein.

Frage: Darf ich mir mal Ihre Arme ansehen?

Antwort: Ich habe noch nie was gespritzt. Aber wenn Sie wollen – hier, gucken Sie ruhig. Ich rauche höchstens mal ein bisschen Gras.

Frage: Sind Sie mit einer Urinprobe einverstanden?

Antwort: Von mir aus.

Frage: Waren Sie mal in psychologischer Behandlung?

Antwort: Noch nie. Nur in der U-Haft – wegen der Vergewaltigung – hatte ich mal Kontakt zu einem Psychologen. Dort wurden den Knackis solche Gespräche angeboten. Das war aber freiwillig. Ein paar Mal habe ich das auch gemacht.

Aber eigentlich bin ich lieber zum Pfarrer gegangen. Bei dem hatte ich eher das Gefühl, dass er mir zuhört.

Frage: Sind Sie sonst irgendwie in medizinischer Betreuung?

Antwort: Nein, ich habe nicht mal einen Hausarzt.

Frage: Haben Sie Angehörige, oder gibt es jemanden, den wir benachrichtigen sollen, dass Sie hier sind?

Antwort: Irgendwo gibt es zwei Schwestern. Vielleicht sind das auch nur Halbschwestern, das weiß ich nicht genau. Aber ich habe keine Ahnung, wo die stecken. Zu denen habe ich schon ewig keinen Kontakt mehr. Meine Mutter müsste auch noch irgendwo leben. Die habe ich vor zwanzig Jahren das letzte Mal gesehen. Die hat mich ja ins Heim abgeschoben. Trotzdem wollte ich sie mal kennenlernen. Hat aber nichts gebracht … Nein, ich wüsste niemanden, der wissen will, wo ich bin.

Frage: Wir wären jetzt erst mal so weit fertig. Möchten Sie noch etwas zur Tat selbst sagen?

Antwort: Ich weiß auch nicht, was mich da geritten hat. Ein paar Sekunden, und die entscheiden jetzt alles. Das Leben ist für mich gelaufen.

Ein halbes Jahr später wurde Bernd Gönnig wegen zweifachen Mordes zu lebenslanger Haft verurteilt.

Nachtrag:
Den Fall der alten Dame, die in derselben Nacht in ihrer Wohnung überfallen und erstochen worden war, konnten wir zwei Wochen später aufklären. Die Spurensicherung hatte in der Wohnung Fingerabdrücke gefunden, die weder von

der Frau noch von ihrem schwerkranken Mann stammten. Als der uns von zwei Punks erzählte, die seine Frau einige Wochen zuvor beim Müllwegbringen kennengelernt und ein paar Mal zu ihnen nach Hause eingeladen hatte, wussten wir, wo wir zu suchen hatten. Wahrscheinlich hätte es einige Zeit gedauert, die beiden ausfindig zu machen. Doch uns half der Zufall. In Düsseldorf fand an dem Wochenende darauf ein großes Treffen von Punks statt. Das allein hätte unsere Suche vermutlich nicht erleichtert. Aber bei dem Treffen kam es zu Randalen, woraufhin rund dreihundert Punks vorläufig festgenommen und erkennungsdienstlich behandelt wurden – einschließlich der Abnahme von Fingerabdrücken. Da wir die in der Wohnung sichergestellten Fingerabdrücke bereits in den Computer des Bundeskriminalamts eingespeist hatten, erledigte das Automatisierte Fingerabdruckidentifizierungssystem (AFIS) den Rest. Das Pärchen – sie siebzehn, er neunzehn – legte ziemlich schnell ein Geständnis ab. Beide wurden später wegen Mordes nach dem Jugendstrafrecht zur Höchststrafe von zehn Jahren Gefängnis verurteilt. Sie hatten die alte Frau bestohlen und waren dabei von ihr ertappt worden. Der junge Mann hatte zugestochen. Die Tatwaffe und die Beute – etwas Schmuck, nichts Wertvolles – fanden wir in einem kleinen Waldstück, in der Nähe des Tatorts.

Marek

Marek war ihr einziges Kind. Sie wollten, dass es der Junge einmal besser hat. Vater Franticzek verdiente nicht schlecht, im Vergleich zu anderen, aber das war trotzdem fast nichts. Er arbeitete im Braunkohletagebau. Eine Knochenarbeit, und Bedingungen wie vor fünfzig Jahren. Nein, es war kein gutes Leben in dieser trostlosen Gegend. Sie wohnten in einem kleinen Ort bei Chomutov. Das liegt in Tschechien – Nordböhmen, um genauer zu sein. Aber damals sagte man noch Tschechoslowakische Sozialistische Republik. Die Menschen dort jedenfalls. Das war auch so ein Punkt – die Menschen. Das sollten ihre Landsleute sein, doch richtig zugehörig fühlten sie sich nicht. Ihre eigenen Vorfahren waren Deutsche, die es vor langer Zeit ins tschechische Grenzland verschlagen hatte. Damals war Mareks Großvater ein kleines Kind gewesen. Mareks Großvater lebte noch, die Großmutter ebenfalls. Es gab auch andere Verwandte, die meisten in Deutschland, verstreut übers halbe Rheinland. Mareks Vater hatte schon einige von ihnen besucht. Daher wusste er, dass es ein anderes Leben gab, ein besseres.

Wie Mareks Eltern es dann anstellten, weiß ich nicht, aber sie durften in die Bundesrepublik übersiedeln. Mitte der Achtzigerjahre war das, also noch bevor der Eiserne Vorhang fiel. Sie kamen zunächst allein, um erst einmal alle Formalitäten zu regeln, eine Wohnung zu finden und für Vater

Franticzek Arbeit. Die Verwandten unterstützten sie. Marek blieb solange bei den Großeltern. Ein halbes Jahr später folgten sie mit dem Jungen – und blieben auch.

Marek war zehn Jahre alt, als er zum ersten Mal eine deutsche Schule betrat. Da er kaum ein Wort Deutsch konnte, steckten sie ihn in die dritte Klasse und nicht in die vierte, wie es seinem Alter entsprochen hätte. Der Schulleiter meinte, auf diese Weise sei es leichter für ihn, den Anschluss zu finden. Marek gab sich Mühe, er war froh, wieder bei seinen Eltern zu sein. Doch manchmal dachte er, wie schön es wäre, mit den Freunden spielen zu können, die er in Chomutov zurücklassen musste. Die hatten wenigstens dieselbe Sprache gesprochen. Seine neuen Mitschüler sahen ihn gleich komisch an, wenn er mal ein Wort falsch aussprach oder nicht sofort verstand, was sie von ihm wollten. Es gab auch einige, die ihn ignorierten, weil er ein Fremder war. Das sagten sie ihm nicht ins Gesicht, doch Marek war sensibel genug, um es zu spüren. Und sie hatten ja recht, er war ein Fremder, und er fühlte sich auch so.

Es dauerte lange, genau genommen Jahre, bis er die ersten richtigen Freunde fand. Wobei – richtige? Seine Eltern sahen das anders. Für sie waren es böse Jungs, die ihren Sohn verleiteten, zu Dingen, die er von sich aus niemals getan hätte. Mit Drogen anzufangen zum Beispiel. Oder mit dem Auto zu rasen wie ein Henker.

Das passierte natürlich alles erst später. Zu diesem Zeitpunkt hatte Marek bereits die Schule geschmissen und eine Lehrstelle aufgegeben, die ihm einer seiner Onkel besorgt hatte. Die Geschichte mit den Drogen lag jetzt ungefähr zwei Jahre zurück. Er war nicht einmal volljährig, als eines Tages eine Anzeige gegen ihn ins Haus flatterte. Seine Eltern waren nicht nur überrascht, sondern auch schockiert. Wobei es nicht das erste Mal gewesen sein dürfte, dass Marek Ärger mit der Justiz bekam. Sonst hätte ihn der Richter nicht gleich zu drei Wochen Jugendarrest verdonnert. Dafür musste man schon etwas mehr auf dem Kerbholz haben.

Die Sache mit seinem Auto war noch nicht so lange her, vielleicht fünf, sechs Monate. Er kam nachts aus einer Diskothek, oder eher gesagt: morgens, die Sonne war bereits aufgegangen. Seine Kumpels und er fuhren meistens in einen Techno-Schuppen, der sich in einem kleinen Nest kurz hinter der Grenze befand, in Holland. Doch an dem Tag war er ausnahmsweise allein im Auto und muss am Steuer eingeschlafen sein. Er mähte neben der Fahrbahn einen dünnen Baum um und landete ein Stück weiter in einem Graben, auf dem Dach. Sein Wagen – vorher schon nicht das beste Stück – war ein Fall für den Schrotthändler. Er selbst erlitt nur ein paar Beulen und Hautabschürfungen, die harmlos waren.

Ein neues Auto konnte er sich nicht leisten. Da er keinen Beruf erlernt hatte, schlug er sich mit Gelegenheitsjobs durch – Schwarzarbeit, auf dem Bau oder in einer Autowerkstatt, wo er den Handlanger spielte. Aber selbst das nur tageweise, was gerade so viel einbrachte, dass er die Diskotouren finanzieren und sich ab und zu ein paar Klamotten kaufen konnte. Manchmal arbeitete er auch wochenlang überhaupt nicht, trieb sich nachts in irgendwelchen Bars herum und holte tagsüber den Schlaf nach.

Seinen Vater brachte das oft auf die Palme. Die Mutter sagte so gut wie nie etwas. Dafür fragte sie sich im Stillen ständig, was sie bei dem Jungen falsch gemacht hatten. Wenn er wenigstens eine abgeschlossene Ausbildung in er Tasche hätte! Ein Mann ohne Ausbildung war in ihren Augen kein Mann. Wie sollte er jemals eine Familie ernähren können?

Marek war kein schlechter Mensch. Wer ihn zum Freund hatte, konnte sich auf ihn verlassen. Er war hilfsbereit, zuverlässig und immer da, wenn man ihn brauchte. Auf jemanden, der ihn nicht kannte, wirkte er mitunter etwas rotznäsig oder auch überheblich, aber das war nur eine Art Selbstschutz, ein Panzer, den er sich bereits in der Schulzeit zugelegt hatte. Dahinter verbarg sich vielleicht keine zarte, aber doch eine zutiefst verunsicherte Seele, die sich nach Anerkennung sehnte. Und nach Zuneigung. Und nach Liebe.

Marek war auch nicht dumm. Er merkte selbst, dass es gerade nicht gut lief. Sein Leben hatte er sich anders vorgestellt. Es gab Momente, in denen bereute er, sich in der Schule nicht mehr angestrengt zu haben. Und die Sache mit der abgebrochenen Lehre stank ihm inzwischen gewaltig. Überhaupt fühlte er sich manchmal, als hätte er irgendwann die falsche Abbiegung genommen und das erst zu spät bemerkt. Aber dann sagte er sich: Ich könnte ja einfach wenden, ein Stück zurückfahren und noch einmal von vorn anfangen. Wenn ihm das nur nicht so mühsam erschienen wäre.

Dann tauchte Sandra in seinem Leben auf, und alles schien plötzlich ganz einfach. Neunzehn Jahre alt, blondes langes Haar, und die Figur … und ihr Lächeln erst – er fühlte sich, als hätte ihn jemand aus seinem tristen Leben in einen Traum katapultiert. Dass sich eine solche Frau überhaupt mit ihm abgab, wo er in seinem Leben noch nichts auf die Reihe gebracht hatte! Marek schwärmte von ihr, vom ersten Augenblick an.

Und als er am Abend nach Hause kam, wunderte sich seine Mutter – so hatte sie ihren Sohn davor nie erlebt. Er war völlig aus dem Häuschen und erzählte gleich von ihr. Ach, was, erzählen! Die Begeisterung sprudelte nur so aus ihm heraus.

Danach verging vielleicht eine Woche, höchstens, dann brachte er sie schon mit in die Wohnung. Und von da an besuchte sie ihn beinahe jeden Tag, blieb auch die Nacht über, außer sie hatte Nachtschicht. Sandra arbeitete in einer Tankstelle, die rund um die Uhr geöffnet war.

Mareks Mutter sah die neue Beziehung ihres Sohns weitaus nüchterner. Ihr hatte bisher keins der Mädchen gefallen, in die er verschossen war. Was vermutlich weniger an den Mädchen lag, als an ihrer Eifersucht. Sie mochte es nicht, wenn die Liebe ihres Sohns zu ihr auf Konkurrenz stieß. Als solche schien sie die Gefühle, die Marek für die Mädchen entwickelte, aber zu sehen. Obwohl das etwas war, das sie nur sich selbst eingestand. Mareks erste Liebelei war noch von allein zu Ende gegangen, ein paar Wochen, dann hatten sie sich getrennt. Doch bei den nächsten zwei Freundinnen, die er mit nach Hause brachte, hatte sie nachgeholfen. Sie sagte: »Diese Mädchen gefallen mir nicht.«

Sandra hielt sie für ein nettes Mädchen. Trotzdem war sie ihr nicht willkommen. Dafür, dass sie sich diesmal zurückhielt und die Neue nicht gleich wieder verscheuchte, gab es zwei Gründe: Ihre Schwiegermutter, die im selben Haus wohnte, war inzwischen schwer erkrankt. Ein Pflegefall, der sie bis zur Erschöpfung beanspruchte – und das Tag und Nacht. Außerdem hatte Marek recht schnell bemerkt, dass seine Mutter nicht bereit war, Sandra ins Herz zu schließen, und ihr deswegen die Pistole auf die Brust gesetzt: »Wenn du mir das kaputt machst, ziehe ich aus, und dann seht ihr mich nicht wieder.«

Mareks Mutter meinte, ihr Sohn sei völlig auf dieses Mädchen fixiert und nehme sich für die Familie überhaupt keine Zeit mehr. Sandra hier, Sandra da – alles drehe sich nur noch um sie. Abgesehen davon fand sie ihre Vorliebe für Spinnen und Schlangen unheimlich. Marek hatte sich auch nie für solches Getier interessiert, doch das änderte sich nun. Als Sandra ihm zu seinem zwanzigsten Geburtstag ein Terrarium schenkte, in dem eine Vogelspinne herumkrabbelte, sah er darin einen großen Liebesbeweis.

Es gab eigentlich nur eins, was Mareks Mutter der Neunzehnjährigen positiv anrechnete: Ihr Junge hatte sich wieder um eine Ausbildung bemüht und diese sogar schon begonnen. Dabei war dieser Entschluss nicht nur Sandra, sondern vor allem ihrem Schwager zu verdanken. Der hatte ihm einen Job in Aussicht gestellt – aber eben nur, wenn er vorher einen vernünftigen Abschluss machte.

Sandras Schwager hieß Andreas. Er war vierunddreißig und seit sieben Jahren mit ihrer Schwester Manuela verheiratet. Die beiden hatten sich an einer Tankstelle kennengelernt. Er war dort angestellt, sie kam regelmäßig als Kundin. Schon damals hatte er davon geträumt, eines Tages selbst eine Tankstelle zu betreiben. Und genau das machte er jetzt – mit ihr zusammen. Es war dieselbe Tankstelle, an der Sandra arbeitete. Sie befand sich im Bergischen Land, in der Nähe von Gummersbach, in einer Gegend, in der es relativ wenige Tankstellen gab – aber ausreichend Autofahrer; das Geschäft lief gut. Und seit sie neben dem üblichen Angebot frische Backwaren und Blumen verkauften, lief es sogar noch besser.

Trotzdem hatte sich Andreas Wentlow, Sandras Schwager, eine zusätzliche Einnahmequelle erschlossen: Er handelte mit gebrauchten – und vermutlich oft auch gestohlenen – Fahrzeugen. Das allerdings nicht offiziell. Das Geld, das er damit verdiente, tauchte in der Buchführung nirgends auf. Für seine Kunden war das kein Geheimnis. Deswegen wandten sie sich ja an ihn.

Seiner Frau erzählte er davon nichts, oder nur, dass alles völlig legal zugehe. Dabei kriegte sie natürlich mit, wenn irgendwelche Typen, die ihr nicht ganz geheuer waren, an der Tankstelle aufkreuzten und nur mit ihm sprechen wollten. Den Rest konnte sie sich zusammenreimen. Irgendwoher mussten die Geldscheine schließlich stammen, die ihr Mann ständig in seiner Hosentasche mit sich herumtrug, zu einem Bündel zusammengerollt. Sie hatte schon einige Male nachgesehen, wenn er schlief: Dreitausend Mark steckten immer in seiner Hose, meistens waren es mehr.

Aber die Zweiunddreißigjährige hatte selbst Geheimnisse – vor ihrem Mann und überhaupt. Eines betraf ihre Vorliebe für modische Kleidung. So wusste niemand, dass sie jede Woche mindestens einmal – oft sogar zweimal – in eine Boutique ging, immer in dieselbe, und diese auch niemals verließ, ohne ein neues Stück für sich erworben zu haben. Außer der Verkäuferin natürlich, die sich über eine solch treue Stammkundin freute. Umso mehr, da Manuela Wentlow es stets so einrichtete, dass sie nur aufkreuzte, wenn diese eine Verkäuferin im Laden war. Als hätten die beiden Frauen einen Pakt geschlossen. Dabei war es eher eine stillschweigende Übereinkunft, nach dem Motto: »Die Kundin kauft, die Verkäuferin schweigt.«

Wobei sich die Verkäuferin schon ihre Gedanken machte. Zumal es für sie ungewöhnlich war, dass eine Kundin noch im Laden sämtliche Preisschilder von ihren Einkäufen entfernte und die Quittungen gleich mit verschwinden ließ. Manuela Wentlow machte das jedes Mal, vom ersten Einkauf an. Genauso wie sie stets darauf bestand, die Ware in neutrales Papier eingewickelt zu bekommen, wahrscheinlich, damit man nicht sehen konnte, wo sie die Sachen herhatte. Manche Teile steckte sie gleich so in ihre Tasche, obwohl es sich immer um edle Stoffe handelte, für die sie ordentlich hinblättern musste. Ihre Ausgaben beliefen sich im Schnitt auf tausendfünfhundert Mark – pro Einkauf. Sie zahlte ausschließlich in bar, nahm das Geld aber nie aus ihrem Portemonnaie. Das hatte sie sich anscheinend von ihrem Mann abgeguckt. An der Kasse zog sie immer ein Bündel zusammengerollter Scheine hervor – mal aus einer Packung Slipeinlagen, mal aus einem Schminkdöschen, zumindest das variierte.

Vor den Kunden in der Tankstelle, vor ihren Nachbarn, ja, sogar vor den Eltern, spielte Manuela Wentlow die zufriedene Ehefrau, der es an nichts mangelte. Tatsächlich aber muss sie sich ziemlich unglücklich gefühlt haben in der Beziehung – oder sogar generell im Leben. Die Ehe mit Andreas war ihr zweiter Versuch, mit einem Mann und Trauschein glücklich zu werden. Der erste lag zehn Jahre zurück und war nur zwei Monate nach der Hochzeit gescheitert – weil sie nicht mehr wollte. Wodurch der plötzliche Sinneswandel ausgelöst worden war, hatte sie niemandem verraten.

Überhaupt gab es manches, worüber sie nicht gern sprach. Über ihren Zwillingsbruder zum Beispiel, der bei einem Unfall tödlich verunglückte; sie war damals erst acht. Oder darüber, dass sie im Alter von zwanzig Jahren sexuell missbraucht wurde, angeblich von einem Polizisten, der sich auf einem Campingplatz an ihr vergriffen haben soll.

Aber dann wiederum gab es Geschichten, die sie scheinbar nicht oft genug erzählen konnte, obwohl sie kaum weniger traumatisch gewesen sein dürften. Eine davon handelte von ihrem Mann Andreas, von dem sie behauptete, er habe sie windelweich geschlagen und in den Bauch getreten, als er erfuhr, dass sie schwanger war. Dadurch habe sie das Kind verloren, das sie sich so sehr wie sonst nichts auf der Welt gewünscht habe. Allerdings erzählte sie das nicht jedem. Weder ihre Eltern noch die Schwiegereltern, die sie sonst bei jeder Kleinigkeit anrief, wussten davon. Nicht einmal einen Arzt hatte sie nach der Fehlgeburt aufgesucht. Das musste nicht zwangsläufig bedeuten, dass sie sich die Geschichte nur ausgedacht hatte, aber es gab einige, die ihren Wahrheitsgehalt zumindest bezweifelten. Manuelas Schwester Sandra gehörte nicht dazu.

Marek war zwei Monate mit Sandra zusammen, als sie ihm eine Frage stellte, die nicht zu dem blonden Mädchen passte, in das er sich bis über beide Ohren verliebt hatte. Sie wollte wissen, ob er einen Killer auftreiben könne. Der Zwanzigjährige schluckte einmal, dann aber dachte er: Das kann sie unmöglich ernst meinen, bestimmt ist das nur ein Scherz. Also spielte er mit und gab den *bad boy:* Klar, nichts sei leichter als das! Er sagte das in einem Ton, als hätte er Al Capone noch persönlich gekannt. Jedenfalls sollte es so wirken. Er wollte ihr imponieren. Damit war das Thema erledigt.

Aber nur für diesen Tag.

Sandra fing dann immer wieder damit an. Sie verriet ihm auch, wen der Killer beseitigen sollte: ihren Schwager Andreas. Der würde ihrer Schwester das Leben zur Hölle machen, sie schlagen und ihr nicht die kleinsten Freiheiten lassen. Keinen Schritt dürfe sie gehen, ohne ihm vorher zu sagen, wo sie hinwolle. Und wehe, sie käme einmal später als vereinbart nach Hause! Ihr Hauptargument aber war die Geschichte mit der Fehlgeburt.

Marek hatte Andreas inzwischen kennengelernt. Sie waren nicht die besten Freunde, dafür war der Altersunterschied wohl zu groß, aber sie verstanden sich ganz gut. Für Marek gab es keinen Grund, ihn nicht zu mögen. Schon gar nicht, nachdem er ihm den Job in Aussicht gestellt hatte. Ob es stimmte, dass Andreas seine Frau verprügelte, wusste er nicht. Er hatte Manuela nie mit blauen Flecken oder irgendwelchen anderen Verletzungen gesehen. Allerdings wäre ihm auch niemals in den Sinn gekommen, Sandra könnte sich das alles nur ausgedacht haben. Am liebsten war ihm, sie sprachen nicht darüber.

Aber Sandra ließ nicht locker. Einmal fuhr er mit ihr zu einem Übergangswohnheim, in dem hauptsächlich Spätaussiedler aus der ehemaligen Sowjetunion untergebracht waren, die bei den Einheimischen alle unter dem Sammelbegriff »Russen« liefen. Marek kannte das Viertel. Eine Ecke, in der man nachts nicht gern allein unterwegs war. Er dachte, dort würden sie am ehesten jemanden finden, der für Geld Leute umbrachte. Sie liefen eine Weile durch die Gegend und überlegten, wen von den finsteren Gestalten sie ansprechen sollten, und vor allem wie. Dann fanden sie ihre Idee selbst absurd und zogen wieder ab.

Marek wusste noch immer nicht, ob er die Sache ernst nehmen sollte. Vielleicht, dachte er, fand seine Freundin es einfach nur aufregend, ein bisschen so zu tun als ob.

Das änderte sich an dem Tag, als Sandra ihm tausend Mark unter die Nase hielt. Das Geld hatte sie von ihrer Schwester erhalten. Marek sollte damit eine Pistole beschaffen. Auch danach hatte sich Sandra vorher bei ihm erkundigt, und er hatte ähnlich großspurig geantwortet wie auf ihre Frage nach einem Killer. Aber wieder nur, um Eindruck zu schinden. In Wirklichkeit hatte er nicht die blasseste Ahnung, wie er ein Schießeisen auftreiben könnte.

Damit seine Freundin nicht dachte, er würde nur große Töne spucken, ohne dass etwas dahintersteckte, schnappte er sich das Geld und machte sich auf die Suche. Die paar Leute, die er noch von den alten Drogengeschichten kannte, ließen ihn entweder sofort abblitzen oder hielten ihn hin, ohne dass dann etwas passierte. Allzu lange suchte er allerdings auch nicht, denn inzwischen hatte er das Geld fast verpulvert – für seinen täglichen Lebensunterhalt. Sandra war stinksauer, als er ihr das beichtete. Der erste große Krach zwischen den beiden. Marek fürchtete schon, sie würde ihn sitzen lassen. Aber dann kriegte sie sich wieder ein und holte stattdessen Nachschlag von ihrer Schwester. Diesmal waren es zweitausend Mark. Die sollten auch gleich noch für einen Schalldämpfer reichen.

Das mit der Pistole bekam Marek nicht geregelt. Dafür nistete sich eine andere Idee in seinem Kopf ein. Er erinnerte sich an ein Waffengeschäft, an dem er einige Male vorbeigefahren war, ein ganzes Stück entfernt, irgendwo in der Nähe von Leverkusen. Um ihr zu beweisen, dass er seinen Fehler wiedergutmachen wollte, nahm er Sandra mit.

In dem Laden fragte er nach einer Armbrust. Da sie keine vorrätig hatten, bestellte er ein Exemplar, inklusive Zielfernrohr, und dazu zwei Pfeile aus Aluminium. Sicherheitshalber gab er einen falschen Namen an. Die Lieferzeit betrug eine Woche, der Preis tausend Mark, nicht ganz. Eine Armbrust, erklärte er seiner Freundin, als sie wieder draußen waren, sei für das, was sie vorhatten, sogar viel besser geeignet, da sie keine Geräusche verursache.

Damit schien irgendwie festzustehen, dass sie keinen Killer mehr brauchten. Und tatsächlich wollte Marek die Aufgabe selbst übernehmen. Wobei: »Wollen« ist vielleicht nicht das richtige Wort. Er wollte nicht töten, weder Andreas noch sonst jemanden. Er wollte sie aber auch nicht ein zweites Mal enttäuschen, seine große Liebe. Und wenn ihr das so wichtig war, dann musste es eben geschehen.

Marek hatte bis dahin nie eine Armbrust in den Händen gehalten und wunderte sich, dass man ganz schön viel Kraft brauchte, um sie zu spannen. Er fuhr abends, kurz vorm Dunkelwerden, in ein abgelegenes Waldstück und dort zu einer Lichtung, um schießen zu üben. Die Pfeile flogen fast vierzig Meter weit. Irgendwann fing er an, auf einen Baum zu zielen. Er traf nicht gleich, aber beim ersten Treffer bohrte sich der Pfeil so tief ins Holz, dass er ihn nicht mehr herausbekam. Er brach die Aluminiumspitze ab, warf den Rest weg – und übte mit dem anderen Pfeil weiter, bis er einigermaßen das Gefühl hatte, die Armbrust gehorche ihm.

Für jemanden, der dabei war, einen Mord vorzubereiten, ging er nicht besonders vorsichtig um. Zu den Schießübungen nahm er sogar einen Nachbarsjungen mit, der ihm häufiger Gesellschaft leistete. Der Junge war fünfzehn und fand so ziemlich alles cool, was sein erwachsener Freund machte. Er blieb manchmal, selbst wenn Sandra bei ihm war. Marek hielt es nicht einmal für notwendig, die Armbrust vor anderen zu verstecken. Er ließ sie in seinem Zimmer einfach auf dem Tisch liegen, unabgedeckt. Jeder, der reinkam, stieß mit seinem Blick automatisch darauf.

Dann heckten sie einen Plan aus, Sandra und er. Und Sandra weihte ihre Schwester ein, denn die brauchten sie dazu. Wobei Manuela davon ausging, dass die beiden tatsächlich einen Killer angeheuert hatten, einen durchgeknallten Russen, der früher Fallschirmjäger war. Eine richtige Kampfmaschine, fast zwei Meter groß, mit Muskeln hart wie Beton und völlig skrupellos. So hatte Sandra ihr den Typen geschildert. Daraufhin hatte Manuela die erste Rate für ihn herausgerückt, die sie versprochen hatte – fünftausend Mark. Nach Erledigung des Auftrags sollte er noch einmal die gleiche Summe erhalten. Dass in Wirklichkeit Marek den Part des durchgeknallten Russen übernehmen sollte, davon war zwischen den Schwestern nie die Rede gewesen.

Es war ein Tag Mitte Januar – oder besser gesagt: der Abend dieses Tages, kurz nach neunzehn Uhr. Manuela Wentlow fuhr noch einmal zur Tankstelle, obwohl sie keinen Dienst hatte. Dort wartete Sandra bereits auf sie. Marek war auch da. Doch der hatte sich mit seiner Armbrust in ein Gebüsch verzogen, von dem man den Parkplatz vor der Tankstelle gut beobachten konnte, ohne dabei selbst gesehen zu werden. In diesem Gebüsch, so hatte Sandra es ihrer Schwester erzählt, würde sich der Russe auf die Lauer legen und den geeigneten Moment abwarten. Jetzt musste Andreas nur noch zur Tankstelle gelockt werden.

Dazu stellte Manuela ihr Auto auf den Parkplatz, und zwar so, dass die Front in Richtung Gebüsch zeigte und von dort gut zu sehen war. Bevor sie aus dem Wagen stieg, entriegelte sie von innen die Motorhaube. Dann verschwand sie im Verkaufsraum der Tankstelle, wo sie mit Sandra einen Kaffee trank.

Marek sprang aus seinem Versteck, öffnete die Motorhaube und durchtrennte mit einer Kombizange mehrere Kabel. Er kannte sich recht gut mit Autos aus, hatte schon an einigen herumgebastelt. Allerdings waren es bisher immer ältere Modelle gewesen. Manuelas Wagen dagegen war ziemlich neu, so dass er wahllos drauflosschnitt, ohne zu wissen, wofür die Kabel waren, die er gerade kappte. Aber es kam ihm auch nur darauf an, welche zu erwischen, deren Beschädigung verhinderte, dass der Motor sofort ansprang. Ein paar Minuten, mehr würde er nicht brauchen. Nur einmal richtig zielen – und dann.

Kurz darauf rief Manuela Wentlow ihren Mann an, der sich gerade zu Hause aufhielt. Sie sagte, sie stünde an der Tankstelle, ihr Wagen ließe sich nicht starten, irgendetwas stimme mit der Zündung nicht.

Marek hockte längst wieder im Gebüsch, als Andreas Wentlow auf dem Parkplatz erschien und sich dem Auto seiner Frau näherte. Er hielt die Armbrust mit beiden Händen so, dass er sein Ziel durch das aufgeschraubte Fernrohr gut sehen konnte. Der Boden unter ihm war gefroren. Aber das war nicht der Grund, weshalb er zitterte.

Andreas Wentlow, der zuvor den Autoschlüssel von seiner Frau geholt hatte, setzte sich in den Wagen und versuchte, den Motor zu starten. Das funktionierte nicht. Er stieg aus und beugte sich unter die Motorhaube, die offen stand. Marek hatte ihn die ganze Zeit im Visier. Durchs Zielfernrohr suchte er seine Brust, die Herzgegend. Es waren höchstens zehn Meter, die die beiden Männer voneinander trennten. Die Armbrust war vorgespannt, der Pfeil eingelegt. Marek brauchte nur noch abzudrücken.

Doch er drückte nicht ab. Er brachte es einfach nicht fertig.

Drei Wochen später, an einem Sonntagnachmittag, öffnete Marek die Tür des Hauses, in dem Sandras Schwester und ihr Mann gelebt hatten, um zwei Schutzpolizisten hereinzulassen. Der Zwanzigjährige sah blass aus, aber das konnte man nur wissen, wenn man ihn kannte. Die Einsatzleitstelle hatte die Kollegen losgeschickt, nachdem Manuela Wentlows Notruf eingegangen war. Mit tränenerstickter Stimme hatte sie gemeldet, ihr Mann sei tot – anscheinend ermordet. Beim Reingehen fiel den Beamten die eingeschlagene Scheibe der Haustür auf. Im Flur dahinter lagen Glasscherben. Sah ganz nach einem Einbruch aus.

Auch drinnen, im Haus. An sämtlichen Schränken hatte sich jemand zu schaffen gemacht. Türen waren aufgerissen worden, Schubladen herausgezogen und durchwühlt, auf dem Boden lagen überall Wäschestücke verstreut.

Im Wohnzimmer warteten Sandra und ihre Schwester Manuela, die Frau des Toten. Sie schien völlig aufgelöst zu sein, bekam einen Weinkrampf nach dem anderen, nichts konnte sie beruhigen. Ein bisschen viel Trauer für jemanden, der kurz zuvor einen Killer gesucht hatte, der sie von ihrem Mann erlösen sollte. Aber davon wussten weder die Schutzpolizisten etwas noch sonst jemand, der sie in diesem

Zustand erlebte. Abgesehen von ihrer Schwester und Marek, doch die beiden waren Teil der Inszenierung.

Sandra übernahm die Rolle der einfühlsam Tröstenden, während Marek so tat, als wolle er den Beamten bei der Aufklärung eines Einbruchs behilflich sein, dem der Schwager seiner Freundin zum Opfer gefallen war. Er meinte, er habe den Toten entdeckt und in der ersten Aufregung noch an ihm gerüttelt, aber es sei nichts mehr zu machen gewesen.

Die Leiche, die bis zum Hals mit einem Plumeau bedeckt war, sahen sich die Kollegen nur aus der Entfernung an. Sie betraten das Schlafzimmer nicht, um keine Spuren zu verwischen oder neue zu legen, die uns später auf eine falsche Fährte hätten führen können. Nur der Notarzt ging hinein, um sich zu vergewissern, dass der Mann, der auf dem Bett lag, tatsächlich nicht mehr lebte. Ohne Totenschein war niemand tot.

Das Bett sah aus wie nach einer wilden Schlacht. Die Bettwäsche war völlig zerwühlt. Und das war das harmloseste Indiz dafür, dass Andreas Wentlow regelrecht abgeschlachtet worden war. Das Betttuch, auf dem er lag und das ursprünglich mal weiß gewesen sein dürfte, hatte so viel Blut aufgesogen, dass es fast komplett rot war. Auch das Plumeau hatte stellenweise eine andere Farbe angenommen, wobei der Stoff vorher schon dunkel war und nun nicht unbedingt rot, sondern nur noch dunkler aussah. Außerdem war es dort, wo es die Brust des Toten bedeckte, zerfetzt. Dass dafür ein Messer eingesetzt worden war – oder eventuell eine Schere, auf jeden Fall eine Stichwaffe –, sah man an der Wand hinter dem Kopfende des Betts, an der reichlich Blutschleuderspuren zurückgeblieben waren. Davon entdeckten wir sogar welche an der Tür, und die war bestimmt zwei Meter entfernt. Zimperlich schien der Täter jedenfalls nicht zu Werke gegangen zu sein.

Nachdem die Kollegen vom Erkennungsdienst die Leiche und fast das komplette Bett abgeklebt hatten, um Mikrofaserspuren zu sichern, die möglicherweise vom Täter stammten, offenbarte sich uns das ganze Ausmaß der Verletzungen. Das war die Stunde des Rechtsmediziners. Damit er eine erste Leichenschau durchführen konnte, wurde der Körper des Toten freigelegt – erst das Plumeau weg, dann die Kleidung, sozusagen Schicht für Schicht. Was er schon davor sehen konnte, war ein kreisrundes Loch von etwa einem Zentimeter Durchmesser, das sich neben der Nasenwurzel auftat. Ein Einschuss schien das nicht zu sein, was aber dann?

Um den Hals war ein graues Elektrokabel geschlungen, das eine zirkuläre Drosselmarke hinterlassen hatte, die wie eine Furche in der Haut aussah und lilablau verfärbt war. Ein Stück tiefer, auf Höhe des Brustkorbs, klafften mehrere Stichwunden, mindestens sechs oder sieben, dicht beieinander. Dasselbe Bild erwartete den Rechtsmediziner auf dem Rücken, nur dass die Einstiche dort höchstens halb so tief waren und vermutlich mit einem anderen Messer verursacht wurden. Die Klinge des Fleischermessers, das wir neben der Leiche im Bett fanden, wäre dafür zu lang und auch zu breit gewesen. Anders die Stichverletzungen auf der Vorderseite, dazu passten ihre Maße. Wie sich später bei der Obduktion ergab, hatte der Täter die Klinge bis zum Anschlag hineingerammt und dabei die Lunge getroffen, das Herz und den oberen Teil der Leber.

Obwohl in dem Zimmer eine Temperatur von siebzehn

Grad Celsius herrschte, war der Körper des Toten gerade mal auf etwas weniger als dreiunddreißig Grad abgekühlt. Dieser Prozess dürfte dadurch, dass er die ganze Zeit – jedenfalls vermuteten wir das – zugedeckt war, verlangsamt worden sein. Trotzdem hatte sich die Leichenstarre bereits komplett ausgeprägt. Dieser Fakt sagte uns, dass wir grob von sechs bis zehn Stunden ausgehen konnten, die Andreas Wentlow nicht mehr lebte.

Das deckte sich mit der Aussage seiner Frau, die angab, sie habe am Morgen gegen fünf Uhr dreißig das Haus verlassen, um eine halbe Stunde später ihren Dienst in der Tankstelle anzutreten, sie sei mit der Frühschicht dran gewesen. Als sie ging, habe ihr Mann noch gelebt und friedlich auf seiner Seite des Betts geschlummert.

Die Witwe erzählte auch, sie sei direkt nach der Arbeit mit ihrer Schwester Sandra und deren Freund Marek zu einer Reptilien-Ausstellung gefahren. Das hätten sie schon ewig geplant gehabt. Ihr Mann habe nicht mitgewollt, da er sich dafür nicht interessierte. Von unterwegs hätten sie einige Male versucht, ihn zu Hause anzurufen, er sei aber nie ans Telefon gegangen. Deswegen hätten sie gedacht, er sei selbst irgendwo unterwegs. Als sie dann nach Hause kamen, sei ihnen sofort die kaputte Scheibe in der Haustür aufgefallen. Sonst hätten Sandra und Marek sie gar nicht nach drinnen begleitet. Und den Rest wüssten wir ja.

In den folgenden Tagen stellten wir das Gebäude gründlich auf den Kopf. Dabei fiel einem Beamten der Spurensicherung in der Küche eine Bodenfliese auf, die nicht zu den anderen zu passen schien. So etwas konnte in älteren Häusern schon mal vorkommen, und es war ein altes Haus, ein Klinkerbau aus den Fünfzigerjahren. Was den Kollegen dann doch neugierig machte, war die Tatsache, dass er sie genau unter einem wuchtigen Ledersessel entdeckt hatte, der erstens nicht unbedingt ein typisches Möbelstück für die Küche war und zweitens an dieser Stelle eher im Weg stand. Aber auch dass die Fliese mit einem dünnen Aluminiumrahmen eingefasst war, erschien ihm merkwürdig. Diese Konstruktion kannte er aus Badezimmern, und daher wusste er, dass solche Fliesen eingesetzt wurden, um sie ohne großen Aufwand wieder herausnehmen zu können. Zum Beispiel, um an den Abfluss einer Badewanne heranzukommen.

Er klopfte auf die Fliese, es klang hohl. Also setzte er einen Schraubenzieher an – und wurde mit einer Überraschung belohnt: Unter der Fliese verbarg sich ein Stahlsafe, ein handliches Modell, aber groß genug, dass ein stattlicher Stapel Geldscheine darin Platz fand. Insgesamt waren es genau zweihunderttausend Mark. Offenbar Schwarzgeld. Wusste der Täter etwa davon? War es vielleicht das, was er gesucht und weshalb er das halbe Haus umgekrempelt hatte?

Manuela Wentlow war von dem Fund ebenso überrascht wie wir, jedenfalls tat sie so. Sie konnte – oder wollte – uns auch nicht erklären, woher das Geld stammte. Trotzdem war sie der Meinung, da wir es im Haus gefunden hatten, gehöre es nun ihr. Man konnte richtig sehen, wie sie vor Wut innerlich kochte, als wir ihr sagten, dass wir die Scheine mitnehmen müssten.

Wie wir später von ihren Schwiegereltern erfuhren, hatte sie uns mit dem Geld belogen. Sie meinten, vielleicht habe sie von dem Versteck nichts gewusst. Ihr sei aber sehr wohl bekannt gewesen, dass ihr Mann diese Summe im Haus aufbewahrte. Ursprünglich hatte er das Geld nämlich seinem Vater geben wollen, damit der es zinsbringend anlegte. Aber Manuela Wentlow habe darauf bestanden, es eben nicht herauszurücken. Bei der Gelegenheit erzählten die Schwiegereltern außerdem, ihre Schwiegertochter habe, kaum dass ihr Mann tot war, unbedingt wissen wollen, ob er ein Testament bei ihnen hinterlegt hatte. Aber das war vielleicht sogar verständlich. Es ging ihr wohl hauptsächlich darum, das Haus behalten zu dürfen. Das hatte Andreas Wentlow bereits vor ihrer Ehe gekauft. Und sie war später nicht als Miteigentümerin eingetragen worden. Ein Testament fand sich aber nirgends.

Der Täter hatte im Haus reichlich Spuren hinterlassen. Blut entdeckten wir nicht nur im unmittelbaren Tatortbereich, auch an Lichtschaltern, Türklinken und selbst in den Schränken waren sogenannte Blutwischer zu finden. Die entstanden, wenn man mit blutigen Händen etwas berührte und sie dabei nicht stillhielt. Allerdings handelte es sich ausnahmslos um Blut, das dem Opfer zuzuordnen war, niemandem sonst. Was uns nicht weiterhalf. Uns wäre lieber gewesen, wir hätten Blut gefunden, das der Täter zurückgelassen hatte.

Ähnlich verhielt es sich mit den Mikrofaserspuren, von denen es ebenfalls nicht wenige gab. Nur konnten wir damit nichts anfangen. Es gab keinen Verdächtigen, an dessen Kleidung wir Vergleichsspuren hätten sicherstellen können. Also mussten wir uns auf das konzentrieren, was wir hatten. Und das waren in erster Line – eine Menge Zweifel.

War dem Mord überhaupt ein Einbruch vorausgegangen, oder sollte das nur so aussehen? Einbrecher wühlen bei der Suche nach Geld oder Wertgegenständen normalerweise nicht blind sämtliche Schränke durch, sondern gehen halbwegs gezielt vor. So viele Verstecke gibt es in einer Wohnung nicht. Die meisten Menschen deponieren ihre kleinen oder größeren Schätze eh an den gleichen Stellen. Außerdem: Eine Verwüstung anzurichten, wie wir sie in dem Haus vorfanden, musste einige Zeit in Anspruch genommen haben. Zeit aber haben Einbrecher für gewöhnlich nicht. Außer, sie wissen, dass die Bewohner nicht da sind und so bald auch nicht wiederkehren. Andreas Wentlow war aber zu Hause gewesen, und seine Frau kurz vorher ebenfalls noch.

Die Tatzeit war der nächste Punkt, der einen Einbruch fragwürdig erscheinen ließ. Angenommen, der Täter hatte Licht gesehen, als Manuela Wentlow aufstand und sich für die Arbeit fertig machte, und anschließend beobachtet, wie sie das Haus verließ. Musste er dann nicht davon ausgehen, dass es zu der Frau einen Mann gab, möglicherweise auch Kinder, die sich im Haus aufhielten? An einem Sonntag, morgens halb sechs?

Nicht weniger unwahrscheinlich wurde diese Variante, wenn wir annahmen, der Täter könnte das Objekt vorher schon länger observiert haben. Dann hätte er zwar gewusst, dass es neben dem Ehepaar niemanden gab, der dort wohnte. Aber in dem Fall wäre er garantiert zu einem anderen Zeitpunkt eingestiegen. Die beiden waren oft genug nicht zu Hause gewesen.

Und warum waren ausgerechnet an diesem Morgen die Hunde im Keller eingesperrt? Wentlows besaßen zwei Rottweiler, die sich normalerweise in einem großen Zwinger neben dem Haus aufhielten und anschlugen, sobald sich ein Fremder aufs Grundstück wagte. Von dem Gekläffe wäre Andreas Wentlow bestimmt wach geworden.

Worauf hatte es der Täter überhaupt abgesehen? Was hatte er gesucht? Wenn stimmte, was Manuela Wentlow sagte, fehlte nichts im Haus. Fernseher, Stereoanlage, Schmuckkästchen – nichts davon hatte er angerührt. Blieb das Geld unter der Küchenfliese. Wer wusste davon? Wer wusste von dem Geld, aber nicht von dem Versteck? Eine von den zwielichtigen Gestalten, für die Andreas Wentlow Autos verschachert hatte?

Und noch eine Sache passte irgendwie nicht ins Bild: Es gab nur einen Zugang zum Schlafgemach des Ehepaars, und der führte durchs Wohnzimmer. Marek hatte ausgesagt, als er mit den beiden Frauen ins Haus kam, sei die Wohnzimmertür verschlossen gewesen. Da kein Schlüssel steckte, habe er sie mit einem kräftigen Fußtritt aufgebrochen, um ins Schlafzimmer zu gelangen. Das konnte gut so gewesen sein – Tür und Zarge sahen ganz danach aus. Fragte sich bloß, warum der Einbrecher die Tür abgeschlossen haben sollte. Dass Andreas Wentlow ihn nicht mehr verfolgen würde, dürfte ihm nach dem Blutbad, das er angerichtet hatte, klar gewesen sein.

Der Einfachheit halber habe ich bisher immer von *einem* Täter gesprochen. Dabei ließen die Verletzungen des Opfers darauf schließen, dass wir mindestens zwei Täter suchten. Einige der Messerstiche und die Drosselungen am Hals – wie sich herausstellte, waren es tatsächlich mehrere gewesen – dürften ihm parallel zugefügt worden sein. Mit einer Hand zustechen, mit der anderen ein Kabel um den Hals schlingen und zuziehen – das schafft nicht einmal Sylvester Stallone als Rambo. Schon gar nicht, wenn sich der andere dabei wehrt. Das schien Andreas Wentlow aber getan zu haben. Und nicht nur für einen Moment, wie man dem zerwühlten Bett ansehen konnte. Und ebenso sehr der Leiche, die an verschiedenen Stellen auffällige Hämatome aufwies – typische Kampfspuren, wie der Rechtsmediziner meinte.

Wie immer fingen wir am Tatort an und zogen dann unsere Kreise, ermittlungstechnisch meine ich. Familie, Freunde, Bekannte, Nachbarn, Geschäftskunden – wir versuchten, jeden ausfindig zu machen und zu befragen, der zuletzt auf irgendeine Art mit dem Opfer in Verbindung stand. Unsere Ermittlungsergebnisse füllten einen Aktenordner nach dem anderen. Wichtig dabei war, dass wir sie nicht nur niederschrieben und fein säuberlich abhefteten, sondern alle Fakten, die auf diese Weise zusammenkamen, noch einmal genau überprüften und miteinander in Beziehung brachten. Dasselbe machten wir mit den Details aus den Protokollen, die von den Vernehmungen der Zeugen angefertigt wurden. Das war nichts Außergewöhnliches, gehörte eher zu der Rubrik Routinearbeit. Nur dass man dabei eben nicht den Fehler machen durfte, in Routine zu verfallen.

Wir lasen jede Aussage noch mal und noch mal, Satz für Satz, bis wir sie fast auswendig konnten. Und das Ganze immer auf der Suche nach entweder neuen Hinweisen, denen wir nachgehen konnten, oder Widersprüchen, die jemanden verdächtig machten.

Zwei, fast drei Wochen waren wir damit beschäftigt. Mit dem Ergebnis, dass sich unsere Ermittlungen am Ende auf die drei Personen fokussierten, mit denen wir ganz am Anfang gesprochen hatten: Manuela Wentlow, ihre Schwester Sandra und deren Freund Marek. Mindestens einer von den dreien hatte uns nicht die Wahrheit gesagt, nicht nur wegen der Sache mit dem Geld. Und Lügen waren immer ein schlechtes Zeichen – na ja, für uns eher ein gutes. Oder sagen wir: wenigstens ein Ansatz.

Es ging um Kleinigkeiten, aber die konnten auch verräterisch sein. Zum Beispiel hatte Marek ausgesagt, ein bestimmtes Bild im Wohnzimmer hätte nicht mehr an der Wand gehangen, als sie ins Haus kamen. In den Schilderungen der Frauen hing es dagegen noch an seinem angestammten Platz. Ähnlich widersprüchlich fielen ihre Aussagen zu einem Stück Klebeband aus. Die Frauen erinnerten sich, es an der Scheibe der Haustür gesehen zu haben, neben der Stelle, die eingeschlagen worden war. Marek erwähnte das Klebeband zunächst gar nicht. Und als wir ihn danach fragten, meinte er, da sei keins gewesen. In einer späteren Vernehmung fiel ihm dann plötzlich ein, dass doch welches da war, er es aber abgemacht und weggeworfen hatte. Er sei von einem Einbruch ausgegangen, habe die Glasscherben beiseitelegen wollen – was auch nicht logisch war – und dabei aus Versehen das Klebeband angefasst. Dann habe er gedacht, die Polizei könnte seine Fingerabdrücke darauf finden und ihn mit dem Einbruch in Verbindung bringen. Deswegen habe er es verschwinden lassen – im Toilettenbecken. Dabei hätten seine beiden Begleiterinnen doch bestätigen können, dass er mit dem Einbruch nichts zu tun hatte – wenn es so gewesen wäre.

Auf eine andere Ungereimtheit in ihren Aussagen stießen wir durch Nachbarn, die sich gemerkt hatten, wann die drei an dem Sonntag ankamen und ins Haus gingen. Demnach hatten sie erst eine halbe Stunde nach ihrem Eintreffen die Polizei verständigt. Das erschien uns ein bisschen lange. Zumal Marek behauptete, er habe die Zeit benötigt, um ein paar von den Glasscherben im Flur aufzuheben, die Tür zum Wohnzimmer einzutreten, im Schlafzimmer an dem Toten zu rütteln und ins Bad zu rennen, um sich zu übergeben. Wegen des Anblicks der schlimm zugerichteten Leiche – wir wüssten schon.

Um keine voreiligen Schlüsse zu ziehen, rekonstruierten wir den beschriebenen Ablauf. Und, wir lagen mit unserer Vermutung richtig: Selbst wenn Marek gemächlich von Zimmer zu Zimmer geschlendert wäre, hätte er für alles nicht länger als zehn Minuten benötigt. Warum also hatte das Trio erst so spät angerufen? Keine Antwort.

Noch ließen wir sie in dem Glauben, wir würden sie nach wie vor als Zeugen betrachten, müssten nur gewissen Ungereimtheiten auf den Grund gehen. Das war auch sinnvoll, da wir in der Zwischenzeit ihre Telefone angezapft hatten. Hätten sie gewusst, dass wir sie mittlerweile als Beschuldigte betrachteten, wären sie besonders vorsichtig gewesen. Zumindest hätte man damit rechnen müssen.

Wir bekamen vom zuständigen Richter sogar die Genehmigung für einen Lauschangriff, einen kleinen wohlgemerkt, da muss man unterscheiden. Die Genehmigung bezog sich ausschließlich auf die Tankstelle, die laut Gesetz einen öffentlichen Raum darstellte. Ärgerlich war nur, dass weder die Telefonüberwachung noch der Lauschangriff den erhofften Erfolg brachte. Aber das weiß man vorher eben nie.

Danach änderten wir unsere Taktik. Fast auf den Tag genau einen Monat nach der Tat nahmen wir alle drei vorläufig fest. Das erhöhte den Druck – allerdings genauso auf uns.

Manuela Wentlow machte sofort dicht. Mit welchem Vorwurf wir sie auch konfrontierten, jetzt als Beschuldigte – sie verweigerte die Aussage. Anscheinend hatte sie das vorher mit ihrer jüngeren Schwester abgesprochen. Die verhielt sich nämlich genauso. Wir bissen uns an beiden die Zähne aus.

Marek war der Erste, den wir uns an diesem Tag gegriffen hatten. Er saß seit morgens acht Uhr im Präsidium. Falls wir ihn durch die Festnahme eingeschüchtert hatten, ließ er uns das nicht merken. Er kehrte den Arroganten heraus und kommentierte jede Frage mit einem geringschätzigen Blick, der wohl ausdrücken sollte: Was wollt ihr von mir, ihr könnt mir gar nichts! Diese Attitüde hielt er eine ganze Weile durch.

Obwohl ich die Vernehmung nicht selbst führte, hatte ich mich dazugesetzt und sah mir das Schauspiel an. Der Junge schien noch nicht begriffen zu haben, wie tief er im Schlamassel steckte. Irgendwann legten wir eine Pause ein. Mein Kollege, der ihn bis dahin befragt hatte, verließ den Raum, so dass ich mit Marek allein war. Das passierte natürlich nicht zufällig. Ich dachte, es könnte nicht schaden, ihm ein bisschen ins Gewissen zu reden. Und dafür war es besser, ihm das Gefühl zu geben, dass ich ein netter Onkel war, der es gut mit ihm meinte. Manchmal musste man sich auf diese Ebene begeben, um jemandem zu suggerieren, dass er Vertrauen zu einem haben konnte.

Ich erklärte ihm, wie wir die ganze Sache sahen, zählte einige der Widersprüche auf, auf die wir bei unseren Ermittlungen gestoßen waren und wiederholte auch noch einmal, dass wir ihn verdächtigten, an dem Mord an Andreas Wentlow zumindest beteiligt gewesen zu sein. Alles, was man mache, sagte ich, habe Konsequenzen, im Guten wie im Schlechten. Und dazu müsse man stehen, ob man wolle oder nicht.

Jeder trage selbst Verantwortung für sein Leben, die könne niemand auf andere abwälzen, auch er nicht.

Eigentlich hatte ich vorgehabt, ihn nach einer kurzen Einleitung in ein Gespräch zu verwickeln. Ich dachte, auf diese Weise könnte ich ihn über die Schwelle führen, über die er sich offenbar noch nicht traute. Doch als ich mit der ersten Frage kam, antwortete er nicht. Stattdessen verschränkte er demonstrativ seine Arme vor der Brust. Woran ich erkennen konnte, dass er noch nicht bereit war, sich zu öffnen. Ich ignorierte seine Geste und sprach einfach weiter. Allerdings änderte ich meine Marschroute ein wenig. Anstatt ihn mit Fragen zu konfrontieren, formulierte ich meine Worte so, als würde ich gar keine Antwort von ihm erwarten. Sie sollten einfach nur im Raum stehen, damit er sich mit ihnen auseinandersetzen konnte – in meinem Beisein oder auch später.

Mein Monolog dauerte ungefähr zwanzig Minuten. Ich beendete ihn mit der Bemerkung, dass ich fände, es sei für ihn jetzt an der Zeit, sich seiner Verantwortung zu stellen und zu dem zu stehen, was er getan habe. Vor Gericht würde das sicher zu seinen Gunsten ausgelegt. Dann überließ ich ihn wieder meinem Kollegen, der die Vernehmung fortsetzte.

Marek schien meine Worte vergessen zu haben, kaum dass ich aus dem Zimmer war. Wieder betete er seine Version der Ereignisse herunter und beharrte stur darauf, ungeachtet aller Ungereimtheiten, die ihm wieder und wieder vorgehalten wurden.

Parallel zu ihm wurde seine Mutter vernommen, von der wir vor allem wissen wollten, wie beziehungsweise wo ihr Sohn den Abend und die Nacht vor der Tat verbracht hatte. Er selbst hatte behauptet, zunächst mit dem Nachbarsjungen am Computer gedaddelt zu haben und dann nach Holland in eine Diskothek gefahren zu sein. Von dort sei er erst am nächsten Morgen gegen acht Uhr zurückgekehrt. Womit er für die Tatzeit ein Alibi gehabt hätte. Allerdings meinte er, allein gefahren zu sein, ohne Sandra, was wenig glaubwürdig erschien, auch wenn seine Freundin die gleiche Geschichte erzählte.

Zumindest in dieser Hinsicht bestätigte Mareks Mutter unsere Zweifel. Sie hielt es wie wir für nahezu ausgeschlossen, dass er ohne Sandra eine Disko besucht hatte. Das sei ihres Wissens nicht mehr vorgekommen, seit die beiden ein Paar waren. Ansonsten aber schien die Frau an Gedächtnisverlust zu leiden. Oder sie wollte nur nichts Falsches sagen, um ihren Sohn nicht zu belasten. Immerhin ließ sie sich entlocken, dass Marek weder ihr noch ihrem Mann erzählt hatte, dass Sandras Schwager ermordet worden war und sie dessen Leiche gefunden hatten.

Die Vernehmungen zogen sich bis in die späten Nachmittagsstunden. Ich kümmerte mich in der Zeit um andere Sachen, saß im Büro. Auf einmal tauchte der Kollege, der Mareks Vernehmung leitete, in der Tür auf und meinte, der Beschuldigte habe darum gebeten, noch einmal mit dem »älteren, grauhaarigen Kommissar« zu sprechen. Da die anderen, die an dem Fall arbeiteten, dreißig, höchstens fünfunddreißig Jahre alt waren, und keiner von ihnen mit grauen Haaren glänzen konnte, musste er mich meinen.

Marek hielt mich also für einen alten Mann. Ich hätte sein Vater sein können, der war ungefähr im gleichen Alter. Der Kollege grinste natürlich, als er mir den Wunsch ausrichtete. Aber vielleicht ging es tatsächlich darum, dass Marek in mir so etwas wie eine Vaterfigur sah – jetzt, da er niemanden mehr hatte, der ihm beistand.

Ich betrat das Vernehmungszimmer. Der Kollege verschwand und schloss hinter sich die Tür. Marek, der eben noch den Lässigen gemimt und sich auf seinem Stuhl gelümmelt hatte, stand mir plötzlich gegenüber. Wir sahen uns in die Augen. Ich wartete ab, was passieren würde, sagte nichts. Einen Moment hielt er meinem Blick stand. Dann sah ich, wie ihm Tränen in die Augen schossen. Sein Körper verlor jegliche Spannkraft, er sackte regelrecht in sich zusammen. Es schien, als schrumpfe er innerhalb von Sekunden um einige Zentimeter. Und während das geschah, schritt er langsam auf mich zu. Ich rührte mich nicht. Er suchte jemanden, der ihm Halt gab, das konnte man förmlich spüren. Er wirkte wie ein kleiner Junge, der etwas ausgefressen hatte und nun bereute. Als er noch näher kam, auf Schrittweite, nahm ich ihn in die Arme. Ohne zu zögern lehnte er seinen Kopf gegen meine Brust. Einen Moment war es still, dann hörte ich ein Schluchzen; und leise, wie mit ausgewechselter Stimme, sagte er: »Ich muss Ihnen was gestehen – ich war's, ich hab den Andreas umgebracht.«

Endlich erfuhren wir die Wahrheit.

Ich rief sofort einen Kollegen, der sich an die Schreibmaschine setzte, um Mareks Worte zu protokollieren – bevor er es sich womöglich anders überlegte.

Er war an dem Abend vor der Tat doch nicht in der Disko gewesen, sondern mit Sandra zusammen, bei sich zu Hause. Sie gingen früh schlafen und stellten sich den Wecker auf halb vier. Zwei Stunden später erreichten sie den Tatort. Das Auto parkten sie in einer anderen Straße, gerade so weit entfernt, dass sie nicht viel laufen mussten, es vom Haus aber auch nicht zu sehen war. Kurz zuvor hatte Manuela Wentlow ihr Zuhause verlassen und die Haustür nur angelehnt. Die Hunde hatte sie bereits am Abend in den Keller gesperrt.

Marek und Sandra schoben sich lautlos durch den Eingang nach drinnen. Nirgends brannte Licht. Im Flur öffnete Marek die Sporttasche, die er dabeihatte, nahm seine Armbrust heraus, spannte sie und legte einen Pfeil ein – wie er es auf der Waldlichtung geübt hatte. Zu zweit gingen sie hinüber ins Schlafzimmer. Sandra schaltete das Licht ein, wodurch Andreas Wentlow, der im Bett lag, wach wurde. Er erkannte die beiden nicht. Sie hatten sich Sturmhauben über ihre Köpfe gezogen.

Marek legte mit der Armbrust an. Als Andreas Wentlow das sah, schrie er: »Was wollt ihr von mir, ihr Hurensöhne?«

Noch während er schrie, drückte Marek ab. Der Pfeil bohrte sich in den Kopf, direkt neben der Nasenwurzel, blieb aber nicht stecken. Bis dahin war alles nach Plan gelaufen. Doch dann merkten Sandra und Marek, dass der Schuss keineswegs tödlich war, wie sie vorher gedacht hatten. Andreas Wentlow lebte, das war nicht zu übersehen beziehungsweise zu überhören. Er fing an zu brüllen, dass sie fürchten mussten, der ganze Ort würde von dem Lärm wach.

Für diesen Fall hatte sich Marek ein Messer in die Gesäßtasche gesteckt, das er jetzt hervorholte. Beim Zustechen verbog sich die Klinge. Sandra lief in die Küche und holte ein anderes Messer mit einer stabileren Klinge. Da Andreas Wentlow sich auch nach den ersten Stichen weiter wehrte, versuchten die beiden, ihn gemeinsam zu überwältigen. Sandra schnappte sich ein Stromkabel, das Marek ebenfalls in seiner Tasche mitgebracht hatte. Bei dem Versuch, das Opfer damit zu erdrosseln, riss es. Marek muss dann irgendwie die Nachttischlampe gegriffen und deren Kabel um Andreas Wentlows Hals geschlungen haben.

Welchen Anteil jeder von beiden am Tod des Vierunddreißigjährigen letztlich hatte, war nicht mehr genau zu eruieren. Auch deshalb nicht, weil Marek versuchte, Sandras Rolle kleinzureden und sich selbst dabei mehr zuschrieb, als er getan haben konnte. Auf jeden Fall muss der Kampf noch eine ganze Zeit gedauert haben, bevor Andreas Wentlow tot war. Zwanzig Minuten, schätzte Marek. Für jemanden, der den Tod vor Augen hatte, musste das eine Ewigkeit gewesen sein.

Anschließend fingierten Marek und seine Komplizin die Einbruchsspuren, einschließlich der eingeschlagenen Scheibe in der Haustür. Dafür hatte Marek einen Glasschneider, einen Pumpfix, einen Gummihammer und jenes Klebeband eingesteckt, das uns später helfen sollte, ihm auf die Schliche zu kommen. Die Rolle, von der das Klebeband stammte, und auch das Werkzeug fanden wir dann in seinem Zimmer. Dagegen hätten wir nach der Kleidung, die beide an dem Morgen trugen – sie war nach der Tat reichlich mit Blut beschmiert –, vermutlich ewig gesucht. Die hatten sie anschließend direkt in einem See versenkt, gemeinsam mit der Armbrust. Nur ihre Jacken hatten sie mitgenommen und erst später weggeworfen.

Marek verriet uns dabei, dass Manuela Wentlow diejenige gewesen war, die ihn und Sandra angestiftet hatte, ihren Mann aus dem Weg zu schaffen. Sie habe nicht nur das Geld für den Killer bereitgestellt, den sie eigentlich auftreiben sollten, sondern auch die Werkzeuge gekauft, mit denen er dann selbst die Türscheibe einschlug. Allerdings habe ihre Auftraggeberin erst nach der Tat erfahren, dass sie den Russen, von dem Sandra ihr erzählt hatte, gar nicht angeheuert, sondern die Sache selbst übernommen hatten. Deswegen habe sie ihm die schockierte, hysterisch trauernde Ehefrau vorgespielt, nachdem sie zusammen ins Haus gegangen waren, um die Leiche ihres Mannes zu finden. Selbst als später die Polizei eintraf, soll sie davon nichts gewusst haben, höchstens geahnt.

Was es mit dem Bild im Wohnzimmer auf sich hatte, das die beiden Frauen an der Wand hängen gesehen hatten, er aber nicht, erklärte uns Marek auch noch. Manuela Wentlow hatte für den vermeintlichen Killer eine Reihe Fotos geschossen, die ihm helfen sollten, sich im Haus zurechtzufinden. Dafür hatte sie den Weg, den er nehmen musste, um von der Straße ins Haus zu gelangen und dort ins Schlafzimmer, genauestens dokumentiert. Im Grunde war es eine illustrierte Handlungsanleitung. Für ein Foto hatte sie sich sogar selbst aufgenommen, wie sie im Bett ihres Mannes lag. Um zu zeigen, welche Seite des Ehebetts er benutzte und in welcher Position er für gewöhnlich schlief. Zu der Kollektion gehörte jedenfalls eine Aufnahme, auf dem besagtes Bild zu sehen war. Allerdings nicht, wie es an seinem angestammten Platz an der Wand hing. Sie hatte es vom Haken genommen, auf den Boden gestellt und in dieser Position fotografiert. Genauso sollte es der Killer machen – bis aufs Fotografieren. Damit es für die Polizei aussah, als hätte der Einbrecher es auf der Suche nach einem Wandsafe abgehängt. Das hatte Marek sich eingeprägt. Und nach der Tat war er davon ausgegangen, dass Sandra sich um das Bild gekümmert hatte, wie es besprochen worden war. Hatte sie aber nicht. Vor lauter Aufregung war ihr dieser Punkt des Plans entfallen.

Manuela Wentlow, die später im Prozess die Aussage verweigerte, wurde wegen Anstiftung zum Mord zu lebenslanger Haft verurteilt. In Deutschland heißt das: mindestens fünfzehn Jahre. Danach kann der Rest der Strafe zur Bewährung ausgesetzt werden. Marek und Sandra kamen glimpflicher davon. Da beide zur Tatzeit noch nicht einundzwanzig waren, wurden sie nach dem Jugendstrafrecht verurteilt, das für Mord eine Höchststrafe von zehn Jahren vorsieht. Zugutegehalten wurde ihnen, dass wenigstens sie die Tat vor Gericht gestanden. Beide mussten siebeneinhalb Jahre im Gefängnis absitzen. Inzwischen sind sie wieder frei.

Lange vor dem Prozess, während eines Gedenkgottesdienstes für den Ermordeten, erlitt dessen Großmutter einen Herzinfarkt. Die Zweiundsiebzigjährige starb noch in der Kirche.

Lauter Lügen

Lydia Wenner verlangte hundert Mark die Stunde. Dafür bekam der Kunde den »üblichen Service« – nie ohne Kondom. Blasen kostete extra, Analverkehr und Fesselspiele lehnte sie ab. Vier Freier hatte sie an diesem Abend bedient. Alles Durchschnittstypen, die eine schnelle Nummer wollten und anstandslos zahlten, keine Perversen. Danach hatte sie keine Lust mehr, noch jemanden zu empfangen.

Sie nahm die Hörer ihrer Telefone ab und legte sie daneben. So machte sie es auch immer, wenn ein Freier da war, damit der sich vom Klingeln nicht gestört fühlte.

Lydia Wenner besaß zwei Tastentelefone, ein rotes und ein grünes – und dazu zwei unterschiedliche Rufnummern, die sie jede Woche im *Express* inserierte. Die Rufnummer des roten war für Freier, die zu ihr ins Apartment kommen wollten, in dem sie gleichzeitig wohnte. Auf dem grünen landeten diejenigen, die einen Hausbesuch wünschten. Auf Anfrage fuhr sie auch in Hotels. Wer ihre Dienste im Apartment in Anspruch nehmen wollte, musste ihre Klingel an der Haustür drücken. Dann meldete sie sich über die Wechselsprechanlage, betätigte anschließend den Öffner und lehnte die Tür, die in ihre Wohnung führte, nur an.

Die zweiundzwanzigjährige Blondine duschte und schlüpfte in Straßenkleidung – Rock, T-Shirt, Jacke, kniehohe Stiefel, alles in Schwarz. Sie verließ die Wohnung, vor dem Haus wartete bereits ein Taxi. Zehn Minuten später kam sie bei ihrer Freundin Doreen an. Mit ihr verbrachte sie den Rest des Abends.

Die beiden Frauen, die gleichaltrig waren, kannten sich seit anderthalb Jahren. Das erste Mal waren sie sich in einer Diskothek in der Innenstadt begegnet, die häufig von Frauen ihres Gewerbes frequentiert wurde – auch Doreen Karstein schaffte an. Lydia Wenner hatte damals mit einem gewissen Bernd Marding zusammengelebt, der wiederum ein guter Freund von André Bahostic war. Bahostic war das, was wir einen »Heiermann-Stenz« nannten. Er hatte mal zwei, mal drei Mädchen, die ihm seinen Lebensunterhalt finanzierten, aber nie mehr. Doreen Karstein war eins von diesen Mädchen.

Da es spät wurde und Lydia Wenner nicht allein zu Hause sein wollte, übernachtete sie bei ihrer Freundin. Als die beiden Frauen am nächsten Morgen aufwachten, war es kurz vor zehn Uhr. Sie tranken einen Kaffee und riefen anschließend ein Taxi, das sie zu einem Sonnenstudio brachte. Danach bummelten sie durch mehrere Geschäfte, kauften aber nur in einer Apotheke etwas – Kondome nämlich, jeweils eine Maxi-Packung, die man in Drogerien nicht bekam.

Da sich Lydia Wenners Wohnung ganz in der Nähe befand, begleitete Doreen Karstein sie, um von dort aus erneut ein Taxi zu bestellen, mit dem sie wieder nach Hause fuhr. Man hätte meinen können, die beiden besaßen ein Abo für Taxi-Fahrten. Und tatsächlich war es so, dass sie nie eine Straßenbahn oder die S-Bahn benutzten und es genauso vermieden, in einen Bus zu steigen.

Kaum hatte Doreen Karstein die Wohnung verlassen, wählte Lydia Wenner die Nummer von Janina Biesfeld. Die

Zwanzigjährige war ihre Nachfolgerin bei Bernd Marding. Sie war aber auch schon ihre Vorgängerin gewesen, hatte – damals noch minderjährig – mit ihm zusammengelebt, bevor er Lydia Wenner den Vorzug gegeben und in seiner Wohnung einquartiert hatte. Allerdings nur für einige Monate, dann mussten die beiden Frauen ihre Plätze wieder tauschen. Bernd Marding gab sich als Immobilienmakler aus, manchmal auch als Kaufmann. Im Wesentlichen beschränkten sich seine Geschäftsaktivitäten darauf, Wohnungen für Prostituierte anzumieten, von denen er die Miete dann tageweise kassierte – im Schnitt hundert Mark.

Trotz dieser Vorgeschichte waren Lydia Wenner und Janina Biesfeld befreundet. Sie telefonierten täglich miteinander – mehrmals, wie das Lydia Werner auch mit Doreen Karstein tat und diese wiederum mit Janina Biesfeld. Zu dritt bildeten sie eine Art Betriebskontrollsystem, das zugleich das Fundament ihrer Freundschaft darstellte. Sie riefen einander ständig an, um sich gegenseitig zu versichern, dass alles in Ordnung war. Sie telefonierten, bevor ein Freier kam und gleich wieder, sobald dieser ihre Wohnung verlassen hatte. In letzter Zeit war Lydia Wenner von den dreien diejenige, die am häufigsten zum Telefonhörer griff. Jedes Mal, bevor sie ihre Wohnung verließ, meldete sie sich bei einer der beiden anderen ab. Ganz gleich, ob sie zum Shoppen in die Innenstadt fuhr, ihre Eltern besuchte, die außerhalb von Köln lebten, oder ob sie sich zu einem Kunden, der sie bestellt hatte, auf den Weg machte. Das Ganze spielte zu einer Zeit, in der es Handys noch nicht gab.

Das Telefonat mit Janina Biesfeld fiel ungewöhnlich kurz aus, da sie einen Friseurtermin hatte und spät dran war. Die Frauen verabredeten sich für den Nachmittag. Lydia Wenner hatte in einer Boutique eine Hose bestellt. Dort trafen sie sich kurz nach fünfzehn Uhr. Sie blieben etwa eine halbe Stunde, danach gingen sie in Janina Biesfelds Wohnung. Es war dieselbe, in der auch Lydia Wenner schon gewohnt und angeschafft hatte. Bernd Marding war nicht da. Er traf sich gerade mit André Bahostic, irgendwo in der Stadt. Die beiden hingen viel zusammen.

Lydia Wenner probierte ihre neue Hose an, die wie angegossen passte. Begeistert hüpfte sie durch die Wohnung, ausgelassen wie ein Kind. Einen Moment später jedoch war ihre Euphorie schon wieder verflogen. Aber das war typisch für sie. Ihre Laune konnte sich von einem Wimpernschlag zum nächsten ändern, ohne dass andere, die sie so erlebten, einen Grund dafür erkannt hätten.

Diesmal war vielleicht das Thema daran schuld, über das sie gerade sprachen. Es ging um ihren Freund, der sie am Wochenende versetzt hatte, und das nicht zum ersten Mal. Thomas Ranster war ihre große Liebe. Noch an dem Abend, als sie sich kennenlernten, in einer Diskothek, hatte sie ihm offenbart, womit sie ihr Geld verdiente. Er schien damit kein Problem zu haben. Nach zwei Wochen schliefen sie das erste Mal miteinander. Lydia Wenner sagte, sie habe keinen Zuhälter, würde nur für sich »arbeiten« – und für die Miete. Da Ranster selbst kein Geld verdiente, gab sie ihm welches, mal hundert Mark, mal zweihundert; es machte ihr nichts aus. Sie wollten sich eine größere Wohnung suchen und zusammenziehen. Jedenfalls war das ihr Wunsch, und er hatte sie in dem Glauben gelassen, dass er sich genauso danach sehnte. Dass es da noch eine andere Frau gab, die sich ähnliche Hoffnungen machte, verschwieg er.

Seit sie in Thomas Ranster verliebt war, dachte Lydia Wenner offenbar ernsthaft darüber nach, aus dem Gewerbe auszusteigen und sich eine normale Arbeit zu suchen, als Kellnerin vielleicht oder als Verkäuferin. Umso mehr ärgerte es sie, dass er auf einmal so unzuverlässig war. Am Anfang hatte er ihr meistens Blumen mitgebracht. Jetzt ließ er sich an manchen Abenden gar nicht blicken, obwohl sie verabredet waren. Er rief nicht einmal an, erst am nächsten Tag oder noch später. So konnte es nicht weitergehen! Das wollte sie ihm heute Abend sagen.

In den Annoncen in der Zeitung bot Lydia Wenner ihre Dienste wochentags von siebzehn bis dreiundzwanzig Uhr an. Deshalb musste sie bald los. Sie fragte Janina Biesfeld, ob sie nicht mitkommen wolle, irgendwie könne sie heute schlecht allein sein, sie wisse selbst nicht warum. Doch die Freundin erklärte, das ginge nicht, sie erwarte mehrere Anrufe – also Kundschaft.

Lydia Wenners Apartment befand sich im zweiten Stock eines viergeschossigen Mietshauses am Rand der Kölner Innenstadt. Eine gepflegte Gegend, hauptsächlich Mehrfamilienhäuser, manche mit kleinen Gärten. Die Zweiundzwanzigjährige wohnte seit einem halben Jahr dort, für ihre Verhältnisse relativ lange. Zu den Nachbarn pflegte sie keinerlei Kontakt. Nur ganz am Anfang war sie einmal zu der Frau hinübergegangen, die neben ihr wohnte, um jemanden anzurufen. Damals waren ihre Telefone noch nicht angeschlossen. Die Leute im Haus legten aber auch keinen großen Wert darauf, sie kennenzulernen, da sie ahnten, welchem Gewerbe sie nachging. Besonders die auf derselben Etage. Denen blieb nicht verborgen, dass sie häufig Männerbesuch empfing, der nach kurzer

Zeit wieder verschwand. Aber niemand kannte ihren richtigen Namen. An ihrem Klingelschild stand »Bach«.

Sie besaß nicht einmal einen Mietvertrag. Den hätte sie auch kaum bekommen, da sie weder ein regelmäßiges Einkommen noch sonst irgendwelche Sicherheiten vorzuweisen hatte. Das Apartment hatte André Bahostic, der »Heiermann-Stenz«, angemietet. Er kannte den Verwalter, und damit der sein Wissen für sich behielt, zahlte er ihm zusätzlich zum regulären Mietpreis einen nicht unbeträchtlichen Aufschlag, der für ihn privat gedacht war – in bar natürlich. Aber freilich nicht aus der eigenen Tasche. Höchstens leihweise, so lange, bis Lydia Wenner ihm das Geld zurückgegeben hatte, in Raten. Auf dieselbe Weise wurden Provision und Maklercourtage beglichen. Deswegen stand sie bei ihm anfangs mit einigen tausend Mark in der Kreide. Wobei anzuzweifeln war, dass er beides überhaupt an den Eigentümer hatte zahlen müssen. Rechnungen hatte er ihr jedenfalls keine vorgelegt. Sie hätte aber auch nicht gewagt, welche zu verlangen. Es war ihre sechste Wohnung, seit sie vor anderthalb Jahren bei ihren Eltern ausgezogen war. Und jedes Mal war es gleich gelaufen. Es spielte überhaupt keine Rolle, was im Mietvertrag stand, den bekam sie ohnehin nicht zu sehen. Derjenige, der ihr eine Wohnung mietete, bestimmte, was sie zu zahlen hatte – und wie oft er sich bei ihr blicken ließ, um zu kassieren. Das war bei Bernd Marding nicht anders gewesen, selbst in der Zeit, als sie bei ihm gelebt hatte. So gingen die Regeln. Die Miete für die Wohnung jetzt wurde wöchentlich abgerechnet. Bahostic kam immer mittwochs. Pro Tag verlangte auch er einen Hunderter. Nur die Sonntage, für die brauchte sie nichts zu zahlen.

Lydia Wenners Eltern hatten keine Vorstellung, was ihre Tochter in Köln trieb. Für sie kellnerte sie in einer Gaststätte. Das hatte sie ihnen erzählt. Dabei war sie schon im Milieu unterwegs gewesen, als sie noch zu Hause wohnte. Eine Schulfreundin hatte sie darauf gebracht. Von ihr hatte sie erfahren, dass man als Mannequin – wie sie es bezeichnete – eine Menge Kohle verdienen konnte, ohne jeden Tag früh aufstehen und acht oder zehn Stunden in einer Firma schuften zu müssen.

Lydia Wenner hatte die Schule abgebrochen und anschließend nicht das geringste Interesse gezeigt, eine Lehre zu beginnen. Ihrem ersten Zuhälter bot sie sich selbst an, weil sie dachte, so käme sie am schnellsten ins Geschäft. Der steckte sie in ein Bordell in Dortmund. Dort hielt sie es keine Woche aus. Die nächste Station war der Straßenstrich in Köln. Zwei Wochen, dann hatte sie auch davon genug. Es folgten mehrere Sauna- und Nachtclubs, bis sie in ihrem ersten Apartment landete.

Zwischendurch wechselten ihre Zuhälter, durch die Bank kleine Fische, die sich allerdings aufplusterten, als gehöre ihnen die halbe Stadt. Ihr gegenüber machten manche zwar auf Kumpel und Beschützer, dabei waren sie bloß auf das Geld scharf, das sie ranzuschaffen hatte. Bei jedem Wechsel wurde eine Ablöse fällig. Am Anfang genügten noch tausend Mark, doch das steigerte sich bis auf acht- oder sogar neuntausend. Ganz gleich, welcher Preis gezahlt wurde, der neue Zuhälter verlangte die Summe von ihr zurück. Dadurch hatte sie eine Menge Schulden, nicht nur bei einem von den Jungs. Möglicherweise war das mit ein Grund, warum sie aussteigen wollte. Ganz bestimmt aber hörten das einige im Milieu nicht gern. Zuhälter mögen es prinzipiell nicht, wenn eine ihrer Frauen auf einmal meint, sie müsse selbst bestimmen, was sie mit ihrem Leben anfängt.

Lydia Wenner saß also allein in ihrem Apartment, nachdem sie von Janina Biesfeld zurückgekehrt war. Aber sie telefonierte gleich wieder, das schien bei ihr regelrecht eine Sucht zu sein. Am anderen Ende der Leitung war Doreen Karstein, die sich offenbar auch gerade langweilte und wissen wollte, ob sie am Abend noch etwas gemeinsam unternehmen. Sie kam allerdings gar nicht dazu, ihre Frage loszuwerden. Bei Lydia Wenner klingelte es plötzlich an der Tür. Ein Freier. Es erschienen häufig welche unangemeldet. Als ihr Kunde nach einer halben Stunde wieder weg war, rief sie zurück. Die beiden Frauen sprachen zwei Minuten miteinander, falls es überhaupt so lange war, dann stand der Nächste vor der Tür.

Fast eine Stunde wartete Doreen Karstein, dann wurde sie unruhig – für gewöhnlich waren die meisten Freier nach zwanzig oder dreißig Minuten wieder verschwunden. Wenn es jemanden gab, auf dessen Zusage für einen Rückruf sie sich verlassen konnte, so war das Lydia Wenner. Also wählte sie ihre Nummer. Erst die fürs rote Telefon, danach die andere. Beide waren besetzt. Entweder hatte sie Kundschaft, oder sie war kurz vor die Tür gegangen, vielleicht um Zigaretten zu holen. Wobei sich Doreen Karstein das kaum vorstellen konnte. Selbst in dem Fall hätte sie sich vorher bei ihr gemeldet. In Gedanken spielte sie andere Möglichkeiten durch. Ihre Freundin konnte auch zu einem Freier unterwegs sein, der weiter weg wohnte und es vielleicht besonders eilig mit ihrem Eintreffen gehabt hatte. So etwas kam vor. Dann aber würde sie dessen Telefon benutzen, sobald sie dort war, um ihr zu sagen, wo sie steckte. Das machte sie zu ihrer eigenen Sicherheit – meistens jedenfalls.

Doch Lydia Wenner meldete sich nicht. Nicht nach einer Stunde, nicht nach zwei.

Als später das Telefon klingelte, dachte Doreen Karstein, ihre Freundin sei dran. Es war aber Thomas Ranster, Lydia Wenners Freund, der sie ebenfalls nicht erreichte. Er rief den Abend über noch einige Male an, mit der immer gleichen Frage, ob sie etwas von ihr gehört habe. Zwischendurch meldete er sich bei Janina Biesfeld, die aber genauso wenig wusste. Dann telefonierten die beiden Frauen miteinander, beinahe zwei Stunden. Die ganze Zeit taten sie so, als würden sie angestrengt grübeln, was geschehen sein könnte. Natürlich kannten sie die Gefahren, aber anscheinend verdrängten sie die gern. Warum sie nicht längst etwas unternahmen? Das war hinterher allen ein Rätsel. Erst nach Mitternacht kamen sie auf die Idee, einen der Taxifahrer, die sie immer zu Kunden chauffierten, zu Lydia Wenners Wohnung zu schicken, damit er klingelte und ihr ausrichtete, sie solle sich melden. Doch auch von ihm hörten sie dann nichts mehr.

Lydia Wenner lag im Badezimmer, ausgestreckt auf dem Fliesenboden. Sie trug ein schwarzes Wickelkleid und Lacklederstiefel in der gleichen Farbe. Ihr Kopf, der sich zwischen Duschwanne und Toilettenbecken befand, war auf unnatürliche Weise nach hinten verdreht. Über der linken Schläfe klaffte eine Wunde, aus der Blut gesickert war, das sich übers gesamte Gesicht verteilt hatte. Der Unterkiefer war deformiert, er schien gebrochen. Auf der rechten Wange sah man den Abdruck eines Schuhsohlenprofils. Der Hals der Leiche wies fünf Stichverletzungen auf, alle unmittelbar neben dem Kehlkopf. Das Opfer muss zuvor aber auch gewürgt worden sein, ziemlich massiv sogar. In den Augenbindehäuten hatten sich Stauungsblutungen gebildet, und das Zungenbein war gebrochen – beides typische Anzeichen dafür.

Thomas Ranster hatte die Tote gefunden. Er war kurz nach Mitternacht mit einem Freund zu ihrer Wohnung gefahren. Da Lydia Wenner auf ihr Klingeln und Klopfen nicht reagierte, brachen sie mit einem Schraubenzieher die Tür auf, die nicht abgeschlossen, nur zugezogen war. Dem Eingang direkt gegenüber lag das Badezimmer. Die Tür stand offen, so dass ihr Blick sofort auf die Leiche fiel, zumindest auf ihre Beine. Thomas Ranster erkannte die Stiefel und das Kleid – noch bevor er mehr zu sehen bekam, war ihm klar, es konnte nur seine Freundin sein, die dort lag.

Wir rekapitulierten später anhand der Spuren, was sich in Lydia Wenners Wohnung zugetragen haben musste. Der Täter hatte eine ganze Landkarte davon hinterlassen. Angefangen hatte die Auseinandersetzung offensichtlich in der Küche. Dort muss er das erste Mal zugestochen haben. In der Spüle und auf dem Boden davor war eine Menge Blut. Die Küche ging ohne Zwischenwand ins Wohnzimmer über. Wo die Fliesen aufhörten und der Teppich anfing, lag praktisch die Grenze. Folgte man den Bluttropfen, gelangte man bis zur Tür, die zum Flur führte. An dieser Stelle war Lydia Wenner offenbar zu Boden gestürzt, oder vielleicht auch nur auf die Knie gesackt. Auf jeden Fall befand sich auf dem Fußboden eine größere Blutlache, die in den Teppich gesickert war. Was aber noch mehr dafür sprach, dass sie hier nicht mehr aufrecht gestanden hatte: An der Tür, in der unteren Hälfte, klebten reichlich Blutspritzer. Die Form der Spritzer sagte uns, dass sie höchstwahrscheinlich durch einen Tritt oder Schlag gegen ihren blutenden Kopf dorthin befördert wurden – und eben aus welcher Höhe ungefähr.

Lydia Wenner schien es dennoch gelungen zu sein, sich aufzurichten und bis zur Wohnungstür zu kommen. Dort trafen sie die nächsten Schläge oder Stiche oder beides. Die Wohnungstür war von innen voller Blut: Wischspuren, die vermutlich von ihren Händen stammten, und Spritzspuren wie an der anderen Tür. Das Gleiche an der Wand rechts davon.

Im Flur muss sie dann erneut zu Boden gegangen sein, und ihr Kopf muss um einiges heftiger geblutet haben – beziehungsweise ihr Hals. Es kann aber auch sein, dass ihr die Stichverletzungen am Hals erst hier zugefügt wurden. Ins Bad jedenfalls gelangte sie nicht mehr durch eigene Kraft. Dorthin wurde sie geschleift, das sah man deutlich an den Spuren – offenbar an ihren Haaren. Im Duschbecken lag ein herausgerissenes Büschel davon, blutverkrustet.

Warum hatte sich der Täter überhaupt die Mühe gemacht, die Frau ins Bad zu verfrachten, in dem schon für eine Person kaum Platz war? Dachte er etwa, sie lebte noch? Wollte er sie unter die Dusche stellen, das kalte Wasser aufdrehen, damit sie wieder zu sich kam? Zumindest hatte er ihren Kopf so abgelegt, dass er zunächst an der Duschwanne lehnte. Danach war er allerdings auf den Boden gerutscht – was man an der Blutwischspur, die an einer Fliese zurückgeblieben war, erkennen konnte. Vielleicht war ihm erst dadurch klar geworden, dass Lydia Wenner nicht mehr lebte.

Aber was sagte uns das alles über den Täter? Dass er weiter gegangen war, als er ursprünglich vorgehabt hatte? Dass ihm die Sicherung durchgebrannt und die Situation entglitten war?

Nach einem geplanten Mord sah es auf jeden Fall nicht aus. Der Täter war weder überlegt vorgegangen, noch hatte er vermutlich die Tatwaffe mitgebracht – abgesehen von seinen Füßen und den Schuhen, mit denen er zugetreten hatte. Die tödlichen Stichverletzungen waren Lydia Wenner nach Auskunft des Rechtsmediziners durch eine Haushaltsschere zugefügt worden. Tatsächlich hatte sie eine solche besessen, das sagten ihre Freundinnen später aus. Doch die war nun nirgends in der Wohnung zu finden.

Wir konnten uns das nur so denken: Lydia Wenner musste den Täter gekannt und deshalb hereingelassen haben. Zwar fanden sich an der Wohnungstür Aufbruchspuren, aber die stammten von dem Schraubenzieher, mit dem Thomas Ranster und sein Freund zu Werke gegangen waren. Der Besucher war vielleicht gekommen, um Geld einzutreiben, das Lydia Wenner ihm schuldete. Wahrscheinlich nicht ihm direkt, sondern demjenigen, der ihn geschickt hatte, irgendein Zuhälter. Oder es wollte ihr jemand den Kopf waschen, damit sie aufhörte herumzuposaunen, sie wolle aussteigen. Worum es auch ging, sie musste sich von dem Besucher bedroht gefühlt haben. Vielleicht stand sie gerade am Küchenschrank, vielleicht bewegte sie sich extra dorthin – weil ihr die Schere in den Sinn kam und sie ihn damit aus der Wohnung jagen wollte. In dem Moment muss er rotgesehen haben und regelrecht ausgerastet sein.

Hinterher wollte der Täter es offenbar so aussehen lassen, als hätten wir es mit einem Raubmord zu tun. Der Kleiderschrank war durchwühlt, Wäsche auf dem Boden verstreut, der Bettkasten hochgeklappt, und in der Küche hatte er die Türen der Hängeschränke aufgerissen. Dabei fehlte außer der Schere kaum etwas in der Wohnung. Lediglich die Geldbörse des Opfers mit siebzig Mark in Scheinen und dem Personalausweis, ein Badehandtuch mit Palmenmotiv und eine beigefarbene Tagesdecke, die auf dem Bett gelegen hatte. Decke und Handtuch wird er benutzt haben, um sich vom Blut zu reinigen. Davon dürfte er nicht wenig abbekommen haben. Auch seine Schuhe muss er gründlich gesäubert oder ausgezogen haben, bevor er die Wohnung verließ. Sonst hätten wir vor der Tür blutige Abdrücke gefunden. Da waren aber keine, bis hinunter auf den Gehsteig nicht.

Lydia Wenner hatte fast tausend Mark zusammengespart. Und es wäre keine aufwendige Forschungsexpedition erforderlich gewesen, um das Geld aufzuspüren. Es lag in einer kleinen Kommode, die gleich im Flur stand, in der untersten Schublade, nicht einmal besonders versteckt. Man hätte nur ein paar ihrer Dessous beiseitezunehmen brauchen. Auch die Stereoanlage, der Fernseher und ihr Schmuck waren nicht angerührt worden. Dabei trug sie einen Ring mit Edelsteinen, der mindestens achthundert Mark wert war. Darum kann es also kaum gegangen sein.

Die Möglichkeit, dass ein enttäuschter Freier in Rage geraten war und Lydia Wenner getötet hatte, klammerten wir nicht aus. Bei der Brutalität, mit der der Täter vorgegangen war, erschien sie uns aber eher unwahrscheinlich. Das war ganz klar die Handschrift des Milieus. Unter Zuhältern hieß so etwas »klassischer Betriebsunfall«. Lydia Wenner hatte unzufriedenen Kunden auch eher ihr Geld zurückgegeben, als sich auf einen Streit mit ihnen einzulassen. Das bestätigte uns jede von ihren Freundinnen. Nicht zuletzt sprach dagegen, dass sie für den Abend mit Thomas Ranster, ihrem Freund, verabredet war und sich dafür bereits in Ausgehklamotten geschmissen hatte. Einem Freier hätte sie gar nicht mehr die Tür aufgemacht.

Einen ersten Anhaltspunkt für unsere Ermittlungen lieferte der Rechtsmediziner, der sich bei der Todeszeit diesmal relativ genau festlegte. Nach seinen Berechnungen war Lydia Wenner gegen zweiundzwanzig Uhr fünfzehn gestorben – plus / minus einer Stunde. Wenn er das Gewicht der Frau wüsste, meinte er, könnte er es noch konkreter bestimmen.

Seine Berechnungen schienen aber auch so aufzugehen. Kurz nachdem unsere Kollegen am Tatort erschienen waren, hatte sich ein Hausbewohner gemeldet, dessen Hund plötzlich aufgeregt im Zimmer umhergetapst war und ein paar Mal gebellt hatte – scheinbar ohne Grund. Und das ziemlich genau zu der Zeit, um die es ging. Keine fünf Minuten später hatte der Mann einen Schrei gehört, der von unten aus dem Haus zu kommen schien. Er selbst wohnte im obersten Stockwerk. Es sei kein Wort gewesen, sondern ein langgezogener Laut – von einer Frauenstimme, darauf hätte er gewettet. Und kurz darauf war er noch einmal hochgeschreckt. Ein Poltern. Als wäre im Treppenhaus ein Betrunkener gestürzt. Der Nachbar hatte nichts unternommen, nicht einmal die Tür aufgemacht, um nachzuschauen – eben weil er dachte: ein Betrunkener.

Wir befragten jeden, der in dem Haus wohnte oder sich in der Nacht bei jemandem dort zu Besuch aufhielt. Andere hatten diesen Schrei ebenfalls gehört – und das Poltern hinterher. Eine Frau erinnerte sich sogar an mehrere Hilferufe.

Sie seien nicht besonders laut gewesen, hätten aber echt geklungen. Eine Frauenstimme. Sie habe noch gedacht, solche Späße gingen zu weit, damit sollte man keine Scherze machen. Die Zeugin war sich sicher, dass die Hilferufe aus der Wohnung unter ihr kamen. Das wusste sie deshalb genau, weil sie sonst immer hörte, wenn dort das Telefon läutete, an manchen Tagen so oft, dass es nervte.

Sie meinte Lydia Wenners Wohnung. Und auch die Uhrzeit passte.

Was uns dagegen ziemlich verblüffte: Ausgerechnet das Pärchen, das direkt neben dem Opfer wohnte, wollte nichts mitbekommen haben. Wenn die beiden alt und halb taub gewesen wären – aber der Mann war noch keine vierzig und die Frau nur knapp darüber. Und sie hatten den ganzen Abend in ihrer Wohnung zugebracht. Die meiste Zeit im Bett, das direkt an der Wand stand, die ihr Apartment von Lydia Wenners trennte. Allerdings hatten sie nicht geschlafen, sondern ferngesehen. Und dabei angeblich den Ton lauter als gewöhnlich gestellt, da sie das Fenster offen hatten. Das wäre möglicherweise eine Erklärung gewesen – hätten sie nicht gesagt, dass sie die Klingelgeräusche der Telefone nebenan sehr wohl gehört hatten.

Um vorzuführen, wie unglaubwürdig ihre Aussagen waren, ging jemand von uns in Lydia Wenners Wohnung und machte dort an verschiedenen Stellen Klopfgeräusche, nicht einmal besonders laut. Trotzdem war jedes davon nebenan deutlich zu hören. Aber die beiden wollten uns auch weismachen, sie hätten ihre Nachbarin gar nicht gekannt und ihnen sei niemals aufgefallen, dass bei ihr ständig Männer ein und aus gingen. Dabei war der Mann Taxifahrer, genau wie sein Bruder. Und der hatte Lydia Wenner mehrmals abgeholt oder nach Hause gebracht. Selbst als wir ihnen Fotos zeigten, spielten sie die Ahnungslosen: Nein, das sei nicht ihre Nachbarin gewesen.

Wir glaubten ihnen kein Wort. Sie schienen vor irgendetwas Angst zu haben. Vielleicht hatten sie den Täter sogar gesehen, und er hatte ihnen gedroht. Oder sie dachten, dass man sich aus solchen Geschichten besser raushält, wenn man noch ein paar Jährchen leben möchte. Der Mann war Italiener, seine Familie stammte aus einem Dorf auf Sizilien. Aus so jemandem kriegt man die Wahrheit schwer heraus, wenn er nicht will.

Aufschlussreicher waren da schon die Beobachtungen einer anderen Hausbewohnerin. Ihr waren in letzter Zeit zwei Porsches und ein 500er Mercedes, Zweisitzer, vor dem Haus aufgefallen. Interessant schien besonders einer der Porsches. Zwar hatte sich die Zeugin nicht das Kennzeichen gemerkt – außer dem K für Köln. Dafür konnte sie den Mann, der aus dem Wagen gestiegen war, ziemlich gut beschreiben: lange braune Haare, Minipli, breiter Schnäuzer. Die Gesichtshaut indianerfarben, sonnenbankgebräunt. Ein Anruf bei den Kollegen des Sittenkommissariats – und wir hatten seinen Namen: Klaus Schullner. Allerdings war er gerade nirgends aufzutreiben. Er schien nicht in der Stadt zu sein.

Aber es gab genügend andere, um die wir uns kümmern mussten. Thomas Ranster hatte uns in seiner ersten Vernehmung die Namen von einigen Leuten genannt, die bis zuletzt mit dem Opfer in Kontakt standen. Dazu gehörten Doreen Karstein, Janina Biesfeld und noch zwei andere Freundinnen. Außerdem natürlich Bernd Marding und André Bahostic. Es dauerte nicht lange, dann saßen sie alle bei uns im Präsidium. Eine hübsche Galerie.

Zuerst prüften wir, ob nicht sogar Thomas Ranster als Täter infrage kam. Und sein Kumpel gleich mit, der ihm geholfen hatte, die Tür aufzubrechen. Denn so groß schien Ransters Liebe zu Lydia Wenner nicht gewesen zu sein. Er sagte zwar, er habe sich den ganzen Abend Sorgen um sie gemacht. Aber warum er nicht früher zu ihr gefahren war, konnte er uns nicht erklären. Sein einziges Argument: Es sei nun mal nicht seine Art, den Frauen hinterherzulaufen. Das mache er schon aus Prinzip nicht.

Überhaupt schien er – was Beziehungen zum anderen Geschlecht betraf – eine eher lockere Einstellung zu pflegen. Die Nacht vorher hatte er bei einer Frau verbracht, die er wie Lydia Wenner als seine Freundin bezeichnete. Er meinte, er habe sich zwischen den beiden irgendwie nicht entscheiden können. Obwohl keine von der anderen wusste, sei er davon ausgegangen, dass sie kein Problem damit gehabt hätten. Er selbst würde so etwas allerdings niemals mit sich machen lassen.

Dass Lydia Wenner ihm auch nicht alles auf die Nase band, verriet uns ein Telefonat, das die beiden am Nachmittag vor ihrem Tod geführt hatten. Dabei hatte sie ihm erzählt, sie sei wegen einer neuen Wohnung unterwegs gewesen. Tatsächlich hielt sie sich in der Zeit, von der sie sprach, erst in der Boutique auf und danach bei Janina Biesfeld, wie wir inzwischen wussten.

Aber Ranster konnte ein lückenloses Alibi vorweisen. Die entscheidenden Stunden hatte er zu Hause verbracht, bei seiner Mutter. Die bestätigte das umgehend. Sie hatten die ganze Zeit zusammen ferngesehen.

Trotzdem wurden wir das Gefühl nicht los, dass wir gerade in eine Welt voller Lügen tauchten. Oberflächlich betrachtet schienen alle, die wir in der Nacht nach der Tat und am darauffolgenden Tag vernahmen, daran interessiert, uns bei der Aufklärung des Falls behilflich zu sein. Doch je tiefer wir bohrten, desto schwammiger wurden die Antworten. Man konnte förmlich riechen, dass uns jeder von ihnen etwas verheimlichte oder sogar Lügen auftischte.

Da machte Doreen Karstein keine Ausnahme, die wir parallel zu Thomas Ranster vernahmen. Bei ihr war es sogar besonders offensichtlich. Zum Beispiel erzählte sie, Lydia Wenner und sie hätten gemeinsame Stammkunden gehabt. Doch als wir nach Namen fragten, wollte sie auf einmal keinen kennen, nicht einmal den Vornamen. Oder sie sagte, ihre Freundin sei in letzter Zeit mit den Nerven völlig am Ende gewesen. Manchmal habe sie vor ihr gesessen und am ganzen Leib gezittert. Als wir den Grund wissen wollten – Schulterzucken. Den wüsste sie nicht. Dabei hatte sie drei Sätze zuvor noch behauptet, Lydia Wenner habe ihr alles erzählt, sie hätten keine Geheimnisse voreinander gehabt.

Aber Doreen Karstein meinte auch, sie kenne André Bahostic nicht und habe keinen Zuhälter – was gleich doppelt gelogen war. Sie hatte mit Bahostic sogar in einer Wohnung zusammengelebt. Und zu der Zeit war ihr Telefon auf seinen Namen gelaufen. Aber das gab sie erst zu, als wir ihr klarmachten, dass wir da besser informiert waren. Das hinderte sie jedoch nicht, uns gleich die nächste Unwahrheit zu servieren: Sie kenne ihn zwar, habe aber seit Monaten keinen Kontakt zu ihm. Und wieso wusste sie dann so sicher, dass Bahostic keinen Schlüssel für Lydia Wenners Wohnung hatte? Dass das gar nicht stimmte, verriet uns Thomas Ranster. Bahostic besaß sehr wohl einen. Und nach Ransters Darstellung war Doreen Karstein es gewesen, die ihm das erzählt hatte.

Man kann sich vielleicht vorstellen, dass wir danach nicht gerade dazu neigten, ihr noch irgendetwas zu glauben. Sie war wirklich ein hübsches Mädchen. Ich konnte jeden Mann verstehen, der sich nach ihr umdrehte – bei der Figur. Doch leider war ihr Oberstübchen nicht annähernd so gut ausgestattet. Wir bestellten sie noch zwei- oder dreimal ins Präsidium. Bei jeder Vernehmung versuchte sie, André Bahostic wie den barmherzigen Samariter persönlich aussehen zu lassen. Er habe Lydia Geld geliehen, wenn sie knapp bei Kasse war. Auch, dass er das Apartment für sie angemietet hatte, stellte sie als Akt reiner Nächstenliebe dar. Ebenso sein Angebot, sie in seiner Kneipe, die er bald eröffnen wollte, als Kellnerin einzustellen. Warum hatte ihm noch keiner das Bundesverdienstkreuz verliehen?

Einige Tage nach ihrer letzten Vernehmung tauchte sie erneut bei uns auf – aus freien Stücken, worüber wir etwas erstaunt waren. Aber nicht nur das: Die Geschichte, die sie diesmal erzahlte, wollte so gar nicht zu dem passen, was sie uns bisher von Bahostic vorgeschwärmt hatte. Ein Mann habe sie angerufen und gedroht, sie solle endlich mit der Wahrheit über Bahostic auspacken, er habe genug angerichtet. Angeblich hatte der Anrufer seinen Namen nicht genannt, aber das hätte uns auch eher gewundert. Und die Stimme war ihr natürlich nicht bekannt vorgekommen. Ebenso wenig hatte sie eine Vermutung, was der Anrufer wohl damit gemeint haben könnte. Trotzdem schien es so, als wollte sie uns nun plötzlich auf seine Fährte lenken. Wodurch ihr Sinneswandel hervorgerufen wurde? Wir fanden es nicht heraus.

André Bahostic war der nächste Kandidat, der log, dass sich die Balken bogen. Lüge eins: Er habe keinen Schlüssel für Lydia Wenners Wohnung. Lüge zwei: Er sei nicht derjenige, der die Zeitungsinserate für sie geschaltet habe. Lüge drei: Ihm seien keine finanziellen Vorteile durch die Vermietung des Apartments an sie erwachsen. Lüge vier: Er habe die Wohnung als Freundschaftsdienst für sie angemietet. Lüge fünf: Er und Lydia Wenner hätten seit Längerem keinen Kontakt mehr gehabt. So ging es in einem fort – als wollte er sich geradezu als Verdächtiger empfehlen.

Jeden einzelnen Punkt konnten wir ihm widerlegen: Den Schlüssel fanden wir in der Wohnung seiner aktuellen Freundin, auf einem Kleiderschrank. Und die Dame des Hauses erklärte uns, er habe ihn dort in ihrem Beisein versteckt. Die Kosten für die Zeitungsinserate liefen über ihn, das war nicht schwer herauszufinden. Er holte sich das Geld von Lydia Wenner natürlich zurück – sogar mehr als die Zeitung ihm dafür berechnete. Noch dreister zockte er sie mit der Miete für das Apartment ab. Während der Vermieter vierhundertfünfzig Mark pro Monat von ihm verlangte, behauptete Bahostic ihr gegenüber, er müsse achthundertfünfzig zahlen – für zweiundzwanzig Quadratmeter, größer war das Apartment nicht. Und dazu hundertfünfzig extra, als Schweigegeld, damit sie als Hure dort wohnen und anschaffen durfte. Kaution und Maklercourtage, die er ihr mit fünftausend Mark in Rechnung gestellt hatte, waren in Wirklichkeit gar nicht angefallen, da er die Wohnung schon seit Jahren gemietet hatte. Und was den letzten Punkt anging, dass er zu Lydia Wenner zuletzt keinen Kontakt gehabt hatte – das glaubte er ja wohl selbst nicht. Mindestens einmal die Woche hatte er sich bei ihr blicken lassen. Der 500er Mercedes, den die Nachbarin vor dem Haus gesehen hatte – das war seiner. Obwohl der Wagen nicht auf ihn zugelassen war, sondern auf eine seiner »Freundinnen«. Aber das war üblich in dem Milieu. Sonst hätte das Finanzamt womöglich nachgefragt, wovon er ihn bezahlt hatte.

Nur nützte uns das alles nichts – auch Bahostic hatte für die Tatzeit ein Alibi. Erst war er mit Bekannten unterwegs, dann zu Hause, womit er die Wohnung seiner Freundin meinte, in der wir den Zweitschlüssel von Lydia Wenners Apartment fanden.

Einen Teil des Abends hatte Bahostic gemeinsam mit Bernd Marding verbracht. Der war der Nächste auf unserer Liste – und genauso unergiebig. Als hätten diese Typen alle eine Schulung absolviert: Wie führe ich neugierige Kriminalbeamte an der Nase herum?

Ihre Taktik war immer die gleiche: Alles, womit sie sich nicht selbst belasteten, schilderten sie in einer Ausführlichkeit, die mehr als übertrieben war. Marding zählte uns zum Beispiel jedes Getränk auf, das er an dem Abend auf seiner Tour durch verschiedene Bars zu sich genommen hatte. Er meinte auch erwähnen zu müssen, dass eins von vier Gläsern Tomatensaft, die er sich nach reichlich Whisky und Rum genehmigt hatte, um wieder einigermaßen klar im Kopf zu werden, schlecht gewesen sei. Und dass ihm der Chef des Lokals höchstpersönlich einen neuen Tomatensaft gebracht habe. Oder wie er versucht habe, ein Mädchen abzuschleppen. Zehn Minuten erging er sich in irgendwelchen Details, nur um uns am Ende mitzuteilen, dass seine Annäherungsversuche bei der Dame nicht gefruchtet hätten. Anders gesagt: Er vertrödelte unsere Zeit.

Sobald es jedoch um wichtige Dinge ging, um sein Verhältnis zu Lydia Wenner etwa oder um die Geschäftspraktiken seines Kumpels Bahostic oder um seine eigenen, wurde er plötzlich wortkarg, beklagte Erinnerungslücken, kehrte den Ahnungslosen heraus. Doch sein Alibi – und darum ging es letztlich – schien wasserdicht.

Vor allem fanden sich weder in Lydia Wenners Apartment noch an ihrer Leiche Spuren – weder Fingerabdrücke noch Mikrofasern noch Blut –, die wir ihm hätten einwandfrei zuordnen können. Das traf übrigens auch auf Bahostic und Ranster zu. Alle drei wurden von uns erkennungsdienstlich behandelt – Fotos, Fingerabdrücke, Haarproben. Außerdem schnitten ihnen die Kollegen die Fingernägel, um zu untersuchen, ob sich Haut- oder Blutreste des Opfers daran befanden. Am Ende konstatierten wir dreimal dasselbe Ergebnis: negativ.

Das soll nicht heißen, dass sich in der Wohnung keine Mikrofasern finden ließen, die nicht von der Kleidung der Toten oder von Lydia Wenner selbst stammten. Davon gab es sogar jede Menge, mehr als genug. Allein durch den regen Verkehr, der dort stattgefunden hatte – im doppelten Sinne. Ich möchte nicht wissen, wie viele Männer sich allein in einer Woche dort blicken ließen. Genau das war unser Problem. Mit den damaligen Analysemethoden war es nicht möglich, aus den vielfältigen Faserspuren Erkenntnisse darüber zu gewinnen, welche von den Spuren die Kleidung des Täters hinterlassen haben könnte. Da auch die drei Männer vorher schon in der Wohnung gewesen waren, was keiner von ihnen bestritt, hätte es eben auch nicht genügt, Fasern zu finden, die zu irgendwelchen Kleidungsstücken passten, die ihnen gehörten. Kein Gericht der Welt hätte das als Beweis akzeptiert. Und mit den Fingerabdrücken verhielt sich das genauso.

Im direkten Umfeld des Opfers kamen wir also nicht weiter. In der Zwischenzeit waren zwei Kollegen der Sitte zur Mordkommission gestoßen. Sie kannten sich bestens im Rotlichtmilieu aus und hatten dort Kontaktleute, die ihnen gelegentlich – sozusagen nach Bedarf – Informationen steckten. Aber wir tauchten auch selbst in die Szene ein. Unsere ersten Anlaufpunkte waren zwei Diskotheken, in denen sich die Leute aus dem Milieu trafen. Beide in der Innenstadt. Lydia Wenner hatte dort früher verkehrt. In einem der Läden empfing mich der Türsteher mit einer Umarmung, die ziemlich innig ausfiel. Aber nicht etwa, weil er vom anderen Ufer war oder mich kannte. Das war seine Art zu checken, ob ich eine Pistole bei mir hatte. Solche Typen rochen, wer wir waren. Umgekehrt war das ja nicht anders.

Ziemlich schnell wurde uns klar, dass Figuren wie Bahostic und Marding im Milieu eher zu den kleinen Lichtern gehörten. Die Mächtigen waren andere. Einer von ihnen hieß Wolfgang Smirna. Zweiunddreißig Jahre, ein Hüne von einem Mann, sein Körper ein einziger Muskel. Soviel die Kollegen von der Sitte wussten, hatte er zu der Zeit in Köln die meisten Frauen am Laufen. Als Tarnung diente ihm ein Fitnessstudio, in dem er offenbar selbst sein bester Kunde war. Wir observierten ihn, vor allem, um herauszufinden, wer zu seinem Hofstaat gehörte. So jemand hatte garantiert Handlanger, die die Mädels in Schach hielten und die Drecksarbeit für ihn erledigten. Und, siehe da, wer war einer der Ersten, der in seinem Gefolge auftauchte: Klaus Schullner, der Porsche-

Fahrer, den wir schon suchten – das Indianergesicht. Er schien sogar der Statthalter von Smirna zu sein, seine rechte Hand.

Mit seinem Porsche war Schullner diesmal nicht unterwegs. Den hatte er vor einem Parkhaus gegen einen Poller gesetzt. Jetzt stand der Wagen bei einem Autohändler, der die halbe Kölner Unterwelt mit Edelkarossen belieferte. Wir hätten den Porsche gern etwas genauer unter die Lupe genommen – zum Beispiel, um nach Blutspuren zu suchen. Aber dafür kamen wir wohl zu spät.

Der zweite Porsche, der vor Lydia Wenners Wohnung gesehen worden war, hatte mit unserem Fall nichts zu tun. Der war dort nur zufällig von seinem Besitzer – übrigens ein Anwalt – abgestellt worden, als er in der Gegend zu tun hatte.

Zwei Tage später saß Klaus Schullner bei uns im Vernehmungszimmer, schwitzte Blut und Wasser, tat aber so, als würde ihn das alles nichts angehen. Was wir von seinen Angaben zu halten hatten, wurde uns gleich mit seiner ersten Antwort klar. Er meinte, er habe sich die letzten Tage in Berlin aufgehalten und sei dabei auch nach Ostberlin rübergefahren. Deswegen habe er von der ganzen Sache nichts mitbekommen. Komisch nur, dass ihn die Kollegen, die Smirna observierten, zwei Tage zuvor in Köln gesehen hatten – vor dessen Fitnessstudio, in ein Gespräch mit ihm vertieft. Auf diesem Niveau ging es weiter:

Kommissar: Kannten Sie Lydia Wenner?

Schullner: Nein.

Um seinem Gedächtnis auf die Sprünge zu helfen, zeigten wir ihm ein Foto von ihr und wiederholten unsere Frage.

Schullner: Vielleicht habe ich die Frau mal gesehen, als ich Türsteher war. Doch, ich erinnere mich. Zwei- oder dreimal habe ich die gesehen, in der Disko. Die ist mir wegen ihr Klamotten aufgefallen, heiße Sachen, kniehohe Stiefel und so.

Kommissar: Haben Sie mit ihr gesprochen?

Schullner: Nein, garantiert nicht.

Kommissar: Wussten Sie, dass sie Prostituierte war?

Schullner: Woher denn?

Kommissar: Wussten Sie, wo die Frau wohnte?

Schullner: Nein!

Kommissar: Sie waren also zu keinem Zeitpunkt in ihrer Wohnung?

Schullner: Ich sagte doch, ich kenne die nur vom Sehen, aus der Disko. Falls ich sie nicht sogar verwechsle. Solche Mädchen gibt es doch haufenweise.

Kommissar: Wissen Sie etwas über das Umfeld der Frau?

Schullner: Hören Sie! Ich mache nichts mit Drogen. Ich kann zu der Frau also nichts sagen.

Wir fragten uns, wie er auf Drogen kam. Damit hatte Lydia Wenner nichts zu tun gehabt. Das war auch in der Berichterstattung der Zeitungen niemals ein Thema gewesen, nicht einmal gerüchteweise. Allerdings hatte Lydia Wenner eine andere Prostituierte, die in der ersten Zeit mit ihr zusammen in dem Apartment, in dem sie getötet wurde, anschaffte, rausgeschmissen – weil sie auf Heroin war. Und danach war sie eine Weile mit Drohanrufen schikaniert worden. Aber davon wusste Schullner natürlich auch nichts.

Es wäre einfacher gewesen – und nervenschonender, für uns –, ihn zu fragen, was er überhaupt wusste. Denn mit der übernächsten Frage setzte sein Erinnerungsvermögen komplett aus. Dabei wollten wir lediglich wissen, wie und wo er den Tag verbracht hatte, an dem Lydia Wenner starb.

Er faselte irgendetwas von: Normalerweise stehe er dann und dann auf, aber nicht immer, das sei verschieden. Und er sei irgendwann mal mit seinem Porsche in der Werkstatt gewesen, möglicherweise an dem Tag, aber beschwören könne er das nicht. Sonst ginge er auch oft zum Boxtraining, aber nein, an dem Tag wohl nicht. Da sei er – wahrscheinlich – bei den Pferden gewesen, auf dem Reiterhof …

Also doch nicht Berlin. Wir versuchten, sein Geschwafel abzukürzen, um auf den Abend zu sprechen zu kommen. Und wir baten ihn, ob es nicht etwas konkreter ginge. Das sah dann ungefähr so aus:

Kommissar: Wo haben Sie sich gegen zwanzig Uhr aufgehalten?

Schullner: Mit fällt gerade ein, dass ich an dem Abend in einer Sauna war. Da bin ich fast jeden Tag.

Kommissar: Sie haben einen Saunagang gemacht?

Schullner: Nein, mache ich da nie. Das ist auch keine richtige Sauna, Sie verstehen schon. Aber ich war bestimmt da, vielleicht sogar zweimal. Aber wie lange? (Schulterzucken)

Kommissar: Wann sind Sie denn dort angekommen?

Schullner: Das weiß ich nicht mit Sicherheit. Vielleicht war ich auch zu Hause. Also, ich kriege den Tag wirklich nicht zusammen. Da müsste ich mich in Ruhe hinsetzen und nachdenken, um was Genaues sagen zu können.

Kommissar: Aber Sie wissen schon, wo Sie übernachtet haben?

Schullner: Am Mittwoch, ja, das kann ich sagen. Aber am Donnerstag? (Es ging um die Nacht von Donnerstag auf Freitag.) Da muss ich mich erst mal schlaumachen. Das weiß ich so jetzt leider nicht …

Wir brachen die Vernehmung ab.

Zwei Stunden, nachdem Schullner das Präsidium verlassen hatte, meldete er sich noch einmal telefonisch bei uns. Er wisse jetzt, bei wem er in der betreffenden Nacht war. Gerade habe er mit einer Freundin telefoniert. Als die hörte, dass ihn die Polizei vernommen habe und worum es dabei ging, habe sie gemeint, er könne das gar nicht gewesen sein, da sie doch zusammen essen waren. Mein Kollege, der den Anruf entgegennahm, fragte nach den Namen des Lokals und der Dame. Immerhin erhielt er ausnahmsweise mal zwei konkrete Antworten. Obwohl – die Adresse der Freundin wusste er schon nicht mehr. Und wo sie in dem Restaurant gesessen hatten, war ihm ebenfalls entfallen: »Also, wenn man reinkommt, geradeaus nach hinten, und da rechts oder links.« In dem Laden ging es nur geradeaus. Und es standen nur rechts und links Tische, davon nicht einmal besonders viele. Der Wirt war natürlich ein guter Freund von ihm – warum wunderte uns das nicht?

Einen Tag später erlebten wir das Gleiche noch einmal – nur mit einem anderen Hauptdarsteller: Wolfgang Smirna. Man hätte meinen können, Gedächtnisverlust sei eine Berufskrankheit in diesem Milieu. Smirnas Aussage war nahezu identisch mit der seines Lakaien. Außer dass er sich den ganzen Tag in seinem Fitnessstudio aufgehalten haben wollte. Aber sonst: Auch er hatte Lydia Wenner angeblich höchstens mal in einer Disko gesehen und meinte ansonsten, rein gar nichts über sie zu wissen. Er erinnerte sich nicht, wo er die fragliche Nacht verbrachte hatte. Aber er wollte die fehlenden Informationen nachliefern, wenn wir dann darauf bestünden.

Wir ermittelten mehrere Monate, allerdings ohne dass wir entscheidend vorankamen. Für mich blieb Klaus Schullner der Hautverdächtige. Und falls Wolfgang Smirna ihm nicht sogar selbst den Auftrag gegeben hatte, wusste er zumindest Bescheid – auch daran zweifle ich nicht. Es wurmt mich bis heute, dass wir die beiden nicht drankriegten. Der Fall liegt nach wie vor auf dem Stapel der ungelösten Mordfälle.

Allerdings bekam ich noch einmal Gelegenheit, Wolfgang Smirna in der Sache zu befragen, Jahre später. In der Zwischenzeit war ich zur Sitte gewechselt. Eines Tages kreuzte eine Prostituierte bei uns auf, die wir im Mordfall Lydia Wenner vernommen hatten. Sie hatte damals zu André Bahostics »Freundinnen« gehört. Offenbar war sie mittlerweile weitergereicht worden. Jedenfalls kam sie, um Wolfgang Smirna anzuzeigen – wegen Vergewaltigung. Ihre Vorwürfe waren massiv, die Aussage schien glaubwürdig.

Smirna wurde in seinem Fitnessstudio festgenommen und zur Vernehmung ins Präsidium gebracht. Er hatte sich kaum verändert. Sein Gesicht wies dieselbe Sonnenbankbräune auf, und er trug immer noch einen von diesen Glanzstoffjogginganzügen, mit denen Typen seines Schlags damals herumliefen. Natürlich bestritt er alles, was ihm vorgeworfen wurde – in der gleichen lässigen Art, die ich von ihm kannte.

Ich nutzte eine Vernehmungspause, um ihn auf den Mordfall Lydia Wenner anzusprechen. Ich bot ihm sogar an, dem

Staatsanwalt einen Deal vorzuschlagen, wenn er endlich reinen Tisch mache. Doch er quittierte meine Worte nur mit einem höhnischen Grinsen.

Später brachte ich ihn mit einem Kollegen zum Haftrichter. Dafür mussten wir das Gebäude verlassen und eine Straße überqueren. Sicherheitshalber legten wir ihm Handschellen an. Wir waren kaum draußen, da blieb er plötzlich stehen, starrte zu einem Auto hinüber und meinte entsetzt: »Da ist ja mein Golf!« Er meinte einen schwarzen GTI, der vor dem Haus geparkt war.

»Wem gehört der?«

Ich antwortete: »Das ist meiner.« Was auch stimmte. Ich hatte den Wagen gebraucht gekauft, über eine Annonce, von einem Mann, der im Fahrzeugschein als Zweitbesitzer eingetragen war. Und der hatte ihn von einer Firma erworben. Dass ein stadtbekannter Zuhälter dahintersteckte, hatte er so wenig gewusst wie ich.

Smirnas Reaktion: »Das gibt's doch gar nicht!«

Ich: »Doch ...«

Er: »Damit haben wir die Nutten transportiert, quer durch die Republik.«

Ich: »Tja, so ändern sich die Zeiten.«

Das wird er eine Viertelstunde später auch gedacht haben. Der Haftrichter schickte ihn in U-Haft. Vier Wochen saß Smirna dort, dann holte ihn sein Anwalt raus. Irgendjemand hatte dafür gesorgt, dass die Prostituierte, die ihn ins Untersuchungsgefängnis gebracht hatte, ihre Anzeige zurückzog und behauptete, alles nur erfunden zu haben – aus einer Laune heraus.

Irgendwann war Smirna dann aus Köln verschwunden. Sein Fitnessstudio hatte er dichtgemacht. Ich hatte ewig nicht mehr an ihn gedacht, als ich plötzlich in einer Zeitung von ihm las. Es war auch ein Foto abgebildet. Wenn ich seinen Namen nicht gelesen hätte, ich hätte ihn nicht erkannt. In dem Text stand kein Wort über seine Vergangenheit. Darin ging es nur um seinen neuen Job: Er nannte sich jetzt Manager und betreute einen ziemlich bekannten Profiboxer. Das macht er bis heute.

Auch von Klaus Schullner hörten wir noch einmal, ungefähr zwei Jahre nach der Tat. Eine Polizeistreife in Recklinghausen hatte ihn mitten in der Nacht auf einer großen Straßenkreuzung aufgegriffen. Obwohl es Winter war, lief er barfuß und mit nacktem Oberkörper herum. Die Beamten merkten sofort, dass er unter Drogen stand. Kokain, wie sich herausstellte. Er stammelte etwas von einem Mord in Köln, an einer Nutte, den ihm Leute aus dem Milieu in die Schuhe schieben wollten. Deshalb erfuhren wir überhaupt davon. Die Kollegen konnten sich keinen Reim darauf machen, versuchten aber, ihn einzufangen. Doch er schlug wild um sich. Sie brauchten Verstärkung, um ihn zu überwältigen. Von der Straßenkreuzung brachten sie ihn direkt in eine geschlossene Anstalt. Dort blieb er eine ganze Weile. Was danach aus ihm geworden ist, weiß ich nicht. In Köln wurde er angeblich nicht mehr gesehen.